맥체인성경 쉬운해설

1

신교횃불

맥체인성경 쉬운해설

흔히 기독교는 말씀의 종교라고 합니다. 그것은 하나님께서 주신 '말씀'(성경)으로부터 모든 역사를 쌓아 왔기 때문입니다. 따라서 모든 그리스도인들은 하나님께서 주신 말씀을 읽고, 해석하고, 다시 적용하는 '신앙인의 삶'을 가장 우선순위에 둡니다. 말씀을 읽지 않고 하나님을 예배할 수 없고, 말씀을 묵상하지 않고 하나님의 계획을 알 수 없고, 말씀을 적용하지 않고 성화될 수 없기 때문입니다. 성경읽기의 중요성과 필요성은 아무리 강조해도 지나치지 않습니다.

맥체인 성경 읽기표는 1842년 맥체인이 자신이 목양하던 성베드로교회 성도들의 영적 성장을 위해 개발한 것으로, 매일 구약과 신약을 각각 2장씩 읽음으로써 1년에 구약 1회, 신약과 시편을 각 2회 정독할 수 있도록 만든 표입니다. 이와 같은 맥체인의 방법에 따라 **맥체인 성경 쉬운해설은** 신구약 성경 전체를 골고루 4등분해서 동시에 읽으며 성경에 기록된 장구한 구속사를 크게 네 시대로 나누어 동시에 묵상할 수 있습니다.

(1) 창세기 ~ 역대하 : 만물의 시작과 이스라엘의 시작
(2) 에스라 ~ 말라기 : 이스라엘의 멸망과 새 시대의 시작
(3) 마태복음 ~ 요한복음 : 예수의 복음사역과 십자가 구속
(4) 사도행전 ~ 요한계시록 : 교회의 시작과 선교

각각의 시대마다 하나님께서는 하나님이 세우신 사람들과 언약을 맺으셨고, 그 언약을 완성하셨습니다. 그리고 이 시대들은 서로 씨줄과 날줄이 되어 하나님의 구속사를 완성하는 완벽한 하모니를 이루고 있습니다. 맥체인성경 쉬운해설은 이 네 시대를 동시에 읽고 묵상함으로써, 때로는 시대별로, 때로는 거시적인 안목에서 구속사 전체를 한 번에 아우르게 합니다. 그렇기에 남녀노소, 교회의 직분을 무론하고, 누구나 맥체인성경 쉬운해설의 읽기표를 따라 성경을 읽으면, 성경에 대한 명쾌한 이해와 함께 하나님께서 감춰두신 구속의 보화를 찾는 기쁨을 누릴 수 있습니다.

▶ 성경읽기의 중요성과 필요성

① 성경은 하나님의 말씀이므로 매일 읽고 묵상해야 합니다.
② 성경은 우리를 향한 하나님의 사랑의 표현이기 때문에 매일 읽고 묵상해야 합니다.
③ 성경은 우리를 위한 하나님의 계획을 담고 있기 때문에 매일 읽고 묵상해야 합니다.
④ 성경은 우리를 구속하기 위한 하나님의 은혜이기 때문에 매일 읽고 묵상해야 합니다.
⑤ 성경은 우리를 진리로 인도하기 때문에 매일 읽고 묵상해야 합니다.
⑥ 성경은 우리에게 하나님을 계시하기 때문에 매일 읽고 묵상해야 합니다.
⑦ 성경읽기는 모든 그리스도인들에게 선택이 아닌 필수 요소입니다.

성경을 읽고 묵상하는 방법은 정말 다양합니다. 예를 들어 '1년 3독', '큐티식 묵상법', '평일 3장, 주일 5장 읽기', '연대별 성경읽기', '강습회식 집중 읽기' 등 저마다 특색 있는 방식으로 성경을 읽고 이해하는 데 도움을 줍니다. 특별히, <맥체인 성경읽기>는 이와 같은 다양한 성경읽기 방법들 가운데에서도 성경을 매일 읽는 '규칙성'과 성경을 끝까지 읽는 '지속성'을 보장하는 특징과 장점을 가집니다.

▶ "맥체인 성경읽기"의 특징과 장점

- ㅇ 맥체인 성경은 구약과 신약(또는 시편)에서 4권씩 짝을 이루고 있어서 흥미롭고 읽는 재미를 더합니다.
- ㅇ 맥체인 성경은 구약과 신약의 대조를 통해 말씀 간 연관성 및 의미의 다채로움을 만끽하게 합니다.
- ㅇ 맥체인 성경은 매일 신구약의 4장씩 일정량을 읽도록 구성되어, 끝까지 효과적으로 읽을 수 있습니다.
- ㅇ 맥체인 성경은 하나님의 구속사를 한눈에 볼 수 있도록 구성되어 있습니다.
- ㅇ 맥체인 성경은 성경 전체를 관통하는 하나님의 생각을 연상하게 훈련시킵니다.
- ㅇ 맥체인 성경은 <읽기표>를 통해 규칙적이고 체계적인 성경읽기를 가능하게 합니다.
- ㅇ 맥체인 성경의 <읽기표>를 활용하면 1년에 구약은 1독, 신약과 시편은 2독 할 수 있습니다.
- ㅇ 맥체인 성경은 말씀의 연관성을 찾아 말씀의 참 의미를 깨닫게 도와줍니다.

맥체인 성경 쉬운해설과 함께 하루 30분!

매일 4장의 성경을 읽으면 1년 뒤 성경을 1독 이상 할 수 있습니다. "맥체인 성경 쉬운해설" 읽기를 통하여 한국교회와 성도들이 말씀을 통해 하나님을 만나고, 하나님의 섭리를 경험하고, 하나님의 은혜와 사랑을 전하는 이 시대에 사명자로서 큰 능력을 발휘하기를 간절히 소망합니다.

"너희는 여호와의 책에서 찾아 읽어보라.
이것들 가운데서 빠진 것이 하나도 없고
제 짝이 없는 것이 없으리니 이는 여호와의 입이 이를 명령하셨고
그의 영이 이것들을 모으셨음이라." (사 34:16)

성경은 구약 39권, 신약 27권으로 도합 66권으로 이루어져 있습니다. 그러나 이 성경들은 같은 시대에 동일 저자들에 의해 기록된 책이 아닙니다. 성경은 1,600년이 넘는 긴 세월 동안 성령의 감동을 입은 각 시대의 사람들이 각기 다른 장소에서 기록한 것들을 한데 모아 묶은 것입니다. 그럼에도 불구하고 놀랍게도 이 66권의 성경들은 제각각 다 짝이 있고, 통일된 주제와 일관된 메시지를 가집니다. 인간적인 관점에서는 정말 신기하고 또 신비로운 마법과 같다고 할 것입니다. 하지만, 성경은 이것이 결코 마법이나 우연이 아님을 밝히고 있습니다. 즉, 여호와의 책을 쓴 기자(記者)는 인간이지만, 이사야서 34장 16절에서 보는 바와 같이, 여호와의 입이 명하셨기 때문에 성경의 저자(著者)는 하나님이시며, 각 시대 각 사 람에게 맞게 성령께서 감동을 주셨기 때문에 편집자(編輯者)는 성령님이시라는 것입니다. 따라서 성경 66권은 서로 다른 장르와 내용을 가진 별개의 책이 아니라 하나의 주제 아래 한 분의 저자가 쓴 한 권의 책으로서 읽히고 연구되어야 합니다.

▶ 《맥체인성경 쉬운해설》 말씀연결 사용하는 법

① 네 성경 본문의 소주제를 통해 중심 단어나 문장을 말씀으로 묵상한다.
② 네 본문의 말씀을 순서대로, 천천히 읽는다.
③ 두 본문에서 반복되는 단어나 유사한 문맥을 찾아 서로 연결한다.
④ 본문에서 반대의 뜻을 가진 단어나 문장을 찾는다.
⑤ 두 권의 책에서 공통되는 하나님의 말씀을 연결하여 기록한다.
⑥ 연결되는 말씀을 다른 두 권으로 확대하여 네 권 전체에 흐르는 하나님의 생각과 베푸신 은혜를 누리고, 그 내용을 적어본다.
⑦ 본문에서 지도자나 인도자로부터 배운 신학 주제나 교리들이 함축하고 있는 문맥의 짝을 찾아본다.
⑧ 중심 주제를 필두로, 삶에 적용할 일들을 적어보고 생활 중에 실천함으로써 변화를 경험해 본다.
⑨ 하나님이 오늘 나에게 주신 말씀들을 통하여 가르침, 명령과 약속 권면, 경고 및 행해야 할 일들을 하나님과 대화하는 마음으로(기도) 성경읽기를 마무리한다.

⊕ 맥체인 성경 읽기표 ⊕

"이 율법책을 네 입에서 떠나지 말게 하며
주야로 그것을 묵상하여
그 안에 기록된 대로 다 지켜 행하라
그리하면 네 길이 평탄하게 될 것이며
네가 형통하리라."(수 1:8)

1월 _ January

☐	1	창 1	마 1	스 1	행 1
☐	2	창 2	마 2	스 2	행 2
☐	3	창 3	마 3	스 3	행 3
☐	4	창 4	마 4	스 4	행 4
☐	5	창 5	마 5	스 5	행 5
☐	6	창 6	마 6	스 6	행 6
☐	7	창 7	마 7	스 7	행 7
☐	8	창 8	마 8	스 8	행 8
☐	9	창9·10	마 9	스 9	행 9
☐	10	창11	마10	스10	행10
☐	11	창12	마11	느 1	행11
☐	12	창13	마12	느 2	행12
☐	13	창14	마13	느 3	행13
☐	14	창15	마14	느 4	행14
☐	15	창16	마15	느 5	행15
☐	16	창17	마16	느 6	행16
☐	17	창18	마17	느 7	행17
☐	18	창19	마18	느 8	행18
☐	19	창20	마19	느 9	행19
☐	20	창21	마20	느10	행20
☐	21	창22	마21	느11	행21
☐	22	창23	마22	느12	행22
☐	23	창24	마23	느13	행23
☐	24	창25	마24	에 1	행24
☐	25	창26	마25	에 2	행25
☐	26	창27	마26	에 3	행26
☐	27	창28	마27	에 4	행27
☐	28	창29	마28	에 5	행28
☐	29	창30	막 1	에 6	롬 1
☐	30	창31	막 2	에 7	롬 2
☐	31	창32	막 3	에 8	롬 3

⊕ 맥체인 성경 읽기표 ⊕

2월 _ February

☐	1	창33	막 4	에9·10	롬 4
☐	2	창34	막 5	욥 1	롬 5
☐	3	창35·36	막 6	욥 2	롬 6
☐	4	창37	막 7	욥 3	롬 7
☐	5	창38	막 8	욥 4	롬 8
☐	6	창39	막 9	욥 5	롬 9
☐	7	창40	막10	욥 6	롬10
☐	8	창41	막11	욥 7	롬11
☐	9	창42	막12	욥 8	롬12
☐	10	창43	막13	욥 9	롬13
☐	11	창44	막14	욥10	롬14
☐	12	창45	막15	욥11	롬15
☐	13	창46	막16	욥12	롬16
☐	14	창47	눅1:1~38	욥13	고전1
☐	15	창48	눅1:39~80	욥14	고전2
☐	16	창49	눅 2	욥15	고전3
☐	17	창50	눅 3	욥16·17	고전4
☐	18	출 1	눅 4	욥18	고전5
☐	19	출 2	눅 5	욥19	고전6
☐	20	출 3	눅 6	욥20	고전7
☐	21	출 4	눅 7	욥21	고전8
☐	22	출 5	눅 8	욥22	고전9
☐	23	출 6	눅 9	욥23	고전10
☐	24	출 7	눅10	욥24	고전11
☐	25	출 8	눅11	욥25·26	고전12
☐	26	출 9	눅12	욥27	고전13
☐	27	출10	눅13	욥28	고전14
☐	28	출11·12:1~21	눅14	욥29	고전15

3월 _ March

☐	1	출12:22~51	눅15	욥30	고전16
☐	2	출13	눅16	욥31	고후 1
☐	3	출14	눅17	욥32	고후 2
☐	4	출15	눅18	욥33	고후 3
☐	5	출16	눅19	욥34	고후 4
☐	6	출17	눅20	욥35	고후 5
☐	7	출18	눅21	욥36	고후 6
☐	8	출19	눅22	욥37	고후 7
☐	9	출20	눅23	욥38	고후 8
☐	10	출21	눅24	욥39	고후 9
☐	11	출22	요 1	욥40	고후10
☐	12	출23	요 2	욥41	고후11
☐	13	출24	요 3	욥42	고후12
☐	14	출25	요 4	잠 1	고후13
☐	15	출26	요 5	잠 2	갈 1
☐	16	출27	요 6	잠 3	갈 2
☐	17	출28	요 7	잠 4	갈 3
☐	18	출29	요 8	잠 5	갈 4
☐	19	출30	요 9	잠 6	갈 5
☐	20	출31	요10	잠 7	갈 6
☐	21	출32	요11	잠 8	엡 1
☐	22	출33	요12	잠 9	엡 2
☐	23	출34	요13	잠10	엡 3
☐	24	출35	요14	잠11	엡 4
☐	25	출36	요15	잠12	엡 5
☐	26	출37	요16	잠13	엡 6
☐	27	출38	요17	잠14	빌 1
☐	28	출39	요18	잠15	빌 2
☐	29	출40	요19	잠16	빌 3
☐	30	레 1	요20	잠17	빌 4
☐	31	레2·3	요21	잠18	골 1

January

1월

1/1

본문 창세기 1장 | 마태복음 1장 | 에스라 1장 | 사도행전 1장

주제 시작 (始作, 어떤 일이나 행위를 처음으로 함)

하나님은 만물을 창조하신 후 사람에게 맡기시고, 교제하시기 위하여 구약에서는 성전 중심으로, 신약에서는 예수 안에서 교회 중심으로 모이게 하셨다.

창세기 1장 : 만물의 창조 시작

- 하나님이 이르시되 우리의 형상을 따라 우리의 모양대로 우리가 사람을 만들고 그들로 바다의 물고기와 하늘의 새와 가축과 온 땅과 땅에 기는 모든 것을 다스리게 하자 하시고(26)
- 하나님이 그들에게 복을 주시며 하나님이 그들에게 이르시되 생육하고 번성하여 땅에 충만하라, 땅을 정복하라, 바다의 물고기와 하늘의 새와 땅에 움직이는 모든 생물을 다스리라 하시니라(28)
- 하나님이 지으신 그 모든 것을 보시니 보시기에 심히 좋았더라 저녁이 되고 아침이 되니 이는 여섯째 날이니라(31)

세상과 인류의 시작입니다. '보시기에 좋았더라'는 구절이 7번 반복됩니다. 하나님의 창조는 완전했으며, 그 절정은 바로 하나님의 형상을 닮은 사람의 창조였습니다. 하나님에 의해 창조된 모든 피조물은 하나님께 의존되어 있습니다. 특히 하나님의 형상과 모양으로 창조되었으며, 세상을 다스릴 권세를 받은 사람은 생명의 근원되시는 하나님께 더욱 의존되어 있는 존재입니다.(26절)

마태복음 1장 : 예수의 탄생 시작

- 예수 그리스도의 나심은 이러하니라 그의 어머니 마리아가 요셉과 약혼하고 동거하기 전에 성령으로 잉태된 것이 나타났더니(18)
- 이 일을 생각할 때에 주의 사자가 현몽하여 이르되 다윗의 자손 요셉아 네 아내 마리아 데려오기를 무서워하지 말라 그에게 잉태된 자는 성령으로 된 것이라 아들을 낳으리니 이름을 예수라 하라 이는 그가 자기 백성을 그들의 죄에서 구원할 자이심이라 하니라(20-21)

죄로 인해 심판과 멸망이 예정된 우리들을 구원하시는 하나님의 역사가 시작되었습니다. 역사를 이끄시는 하나님이 역사 속으로 뛰어 들어오셨습니다. "임마누엘"(하나님이 우리와 함께 하시다)을 몸소 성취하신 것입니다. 임마누엘은 예수님의 또 다른 이름입니다.

에스라 1장 : 성전의 건축 시작

- 바사 왕 고레스는 말하노니 하늘의 하나님 여호와께서 세상 모든 나라를 내게 주셨고 나에게 명령하사 유다 예루살렘에 성전을 건축하라 하셨나니 이스라엘의 하나님은 참 신이시라 너희 중에 그의 백성 된 자는 다 유다 예루살렘으로 올라가서 이스라엘의 하나님 여호와의 성전을 건축하라 그는 예루살렘에 계신 하나님이시라(2-3)
- 그 사면 사람들이 은 그릇과 금과 물품들과 짐승과 보물로 돕고 그 외에도 예물을 기쁘게 드렸더라 고레스 왕이 또 여호와의 성전 그릇을 꺼내니 옛적에 느부갓네살이 예루살렘에서 옮겨다가 자기 신들의 신당에 두었던 것이라(6-7)

바벨론에 의해 멸망당한 유다가 '예레미야의 입을 통해 하신 말씀'(1절)을 따라 회복되는 역사를 보여 줍니다. 이 과정에서 하나님은 바사왕 고레스(페르시아의 키루스대제)를 사용하십니다. 고레스는 포로로 끌려온 민족이 자기 지역으로 돌아가서 살 수 있는 칙령을 내려서, 이로 인해 유대인들이 예루살렘에서 성전을 재건할 수 있는 기회와 그것을 위한 재화를 얻을 수 있는 길을 열어 주었습니다. 하나님은 어느 누구든지 하나님이 원하시는 사람을 통해 역사를 만들어 가십니다. 인간의 눈에는 강대한 제국과 권력자가 먼저 보이지만, 실제로 세상의 역사는 하나님이 이끄십니다. 역사(history)는 그분의 이야기(his story)입니다.

사도행전 1장 : 교회의 태동 시작

- 오직 성령이 너희에게 임하시면 너희가 권능을 받고 예루살렘과 온 유대와 사마리아와 땅 끝까지 이르러 내 증인이 되리라 하시니라(8)
- 여자들과 예수의 어머니 마리아와 예수의 아우들과 더불어 마음을 같이하여 오로지 기도에 힘쓰더라(14)
- 제비 뽑아 맛디아를 얻으니 그가 열한 사도의 수에 들어가니라(26)

그리스도의 부활, 승천 후 이 땅에는 부활의 증인으로 구성된 교회공동체가 탄생합니다. 그리고 교회의 탄생에는 '성령의 임재'가 필수입니다. 성령님이 임하셔서 그리스도를 주로 고백하게 하셨습니다. 그리스도를 주로 고백하는 모든 이들은 그리스도의 증인 된 삶을 살아가게 됩니다.

하나님! 새해 첫날을 주셔서 감사드립니다. 사람을 포함한 만물의 탄생, 포로에서의 회복, 성육신을 통한 신약의 역사, 교회 공동체의 역사. 이 모든 것이 하나님의 의해 시작되고 진행되었습니다. 올 한해가 시작되게 하심을 감사드리며, 역사의 주인 되시는 하나님의 이끄심에 순복하는 한해가 되게 하옵소서.

1/2

본문 창세기 2장 | 마태복음 2장 | 에스라 2장 | 사도행전 2장

주제 선물 (膳物, 남에게 인사나 정을 나타내는 뜻으로 물건을 줌)

하나님은 아담에게는 배필을 선물로, 박사를 통해 아기예수에게는 황금과 유향과 몰약을 선물로, 스룹바벨에게는 함께 돌아와 성전을 건축할 백성을 선물로, 교회에는 성령을 선물로 주셨다.

창세기 2장 : 배필의 출현 선물

- 여호와 하나님이 땅의 흙으로 사람을 지으시고 생기를 그 코에 불어넣으시니 사람이 생령이 되니라(7)
- 선악을 알게 하는 나무의 열매는 먹지 말라 네가 먹는 날에는 반드시 죽으리라 하시니라(17)
- 여호와 하나님이 이르시되 사람이 혼자 사는 것이 좋지 아니하니 내가 그를 위하여 돕는 배필을 지으리라 하시니라(18)

하나님이 흙으로 사람을 빚으시고 생기를 불어 넣으심으로 생령(living soul)이 되었습니다.(7절) 인간은 하나님의 형상을 닮은 영적 존재(soul)입니다. 하나님은 아담에게 돕는 배필을 주셔서 복된 인생을 살아가게 하셨습니다. 생명(생명나무)과 질서(선악과)와 조화가 가득한 곳이 에덴입니다. 하나님과의 질서가 유지되면 모든 것이 자유롭고 풍요로우며 평강이 넘칩니다. 모든 문제는 하나님과의 질서가 깨어짐에서부터 시작됩니다.

마태복음 2장 : 박사의 경배 선물

- 유대인의 왕으로 나신 이가 어디 계시냐 우리가 동방에서 그의 별을 보고 그에게 경배하러 왔노라 하니(2)
- 집에 들어가 아기와 그의 어머니 마리아가 함께 있는 것을 보고 엎드려 아기께 경배하고 보배합을 열어 황금과 유향과 몰약을 예물로 드리니라(11)

마태복음 2장에는 예루살렘과 베들레헴이라는 대비되는 두 장소가 등장합니다. 예루살렘은 이스라엘의 중심도시입니다. 반면 베들레헴은 작은 시골 마을입니다. 이스라엘의 참된 왕이 과연 어디에서 나시겠습니까? 장사꾼으로 가득 차 있으며 불법과 악, 거짓과 위선이 가득한 예루살렘은 참된 성전이 아닙니다. 베들레헴에서 태어나신 예수님, 그분 자체가 참된 성전입니다. 예루살렘에 있는 유력한 자들은 메시야를 몰랐지만, 베들레헴으로 찾아온 이방인(동방박사)은 예수님을 알아보고 경배를 드렸습니다.

에스라 2장 : 백성의 귀환 선물

- 옛적에 바벨론 왕 느부갓네살에게 사로잡혀 바벨론으로 갔던 자들의 자손들 중에서 놓임을 받고 예루살렘과 유다 도로 돌아와 각기 각자의 성읍으로 돌아간 자 곧 스룹바벨과 예수아와 느헤미야와 스라야와 르엘라야와 모르드개와 빌산과 미스발과 비그왜와 르훔과 바아나 등과 함께 나온 이스라엘 백성의 명수가 이러하니(1-2)

하나님을 떠나 우상을 섬겼던 이스라엘이 회복되는 과정을 보여 줍니다. 예루살렘에 빈곤과 분열, 혼란이 가득했는데, 하나님이 그곳을 풍요와 생명과 질서로 채워 가십니다. 제사장, 레위 족속, 성전에서 노래하는 자들이 먼저 세워집니다. 그리고 성전 재건 계획도 세웁니다.(68절) 예루살렘의 재건은 예배의 재건, 성전의 재건부터 시작됩니다. 이스라엘의 회복의 과정은 우리 삶의 원리를 잘 보여줍니다.

사도행전 2장 : 성령의 강림 선물

- 그들이 다 성령의 충만함을 받고 성령이 말하게 하심을 따라 다른 언어들로 말하기를 시작하니라(4)
- 베드로가 이르되 너희가 회개하여 각각 예수 그리스도의 이름으로 세례를 받고 죄 사함을 받으라 그리하면 성령의 선물을 받으리니(38)
- 하나님을 찬미하며 또 온 백성에게 칭송을 받으니 주께서 구원 받는 사람을 날마다 더하게 하시니라(47)

예수님이 승천하시면서 약속한 성령님이 오십니다. 성령을 받은 제자들이 각국의 방언으로 하나님의 구원역사를 전합니다. 특히 베드로가 나서서 힘 있게 예수 그리스도가 하나님이 약속하신 메시아임을 선포합니다. '예수님을 못 박으라'고 소리쳤던 군중들은 그의 메시지를 듣고 괴로워하는데, 이때 베드로는 '회개하여 예수의 이름으로 세례를 받고, 죄사함을 받으면 자신에게 임하셨던 성령님이 임하신다'고 선포합니다.(38절)

오늘 읽은 창세기나 에스라의 말씀은 '하나님과의 바른 질서 안에서 내가 모든 것을 누릴 수 있음'을 깨닫게 합니다. 성령님! 내 안에 있는 혼란과 무질서를 잠재워 주시고, 내 삶에 하나님 중심의 질서가 세워지도록 은혜를 베풀어 주옵소서.

1/3

본문 창세기 3장 | 마태복음 3장 | 에스라 3장 | 사도행전 3장

주제 회복 (回復, 원래의 좋은 상태로 되돌리거나 원래의 상태를 되찾음)

하나님은 벌거벗은 사람에게 가죽옷을 입혀 회복시키고 세례를 통해 용서하신 후 회복을, 그리고 제단에서 예배를 온전히 드리게 함으로 영육간에 치유와 회복을 받게 하신다.

창세기 3장 : 원복음과 가죽옷으로 회복하심

- 내가 너로 여자와 원수가 되게 하고 네 후손도 여자의 후손과 원수가 되게 하리니 여자의 후손은 네 머리를 상하게 할 것이요 너는 그의 발꿈치를 상하게 할 것이니라 하시고(15)
- 여호와 하나님이 아담과 그의 아내를 위하여 가죽옷을 지어 입히시니라(21)

하나님과 언약을 맺은 인간은 하나님이 정하신 창조의 질서대로 살아가야 합니다. 그러나 아담과 하와는 사탄의 유혹을 이기지 못하고, 자신들이 선악간의 모든 것을 판단하기로 결정했습니다. 스스로 하나님이 되려고 하는 죄를 범한 것입니다. 자신들의 인생에서 하나님을 지우기로 한 결정은 엄청난 결과를 불러 왔습니다. 죄를 지은 인간이 두려움과 수치를 느끼는 것은 당연한 것이며, 하나님을 스스로 떠난 결과는 '반드시 죽으리라'고 하신 말씀대로 죽음과 심판의 원인이 되었습니다. 하나님과 사람이 분리되고, 남자와 여자가 싸우게 되었으며, 사람과 피조물간의 평화도 깨어졌습니다. 죄에는 반드시 대가가 있습니다. 그러나 하나님은 당신의 형상으로 지으신 사람을 포기하지 않으십니다.

마태복음 3장 : 회개와 세례로 천국을 회복하심

- 회개하라 천국이 가까이 왔느니라 하였으니(2)
- 예수께서 세례를 받으시고 곧 물에서 올라오실새 하늘이 열리고 하나님의 성령이 비둘기 같이 내려 자기 위에 임하심을 보시더니(16)

이 당시 이스라엘 백성들은 에스라 시대에 회복되었던 하나님 중심 신앙을 다시 잃어버린 상태였습니다. 웅장한 건축물(헤롯성전)은 있었지만, 정작 성전과 율법의 주인이신 하나님은 없었습니다. 수많은 종교행위는 있었지만, 하나님과 별로 상관없는 것들이었습니다. 세례 요한은 그와 같은 위선을 고발합니다. 위선과 교만은 영적 질병입니다. 교묘하고 끈질겨서 스스로 해결하기 쉽지 않습니다. 예수 그리스도만이 우리 본성 안에 있는 죄를 제거하고, 우리에게 영원한 생명을 주실 수 있습니다. 위선과 교만도 그리스도 안에서 우리 자아가 깨어질 때에 비로소 고쳐질 수 있으니 우리는 날마다 은혜를 구하는 자가 되어야 합니다.

에스라 3장 : 제단과 제사로 관계를 회복하심

- 무리가 모든 나라 백성을 두려워하여 제단을 그 터에 세우고 그 위에서 아침 저녁으로 여호와께 번제를 드리며(3)
- 찬양으로 화답하며 여호와께 감사하여 이르되 주는 지극히 선하시므로 그의 인자하심이 이스라엘에게 영원하시도다 하니 모든 백성이 여호와의 성전 기초가 놓임을 보고 여호와를 찬송하며 큰 소리로 즐거이 부르며(11)
- 제사장들과 레위 사람들과 나이 많은 족장들은 첫 성전을 보았으므로 이제 이 성전의 기초가 놓임을 보고 대성통곡하였으나 여러 사람은 기쁨으로 크게 함성을 지르니(12)

하나님을 거역하고, 우상을 섬긴 이스라엘을 회복시키는 하나님의 사랑이야기입니다. 마치 죄를 지은 아담에게 가죽옷을 지어 입히신 사건과 같습니다. 이스라엘 백성들은 그들을 고국으로 보내신 하나님의 뜻을 받들어 성전건축을 시작합니다. 번제단을 세우고(2절), 초하루 등 번제를 드리고(4~6절), 성전 머릿돌을 놓습니다.(8~13절) 하나님을 떠났던 그들이 하나님 중심의 인생으로 회복되기 시작한 것입니다.

사도행전 3장 : 은혜와 치유로 건강을 회복하심

- 베드로가 이르되 은과 금은 내게 없거니와 내게 있는 이것을 네게 주노니 나사렛 예수 그리스도의 이름으로 일어나 걸으라 하고(6)
- 오른손을 잡아 일으키니 발과 발목이 곧 힘을 얻고(7)
- 그 이름을 믿으므로 그 이름이 너희가 보고 아는 이 사람을 성하게 하였나니 예수로 말미암아 난 믿음이 너희 모든 사람 앞에서 이같이 완전히 낫게 하였느니라(16)

화려한 헤롯성전 미문 앞에 앉아서 구걸을 하는 하반신 마비 장애인이 있었습니다. 여기에서 예수님의 이름이 크게 선포됩니다.(6절) 예수님의 이름으로 일어선 그는 걸으며 뛰며 하나님을 찬양하고, 베드로는 모세와 선지자들이 말한 그 분이 바로 예수님이라고 선포합니다. 인간의 죄와 타락으로 인한 처참한 결과(창3장)를 예수님이 온전히 회복시키셨습니다. 예수 안에 있는 자는 이 땅에서 그의 형편이 어떠하든지, 가장 복된 인생이 될 수 있습니다.

말씀 속에서 나를 향한 하나님의 오랜 사랑과 신실함을, 나의 구원을 위한 하나님의 일하심을 보게 됩니다. 하나님! 나를 포기하지 않아 주셔서 감사드립니다. 여전히 실망시키는 부분이 있지만, 그래도 작년보다는 하나님께 기쁨을 드리는 시간이 더욱 많아지기를 소망하며 열심히 살아 보겠습니다. 좋으신 하나님을 아버지라 부를 수 있어서 참 다행입니다.

1/4

본문 창세기 4장 | 마태복음 4장 | 에스라 4장 | 사도행전 4장

주제 시험 (試驗, 사람이나 일이 잘못되도록 하기 위해 유혹하거나 힘들게 하는 것)

마귀는 가인과 예수, 사마리아인들과 관리들을 시험하여 하나님의 뜻을 거역케 한다. 언제든지 하나님의 사람을 시험할 뿐만이 아니라 하나님의 일을 훼방한다.

창세기 4장 : 가인의 살인 시험

- 아벨은 자기도 양의 첫 새끼와 그 기름으로 드렸더니 여호와께서 아벨과 그의 제물은 받으셨으나(4)
- 가인이 그의 아우 아벨에게 말하고 그들이 들에 있을 때에 가인이 그의 아우 아벨을 쳐죽이니라(8)
- 그의 아우의 이름은 유발이니 그는 수금과 통소를 잡는 모든 자의 조상이 되었으며(21)

인간의 타락 후 에덴동산 밖에서의 이야기가 등장하는데, 주로 '죄'와 관련된 것입니다. 4장에서는 죄의 특징이 그대로 드러납니다. 첫째, 죄는 하나님과 인간의 관계를 파괴합니다. 거짓예배가 등장합니다.(5절) 둘째, 인간관계가 파괴됩니다. 아담과 하와의 가정에서 죄의 극치인 살인행위가 발생합니다. 셋째, 죄를 지은 후 인정하지 않습니다. 가인은 그의 부모인 아담과 하와처럼 죄를 숨겼고, 외면하고, 변명까지 합니다.(9절) 하나님의 약속의 계보는 하나님의 이름을 부르는 셋의 후손에게로 이어집니다.

마태복음 4장 : 마귀의 예수 시험

- 그 때에 예수께서 성령에게 이끌리어 마귀에게 시험을 받으러 광야로 가사(1)
- 이에 예수께서 말씀하시되 사탄아 물러가라 기록되었으되 주 너의 하나님께 경배하고 다만 그를 섬기라 하였느니라(10)
- 이 때부터 예수께서 비로소 전파하여 이르시되 회개하라 천국이 가까이 왔느니라 하시더라(17)

예수님이 공생애 시작 전 마귀에게 시험을 받으십니다. 마귀는 '생존의 욕구, 자기 증명에 대한 욕구, 성공에 대한 욕구'를 앞세워 인류 구원의 길을 가는 예수님을 회유하고 협박합니다. 아담과 그의 후손들이 통과하지 못한 시험을 둘째 아담이신 예수님은 통과하십니다. 마귀의 시험을 이기고, 죽음을 이기고 승리하신 그리스도는 이 땅에서 마귀의 회유와 협박을 받아 늘 두려워하고 염려하며, 패배하기도 하는 우리를 늘 도우십니다. 승리하신 그리스도는 마침내 우리로 하여금 이기게 하십니다. 그리스도는 아담의 범죄이후 사망권세에 사로잡힌 어두운 이 땅의 빛이 되십니다.(16절)

에스라 4장 : 사마리아인들의 훼방 시험

- 스룹바벨과 예수아와 기타 이스라엘 족장들이 이르되 우리 하나님의 성전을 건축하는 데 너희는 우리와 상관이 없느니라 바사 왕 고레스가 우리에게 명령하신 대로 우리가 이스라엘의 하나님 여호와를 위하여 홀로 건축하리라 하였더니 이로부터 그 땅 백성이 유다 백성의 손을 약하게 하여 그 건축을 방해하되 바사 왕 고레스의 시대부터 바사 왕 다리오가 즉위할 때까지 관리들에게 뇌물을 주어 그 계획을 막았으며(3-5)
- 이제 너희는 명령을 전하여 그 사람들에게 공사를 그치게 하여 그 성을 건축하지 못하게 하고 내가 다시 조서 내리기를 기다리라(21)
- 이에 예루살렘에서 하나님의 성전 공사가 바사 왕 다리오 제이년까지 중단되니라(24)

하나님의 섭리가운데 예루살렘으로 귀환할 수 있었던 이스라엘 백성들은 가장 먼저 성전을 건축합니다. 그러나 이를 방해하는 무리들이 등장합니다. 그들은 바사(페르시아) 왕에게 상소문을 보냈는데, 거기에는 '이스라엘이 성전을 건축한 후에는 반역할 것'이라고 쓰여 있었습니다. 상소는 먹혀들어서, 성전공사가 중단됩니다.(24절) 포로귀환의 역사가 성전건축과 함께 진행 중이었는데 중단되었습니다. 하나님의 거룩한 역사에는 늘 교활한 대적자들의 훼방이 있습니다.

사도행전 4장 : 관리들의 위협 시험

- 다른 이로써는 구원을 받을 수 없나니 천하 사람 중에 구원을 받을 만한 다른 이름을 우리에게 주신 일이 없음이라 하였더라(12)
- 관리들이 백성들 때문에 그들을 어떻게 처벌할지 방법을 찾지 못하고 다시 위협하여 놓아 주었으니 이는 모든 사람이 그 된 일을 보고 하나님께 영광을 돌림이라(21)

베드로와 요한은 더 이상 예전의 그들이 아니었습니다. 예수님을 통해 성공해 보려고 했던 제자, 예수님을 모른다고 거짓말해서라도 살고자 했던 그런 제자가 아닙니다. 그들의 생명을 해할 수 있는 권력을 가진 권력자들 앞에서 힘 있게 '예수는 그리스도'라고 선포합니다.(8~10절) 부활하신 예수님을 경험한 그들에게 더 이상 두려울 것이 없습니다. "하나님 앞에서 너희의 말을 듣는 것이 하나님의 말씀을 듣는 것보다 옳은가 판단하라"(19절) 우리에게 이러한 담대함이 있기를 소망합니다.

걷잡을 수 없이 무너지는 아담의 가정을 보면서 죄가 나의 삶에 어떤 영향을 주는지 깊이 깨닫게 됩니다. 하나님의 일을 행할 때 악한 자의 훼방이 있을지라도 끝까지 포기하지 않으므로 하나님의 승리를 맛보게 하옵소서. 하나님의 말씀을 최고의 가치로 삼고, 예수님만을 온전히 의지하며 담대하게 하옵소서.

1/5

본문 창세기 5장 | 마태복음 5장 | 에스라 5장 | 사도행전 5장

주제 **동행** (同行, 일정한 곳으로 길을 같이 가거나 오거나 함)

성삼위일체 하나님과 동행하는 사람은 은혜를 받아 구별된 삶을 살게 되고, 그 생활을 통해 구속의 역사를 이루게 된다.

창세기 5장 : 하나님과 동행하는 자

- 므두셀라를 낳은 후 삼백 년을 하나님과 동행하며 자녀들을 낳았으며 그는 삼백육십오 세를 살았더라 에녹이 하나님과 동행하더니 하나님이 그를 데려가시므로 세상에 있지 아니하였더라(22-24)
- 이름을 노아라 하여 이르되 여호와께서 땅을 저주하시므로 수고롭게 일하는 우리를 이 아들이 안위하리라 하였더라(29)

아담의 계보가 등장합니다. 주목할 사람은 에녹과 노아입니다. 에녹은 '하나님과 평생 동행한 사람'이라는 평가를 받습니다. 신약은 에녹에 대하여 '믿음으로 그가 죽음을 보지 않고 옮겨진 사람'이라고 평가합니다. "믿음으로 에녹은 죽음을 보지 않고 옮겨졌으니 하나님이 그를 옮기심으로 다시 보이지 아니 하였느니라 그는 옮겨지기 전에 하나님을 기쁘시게 하는 자라 하는 증거를 받았느니라."(히11:5) 에녹의 계보에서 또 다른 믿음의 사람 노아가 등장합니다.

마태복음 5장 : 예수와 함께하는 제자들

- 심령이 가난한 자는 복이 있나니 천국이 그들의 것임이요 애통하는 자는 복이 있나니 그들이 위로를 받을 것임이요 온유한 자는 복이 있나니 그들이 땅을 기업으로 받을 것임이요 의에 주리고 목마른 자는 복이 있나니 그들이 배부를 것임이요 긍휼히 여기는 자는 복이 있나니 그들이 긍휼히 여김을 받을 것임이요 마음이 청결한 자는 복이 있나니 그들이 하나님을 볼 것임이요 화평하게 하는 자는 복이 있나니 그들이 하나님의 아들이라 일컬음을 받을 것임이요 의를 위하여 박해를 받은 자는 복이 있나니 천국이 그들의 것임이라...(3-12)
- 또 눈은 눈으로, 이는 이로 갚으라 하였다는 것을 너희가 들었으나...(38-42)

세상에서는 가난과 애통, 온유와 의, 긍휼과 청결, 화평과 핍박이 있는 자를 복된 자라 하지 않습니다. 세상의 복과는 개념이 다르니까요. 그러나 아벨의 삶, 에녹의 삶, 노아의 삶은 바로 8복이 말하는 그런 삶이었습니다. 그리스도께서 가신 길이며, 그리스도께서 말씀하신 천국윤리입니다. 우리는 세상의 윤리가 아닌 하나님나라의 윤리를 추구하는 사람입니다. 속사람까지 사랑과 의로 충만하기를 소망합니다.

에스라 5장 : 선지자와 함께하는 자들

- 이에 스알디엘의 아들 스룹바벨과 요사닥의 아들 예수아가 일어나 예루살렘에 있던 하나님의 성전을 다시 건축하기 시작하매 하나님의 선지자들이 함께 있어 그들을 돕더니(2)
- 그들이 우리에게 대답하여 이르기를 우리는 천지의 하나님의 종이라 예전에 건축되었던 성전을 우리가 다시 건축하노라 이는 본래 이스라엘의 큰 왕이 건축하여 완공한 것이었으나 우리 조상들이 하늘에 계신 하나님을 노엽게 하였으므로 하나님이 그들을 갈대아 사람 바벨론 왕 느부갓네살의 손에 넘기시매 그가 이 성전을 헐며 이 백성을 사로잡아 바벨론으로 옮겼더니 바벨론 왕 고레스 원년에 고레스 왕이 조서를 내려 하나님의 이 성전을 다시 건축하게 하고(11-13)

이방인들의 방해로 약 20여 년간 멈춰 있던 성전건축 공사가 학개와 스가랴의 예언과 함께 다시 재건됩니다. 그런데 다시 위기를 찾아옵니다. 총독 닷드내가 다리오 왕에게 편지를 보내 '정말로 왕이 허락한 일인지'를 질문한 것입니다.(6~17절) 하나님의 일이 쉽게 이루어지는 경우는 거의 없습니다. 성취될 때까지 많은 고비가 찾아옵니다. 그러나 하나님의 성실하심과 하나님을 신뢰하는 사람들의 헌신을 통해 결국은 말씀하신 대로 성취됩니다. 우리는 늘 하나님께 속해 있어야 합니다. 특히, 위기 속에서 더욱 하나님을 신뢰해야 합니다.

사도행전 5장 : 성령과 동행하는 성도

- 주의 사자가 밤에 옥문을 열고 끌어내어 이르되 가서 성전에 서서 이 생명의 말씀을 다 백성에게 말하라 하매(19-20)
- 우리는 이 일에 증인이요 하나님이 자기에게 순종하는 사람들에게 주신 성령도 그러하니라 하더라(32)
- 만일 하나님께로부터 났으면 너희가 그들을 무너뜨릴 수 없겠고 도리어 하나님을 대적하는 자가 될까 하노라 하니(39)

성령 충만함의 역사가 나타나는 초대교회에서 세상의 방식을 따르는 자가 등장합니다. 사도와 교회를 속인 죄, 성령을 속인 죄에 대한 대가를 치릅니다. 그러나 제자들은 복음을 위하여 대가를 치르는 것을 두려워하지 않았습니다. 그들은 진정으로 하나님 나라에 속한 자들이었습니다. "사람보다 하나님께 순종하는 것이 마땅하니라."(29절) 성령으로 충만한 사람은 세상이 감당하지 못하는 사람이 됩니다.

하나님과 동행하며 하나님의 기쁨이 되었던 에녹과 같은 사람 되기를 원합니다. 주의 뜻대로 행하려고 하면 늘 어려움이 찾아오고, 이로 인해 마음이 약해지기도 합니다. 세상에서 내가 작고 초라해 보여도 하나님께 속한 자임을 분명히 알게 하시고, 내 삶에 이루어질 하나님의 나라를 사모하게 하옵소서. 내 삶을 이끄시는 성령님에 대한 영적 감각이 무뎌지지 않게 하옵소서.

1/6

본문 창세기 6장 | 마태복음 6장 | 에스라 6장 | 사도행전 6장

주제 주뜻 (하나님과 예수님의 생각과 마음과 견해)

하나님은 구원을 위하여 방주와 성전을 세우게 하시되, 일꾼과 기도를 통해서 이루어 가신다.

창세기 6장 : 방주를 만들라는 뜻

- 이것이 노아의 족보니라 노아는 의인이요 당대에 완전한 자라 그는 하나님과 동행하였으며(9)
- 너는 고페르 나무로 너를 위하여 방주를 만들되 그 안에 칸들을 막고 역청을 그 안팎에 칠하라(14)

아담의 범죄 이후 사람들은 죄에 더 익숙해졌습니다. 그 결과 죄가 세상에 가득하게 되었고, 인간의 마음으로 계획하는 모든 것이 악해졌습니다.(5절) 자비로우시고, 은혜로우시며 노하기를 더디 하시는 하나님이 심판을 할 수밖에 없는 상황까지 이르게 되었습니다. 그러나 하나님의 은혜가 끊어진 것은 아닙니다. 하나님은 노아와 그의 가족들에 대한 구원을 약속하십니다.(18절)

마태복음 6장 : 주께 기도하라는 뜻

- 그러므로 너희는 이렇게 기도하라 하늘에 계신 우리 아버지여 이름이 거룩히 여김을 받으시오며 나라가 임하시오며 뜻이 하늘에서 이루어진 것 같이 땅에서도 이루어지이다(9-13)
- 한 사람이 두 주인을 섬기지 못할 것이니 혹 이를 미워하고 저를 사랑하거나 혹 이를 중히 여기고 저를 경히 여김이라 너희가 하나님과 재물을 겸하여 섬기지 못하느니라(24)
- 그런즉 너희는 먼저 그의 나라와 그의 의를 구하라 그리하면 이 모든 것을 너희에게 더하시리라(33-34)

위선자는 사람에게 보이려고 종교행위를 합니다. 기도, 구제, 금식 등을 통해 명예를 얻고자 합니다. 사람들의 평판이 위선자들에게 매우 중요합니다. 하나님은 이러한 위선을 미워하십니다. 사람에게 보이려고 기도하지 말고, 하나님 앞에서 진심으로 기도해야 합니다. 주기도문은 하나님 중심의 기도가 무엇인지 잘 보여 줍니다. 우리는 기도뿐만 아니라 모든 신앙의 행위에서 위선을 제거해야 합니다. 위선은 결국 내가 영광의 주인공이 되고자 하는 욕망입니다.

에스라 6장 : 성전을 봉헌하라는 뜻

- 하나님의 성전 공사를 막지 말고 유다 총독과 장로들이 하나님의 이 성전을 제자리에 건축하게 하라(7)
- 그들이 하늘의 하나님께 향기로운 제물을 드려 왕과 왕자들의 생명을 위하여 기도하게 하라(10)

- 이스라엘 자손과 제사장들과 레위 사람들과 기타 사로잡혔던 자의 자손이 즐거이 하나님의 성전 봉헌식을 행하니(16)
- 즐거움으로 이레 동안 무교절을 지켰으니 이는 여호와께서 그들을 즐겁게 하시고 또 앗수르 왕의 마음을 그들에게로 돌려 이스라엘의 하나님이신 하나님의 성전 건축하는 손을 힘 있게 하도록 하셨음이었더라(22)

바벨론에게 멸망을 당한 이스라엘은 그 이유가 조상들의 반역에 있음을 고백합니다. "우리 조상들이 하늘에 계신 하나님을 노엽게 하였으므로"(5:12) 하나님을 떠나 우상을 섬긴 결과 그들은 바벨론의 포로가 되었습니다. 그러나 하나님은 은혜 베풀기를 포기하지 않으십니다. 심판 가운데서도 긍휼을 잊지 않으십니다. 노아의 때 방주를 통해 구원을 베푸신 것처럼, 에스라 시대에 포로귀환과 성전건축 역사를 통해 이스라엘을 구원하십니다. 하나님은 다리오 왕을 통해 중단 되었던 성전건축을 다시 진행시키셔서 마침내 성전이 완공되게 하셨습니다. 이스라엘 백성들은 봉헌식과 유월절을 통하여 하나님이 행하신 구원과 회복의 은총을 찬양합니다.

사도행전 6장 : 일꾼을 세우라는 뜻

- 형제들아 너희 가운데서 성령과 지혜가 충만하여 칭찬 받는 사람 일곱을 택하라 우리가 이 일을 그들에게 맡기고(3)
- 하나님의 말씀이 점점 왕성하여 예루살렘에 있는 제자의 수가 더 심히 많아지고 허다한 제사장의 무리도 이 도에 복종하니라(7)
- 스데반이 지혜와 성령으로 말함을 그들이 능히 당하지 못하여(10)

초대교회가 맞이한 최초의 내적위기가 등장합니다. 헬라파에 속한 과부들이 구제에 빠진 일로 헬라파와 히브리파 유대인 사이에 충돌이 일어난 것입니다. 결국 이 위기를 겪으면서 교회는 더욱 견고해 집니다. 사도들은 '기도하는 일'과 '말씀'에 전념하기로 하고, 그 밖의 일들을 대신 감당할 일꾼을 세우게 된 것입니다. 내적 위기를 극복한 이후, 하나님의 말씀이 점점 왕성하여 제자의 수가 심히 많아졌습니다.(7절) 그런데 이제는 외적 위기가 찾아 왔습니다. 복음을 전하던 스데반이 공회로 끌려 간 것입니다. 끌려간 스데반은 담대했고, 그의 얼굴에서는 두려움을 찾아 볼 수 없었으며, 마치 천사의 얼굴과도 같았습니다.

죄가 가득한 세상에서 노아와 그의 가족을 구원하신 이야기와 하나님을 거역하고 우상을 섬긴 죄로 끌려간 이스라엘 백성들을 회복시키는 이야기 속에서 언제나 언약을 붙드시며, 한결같으신 하나님을 봅니다. 신실하신 하나님 앞에서 나의 경건과 열심을 자랑하는 것은 정말 어리석은 행위입니다. 내 신앙에서 위선을 제하여 주시고 내적, 외적 위기가 찾아오더라도 주님과 같이 한결같게 하옵소서.

1/7

본문 창세기 7장 | 마태복음 7장 | 에스라 7장 | 사도행전 7장

주제 사역 (事役, 하나님의 일 또는 하나님의 일을 행함)

각 시대마다 하나님의 뜻을 따라 감당해야 할 영적 사역이 있다.

창세기 7장 : 구원의 방주에 거하라

- 노아가 육백 세 되던 해 둘째 달 곧 그 달 열이렛날이라 그 날에 큰 깊음의 샘들이 터지며 하늘의 창문들이 열려 사십 주야를 비가 땅에 쏟아졌더라(11-12)
- 지면의 모든 생물을 쓸어버리시니 곧 사람과 가축과 기는 것과 공중의 새까지라 이들은 땅에서 쓸어버림을 당하였으되 오직 노아와 그와 함께 방주에 있던 자들만 남았더라(23)

노아의 홍수사건은 세상을 심판하시는 하나님과 심판 가운데서 구원하시는 하나님을 동시에 보여 줍니다. 창세기 7장에서 볼 수 있는 "하나님의 심판과 구원"은 마지막 날에 다시 한번 그대로 반복될 것입니다. 방주 안에 있었던 노아의 가족 8명은 모두 구원을 받았습니다. 마찬가지로 마지막 날 그리스도 안에 있는 자는 모두 구원받게 될 것입니다. 성경은 홀연히 그 날이 임할 것이라고 수없이 이야기하고 있습니다.

마태복음 7장 : 좁은 문으로 들어가라

- 좁은 문으로 들어가라 멸망으로 인도하는 문은 크고 그 길이 넓어 그리로 들어가는 자가 많고 생명으로 인도하는 문은 좁고 길이 협착하여 찾는 자가 적음이라(13-14)
- 그러므로 누구든지 나의 이 말을 듣고 행하는 자는 그 집을 반석 위에 지은 지혜로운 사람 같으리니 비가 내리고 창수가 나고 바람이 불어 그 집에 부딪치되 무너지지 아니하나니 이는 주추를 반석 위에 놓은 까닭이요(24-25)

산상수훈 마지막장으로 계속해서 위선과 거짓, 순종에 관한 교훈이 등장합니다. 위선자는 하나님이 아닌 자신을 위한 활동을 합니다. 겉으로 보기에는 구별되지 않을 수 있습니다. 그러나 아무리 열심히 종교활동을 하는 것 같아도 결정적으로 위선자는 삶의 열매가 없습니다. 하나님을 경외하며, 그의 뜻대로 행하는 삶이 없다면 마지막 날에 "불법을 행한 자들아 내게서 떠나가라"는 주의 음성을 듣게 될 지도 모릅니다. 그러므로 우리는 마음이 어디로 향하고 있는지 늘 점검하면서 참된 신자가 되기를 날마다 결단해야 합니다.

에스라 7장 : 하나님의 율법을 준행하라

- 이 에스라가 바벨론에서 올라왔으니 그는 이스라엘의 하나님 여호와께서 주신 모세의 율법에 익숙한 학자로서 그의 하나님 여호와의 도우심을 입음으로 왕에게 구하는 것은 다 받는 자이더니(6)

- 첫째 달 초하루에 바벨론에서 길을 떠났고 하나님의 선한 손의 도우심을 입어 다섯째 달 초하루에 예루살렘에 이르니라 에스라가 여호와의 율법을 연구하여 준행하며 율례와 규례를 이스라엘에게 가르치기로 결심하였었더라(9-10)
- 에스라여 너는 네 손에 있는 네 하나님의 지혜를 따라 네 하나님의 율법을 아는 자를 법관과 재판관을 삼아 강 건너편 모든 백성을 재판하게 하고 그 중 알지 못하는 자는 너희가 가르치라(25)

1~6장까지가 포로귀환 및 성전을 세워가는 내용이라면, 7장부터는 에스라가 주도하는 종교개혁에 관한 내용입니다. 예루살렘 성전이 완공된 지 57년이 지난 후 에스라는 예루살렘에 오게 됩니다. 그는 여호와의 율법을 이스라엘에게 가르치기로 결심합니다.(10절) 아닥사스다 왕은 에스라가 그러한 활동을 할 수 있도록 제도적으로 보장해 줍니다.(그의 활동을 보장하는 왕의 조서가 내려짐) 에스라는 이 모든 것이 '하나님이 그로 하여금 왕에게서 은혜를 입도록 하셨기 때문'이라고 말합니다.(27,28절) 온전한 회복은 성전의 완공이 아니라, 그 성전에서 예배할 사람들이 실제로 하나님을 경외하게 되는 것입니다.

사도행전 7장 : 복음 전하다가 순교하라

- 목이 곧고 마음과 귀에 할례를 받지 못한 사람들아 너희도 너희 조상과 같이 항상 성령을 거스르는도다(51)
- 스데반이 성령 충만하여 하늘을 우러러 주목하여 하나님의 영광과 및 예수께서 하나님 우편에 서신 것을 보고(55)
- 그들이 돌로 스데반을 치니 스데반이 부르짖어 이르되 주 예수여 내 영혼을 받으시옵소서 하고 무릎을 꿇고 크게 불러 이르되 주여 이 죄를 그들에게 돌리지 마옵소서 이 말을 하고 자니라(59-60)

스데반의 순교 이야기입니다. 스데반은 몰려든 유대인들을 대상으로 구약의 역사가 어떻게 예수 그리스도에게로 이어지는지 성경 전체를 아우르는 선포를 합니다. 그리고 지금 메시아를 거역하고 있는 그들의 죄를 지적합니다. 안타깝게도 그들은 말씀을 들을 귀가 없었습니다. 그들을 분노했고, 스데반에게 달려들어 돌을 던집니다. 스데반은 돌에 맞아 죽어가면서 예수님이 십자가에서 드렸던 기도를 드립니다. '저들을 용서하여 주옵소서' '내 영혼을 부탁하나이다' 그의 순교는 헛되지 않아 신약시대의 가장 중요한 인물인 사도 바울의 탄생에 영향을 주게 됩니다.

역사의 시작과 끝에 대한 성경의 메시지를 신뢰합니다. 노아시대의 홍수 심판과 구원의 이야기는 마지막 날 나의 이야기가 될 것입니다. 방주 안에서 안전했던 것처럼 그리스도 안에서 나는 결단코 안전합니다. 성령님! 내 안의 위선과 거짓을 불태워 주시고, 하나님을 경외하는 인생 되게 하여 주옵소서. 복음으로 또 다른 영혼을 낳는 복된 인생이 되게 하옵소서.

1/8

본문 창세기 8장 | 마태복음 8장 | 에스라 8장 | 사도행전 8장

주제 **감사** (感謝, 고마움을 표시하는 인사)

어려움 속에서 영적으로나 육적으로 해방된 사람은 기쁜 마음으로 감사의 제사를 드린다.

창세기 8장 : 노아의 번제 감사

- 하나님이 노아와 그와 함께 방주에 있는 모든 들짐승과 가축을 기억하사 하나님이 바람을 땅 위에 불게 하시매 물이 줄어들었고(1)
- 저녁때에 비둘기가 그에게로 돌아왔는데 그 입에 감람나무 새 잎사귀가 있는지라 이에 노아가 땅에 물이 줄어든 줄을 알았으며(11)
- 너와 함께 한 모든 혈육 있는 생물 곧 새와 가축과 땅에 기는 모든 것을 다 이끌어내라 이것들이 땅에서 생육하고 땅에서 번성하리라 하시매(17)
- 노아가 여호와께 제단을 쌓고 모든 정결한 짐승과 모든 정결한 새 중에서 제물을 취하여 번제로 제단에 드렸더니(20)

홍수 심판이 끝나고 노아의 가족 및 함께 방주에 탔던 동물들이 밖으로 나오게 됩니다. 노아는 하나님 앞에 번제를 드립니다. 이는 구원의 은혜에 대한 감사의 제사였을 것입니다. 하나님은 이와 같은 물의 심판을 다시 행하지 않겠다고 말씀하십니다. 이후의 역사에서 사람들은 분명 노아시대보다 더 타락하고, 더 하나님을 멀리했지만 하나님은 창 8장의 약속을 지키셨습니다. 특히 인간은 하나님의 언약의 대상으로서 동등한 주체가 될 수 없음에도 불구하고 하나님은 노아와 언약을 맺으셨고, 모세와 언약을 맺으셨고, 다윗과 언약을 맺으셨습니다. 게다가 인간 편에서 그 언약을 수시로 깨뜨렸지만 하나님은 홀로 언약을 지켜 나가셨습니다. '내 주와 맺은 언약은 영 불변하시니 그 나라 가기까지는 늘 보호하시네~'(찬 370장 4절)

마태복음 8장 : 백부장의 고백 감사

- 예수께서 손을 내밀어 그에게 대시며 이르시되 내가 원하노니 깨끗함을 받으라 하시니 즉시 그의 나병이 깨끗하여진지라(3)
- 예수께서 손을 내밀어 그에게 대시며 이르시되 내가 원하노니 깨끗함을 받으라 하시니 즉시 그의 나병이 깨끗하여진지라(10)
- 예수께서 이르시되 어찌하여 무서워하느냐 믿음이 작은 자들아 하시고 곧 일어나사 바람과 바다를 꾸짖으시니 아주 잔잔하게 되거늘(26)

예수님은 나병환자의 치유를 시작으로 많은 병든 자를 고치시고, 풍랑을 잠잠케 하는 등 그리스도요 주되심을 나타내 보이십니다. 사람들은 기적을 행하는 그를 궁금해 합니다. "그 사람들이 놀랍게 여겨 이르되 이이가 어떠한 사람이기에 바람과 바다도 순종하

는가"(27절) 그런가 하면 귀신들린 자를 온전케 하였음에도 마을에서 떠나라고 종용하는 사람들도 있습니다.

에스라 8장 : 에스라의 금식기도 감사

- 가시뱌 지방으로 보내어 그 곳 족장 잇도에게 나아가게 하고 잇도와 그의 형제 곧 가시뱌 지방에 사는 느디님 사람들에게 할 말을 일러 주고 우리 하나님의 성전을 위하여 섬길 자를 데리고 오라 하였더니 우리 하나님의 선한 손의 도우심을 입고 그들이 이스라엘의 손자 레위의 아들 말리의 자손 중에서 한 명철한 사람을 데려오고 또 세레뱌와 그의 아들들과 형제 십팔 명과 하사뱌와 므라리 자손 중 여사야와 그의 형제와 그의 아들들 이십 명을 데려오고(17-19)
- 그러므로 우리가 이를 위하여 금식하며 우리 하나님께 간구하였더니 그의 응낙하심을 입었느니라(23)

에스라는 레위 사람을 불러 모읍니다. 다시 재건된 예루살렘 성전에서 드려질 제사를 위해 필요한 사람들을 구하는 것입니다. 성전에서 쓰일 예물도 확보합니다. 그리고 그는 사람들과 함께 예루살렘을 향해 갑니다. 무너졌던 예루살렘 성전이 다시 재건되고, 그곳에서 하나님 앞에 온전한 제사가 드려질 때에야 비로소 성전은 완성이 됩니다.

사도행전 8장 : 내시의 세례 감사

- 무리가 빌립의 말도 듣고 행하는 표적도 보고 한마음으로 그가 하는 말을 따르더라(6)
- 시몬도 믿고 세례를 받은 후에 전심으로 빌립을 따라다니며 그 나타나는 표적과 큰 능력을 보고 놀라니라(13)
- 주의 사자가 빌립에게 말하여 이르되 일어나서 남쪽으로 향하여 예루살렘에서 가사로 내려가는 길까지 가라 하니 그 길은 광야라 일어나 가서 보니 에디오피아 사람 곧 에디오피아 여왕 간다게의 모든 국고를 맡은 관리인 내시가 예배하러 예루살렘에 왔다가 돌아가는데 수레를 타고 선지자 이사야의 글을 읽더라...(26-36)

복음이 예루살렘과 유대를 넘어 사마리아에 이르게 됩니다. 예루살렘에 있었던 큰 박해로 인해 유대와 사마리아 땅으로 흩어진 사람들이 복음을 전한 것입니다. 빌립이 사마리아에서 복음을 전하였으며, 또한 에디오피아의 국고를 관리하는 내시(재무장관)에게도 복음을 전하게 됩니다. 그가 이사야 53장을 읽고 있는 것을 발견하고, 그 의미를 설명해 줍니다. 내시는 즉시 신앙고백을 하고 세례를 받게 됩니다. 성령님께서 이 모든 선교의 역사를 주도하십니다. "주의 영이 빌립을 이끌어 간지라"(39절)

포로귀환과 예루살렘 성전건축, 그리고 예배의 재개까지 이 모든 역사를 하나님이 주도하셨습니다. 복음이 예루살렘과 온 유대와 사마리아, 땅 끝까지 전파되는 선교의 역사도 하나님이 주도하십니다. 그러므로 구원의 복음이 나에게도 전해진 것은 모두 하나님이 하신 일입니다. 죄인인 나를 찾아 주신 나의 구주를 찬양합니다. 은혜에 감격하며 하나님의 이끄심에 순복하고, 복음의 문을 열어 가는 인생 되게 하옵소서.

1/9

본문 창세기 9-10장 | 마태복음 9장 | 에스라 9장 | 사도행전 9장
주제 **변화** (變化, 사물의 모양이나 성질이 바뀌어 달라짐)

하나님은 언약과 치유를 통해서 새로운 환경과 삶을 영위할 있도록 변화를 주시고, 회개와 체험을 통해 영적 변화의 삶을 살게 하신다.

창세기 9-10장 : 언약을 통한 새 환경

- 땅의 모든 짐승과 공중의 모든 새와 땅에 기는 모든 것과 바다의 모든 물고기가 너희를 두려워하며 너희를 무서워하리니… 채소 같이 내가 이것을 다 너희에게 주노라(9:2-3)
- 내가 나와 너희와 및 육체를 가진 모든 생물 사이의 내 언약을 기억하리니… 내가 보고 나 하나님과 모든 육체를 가진 땅의 모든 생물 사이의 영원한 언약을 기억하리라(9:15-16)
- 이들로부터 여러 나라 백성으로 나뉘어서 각기 언어와 종족과 나라대로 바닷가의 땅에 머물렀더라(10:5)
- 구스가 또 니므롯을 낳았으니 그는 세상에 첫 용사라…(10:8-9)

홍수 심판 이후 세상은 노아의 가족으로부터 새로 역사가 시작됩니다.(9장) 창세기 1장의 분위기와 다소 비슷합니다. "하나님이 노아와 그 아들들에게 복을 주시며 그들에게 이르시되 생육하고 번성하여 땅에 충만하라..."(1절~) 하나님은 노아와 언약을 맺으십니다. 무지개를 그 증표로 삼으셨습니다. 하나님은 여전히 신실하시지만, 인간은 그렇지 못한 모습이 나타납니다. 노아의 실수와 둘째 아들 함의 조롱, 그리고 함의 자손에 대한 심판(저주)가 그것입니다. 10장은 노아의 계보입니다. 이 계보는 아브라함으로 이어지게 됩니다.

마태복음 9장 : 치유를 통한 새 생활

- 그러나 인자가 세상에서 죄를 사하는 권능이 있는 줄을 너희로 알게 하려 하노라 하시고 중풍병자에게 말씀하시되 일어나 네 침상을 가지고 집으로 가라 하시니(6)
- 예수께서 돌이켜 그를 보시며 이르시되 딸아 안심하라 네 믿음이 너를 구원하였다 하시니 여자가 그 즉시 구원을 받으니라(22)
- 무리를 내보낸 후에 예수께서 들어가사 소녀의 손을 잡으시매 일어나는지라(25)
- 이에 예수께서 그들의 눈을 만지시며 이르시되 너희 믿음대로 되라 하시니(29)

중풍병, 혈루증, 야이로와 그의 딸, 맹인, 귀신들린 자등을 고치시는 예수님을 보게 됩니다. 우리의 구원자는 죄인과 병자를 긍휼히 여겨 주십니다. 죄로 인해 이 세상에 질병과 죽음, 슬픔과 아픔이 들어 왔습니다. 예수님은 이 모든 것을 제거하실 수 있는 유일한 분입니다. 십자가를 지실 예수님에 대하여 이사야 선지자는 "그는 실로 우리의 질고를 지고 우리의 슬픔을 당하였다"(사53:4)고 선포합니다. 뿐만 아니라 우리와 죄와 허물 때문에 찔리고 상하셨습니다.(사53:5) 예수님은 위로자이시며, 구원자이십니다.

에스라 9장 : 회개를 통한 새 신앙

- 말하기를 나의 하나님이여 내가 부끄럽고 낯이 뜨거워서 감히 나의 하나님을 향하여 얼굴을 들지 못하오니...(6-8)
- 전에 주께서 주의 종 선지자들에게 명령하여 이르시되 너희가 가서 얻으려 하는 땅은 더러운 땅이니 이는 이방 백성들이 더럽고 가증한 일을 행하여 이 끝에서 저 끝까지 그 더러움으로 채웠음이라...(11-12)
- 이스라엘의 하나님 여호와여 주는 의로우시니… 이로 말미암아 주 앞에 한 사람도 감히 서지 못하겠나이다 하니라(15)

성전이 재건되고, 성전에서의 예배도 회복되었습니다. 그러나 귀환한 이스라엘 백성들의 삶은 여전히 하나님의 말씀과 거리가 멉니다. 율법이 금하는 것들을 행하고 있었습니다. 에스라는 속옷과 겉옷을 찢으며 회개를 합니다. 하나님이 포로로 끌려간 그들에게 은혜를 베푸셔서 고국으로 귀환하여 터를 잡고 살아가게 되었는데, 이 기간마저 율법이 금하는 것들을 행하고 있는 현실로 인해 에스라는 진심으로 통회합니다. 그리고 하나님의 긍휼만을 구합니다. 죄를 범한 자가 기댈 것은 긍휼을 베푸시는 하나님뿐입니다.

사도행전 9장 : 체험을 통한 새 변화

- 사울이 길을 가다가 다메섹에 가까이 이르더니 홀연히 하늘로부터 빛이 그를 둘러 비추는지라...(3-5)
- 주께서 이르시되 일어나 직가라 하는 거리로 가서 유다의 집에서 다소 사람 사울이라 하는 사람을 찾으라 그가 기도하는 중이니라...(11-12)
- 즉시로 각 회당에서 예수가 하나님의 아들이심을 전파하니...(20-21)
- 그리하여 온 유대와 갈릴리와 사마리아 교회가 평안하여 든든히 서 가고 주를 경외함과 성령의 위로로 진행하여 수가 더 많아지니라(31)

살기등등하여 그리스도인을 체포하러 가던 사울이 참된 빛이신 예수님을 만나게 됩니다. 영적 맹인의 상태에서 벗어나게 되었습니다. 하나님은 핍박자인 바울을 향해 "나의 그릇"이라고 말씀하십니다.(행9:15) 다메섹으로 가던 길에서 예수님을 직접 만나게 된 바울은 "예수가 하나님의 아들 구세주"임을 전파하기 시작합니다. 한편 베드로는 예수님의 이름으로 중풍병자를 고치고, 죽은 자도 살리는 등 예수님이 행하신 역사를 그대로 재현하기 시작합니다.

다시는 물로 세상을 심판하지 않겠다는 뜻이 담긴 무지개 언약이 지금까지 유효하다면, 하물며 십자가의 언약은 얼마나 더 신실하겠습니까? 내 주와 맺은 언약은 영 불변한 줄 믿습니다. 주님! 내 속사람과 삶이 동일하게 하나님을 추구하게 하시고, 하나님의 나라가 나에게 임하였음을 증거하는 삶을 살게 하옵소서.

1/10

본문 창세기 11장 | 마태복음 10장 | 에스라 10장 | 사도행전 10장
주제 **감찰** (監察, 하나님이 뜻에 따라 모든 인간의 행동을 감독하여 살핌)

하나님은 어느 시대나 사람을 살피시되, 악한 자는 심판하시고 선한 자는 구원하시며 사명을 주신다.

창세기 11장 : 인간의 마음을 살피시다

- 서로 말하되 자, 벽돌을 만들어 견고히 굽자 하고…온 지면에 흩어짐을 면하자 하였더니 여호와께서 사람들이 건설하는 그 성읍과 탑을 보려고 내려오셨더라(3-5)
- 하란은 그 아비 데라보다 먼저 고향 갈대아인의 우르에서 죽었더라(28)
- 데라가 그 아들 아브람과 하란의 아들인 그의 손자 롯과 그의 며느리 아브람의 아내 사래를 데리고…하란에 이르러 거기 거류하였으며(31)

노아로부터 새로 시작된 인류는 또다시 하나님을 배신합니다. 하나님을 떠나 자신의 명예, 자신의 영광을 위해 살아갑니다. 바벨탑은 하나님처럼 높아지려는 인간의 허상을 보여주는 대표적인 산물입니다. 인간은 누구나 자신의 바벨탑을 쌓으려는 욕망을 가지고 있습니다. 하나님은 바벨탑을 쌓으려는 인간의 언어를 혼잡하게 하셔서 사방으로 흩으셨습니다. 이러한 혼란가운데 하나님은 조용히 구속의 역사를 위해 한 사람(아브라함)을 준비시키십니다.

마태복음 10장 : 제자의 위험을 살피시다

- 열두 사도의 이름은 이러하니 베드로라 하는 시몬을 비롯하여… 및 가룟 유다 곧 예수를 판 자라(2-4)
- 보라 내가 너희를 보냄이 양을 이리 가운데로 보냄과 같도다 그러므로 너희는 뱀 같이 지혜롭고 비둘기 같이 순결하라...(16-18)
- 몸은 죽여도 영혼은 능히 죽이지 못하는 자들을 두려워하지 말고 오직 몸과 영혼을 능히 지옥에 멸하실 수 있는 이를 두려워하라...(28-31)

예수님으로 인해 절망뿐인 이 땅에 하나님 나라가 도래했습니다. 예수님은 하나님나라가 왔음을 선포할 열두제자를 부르셨습니다. 예수의 증인이 될 제자들은 세상으로부터 미움을 받고, 잡혀가기도 하고, 채찍에 맞기도 하는 등 고난과 박해가 뒤따를 것입니다. 그렇기에 예수님은 “오직 몸과 영혼을 능히 지옥에 멸하실 수 있는 이를 두려워 하라”(28절)고 말씀하셨으며, “사람 앞에서 나를 시인하면 나도 하늘에 계신 내 아버지 앞에서 그를 시인할 것이라”(32절)고 말씀하십니다. “성령님이 함께 하시므로 권력자앞에서 두려워하지 말고”(19,20절), “당신을 위하여 목숨을 잃는 자는 얻게 될 것이며”(39절), “자기 십자가를 지고 나를 따르라”(38절)고 말씀하십니다.

에스라 10장 : 선민의 불법을 살피시다

- 엘람 자손 중 여히엘의 아들 스가냐가 에스라에게 이르되 우리가 우리 하나님께 범죄하여 이 땅 이방 여자를 맞이하여 아내로 삼았으나 이스라엘에게 아직도 소망이 있나니...(2-3)
- 유다와 베냐민 모든 사람들이 삼 일 내에 예루살렘에 모이니 때는 아홉째 달 이십일이라 무리가 하나님의 성전 앞 광장에 앉아서 이 일과 큰 비 때문에 떨고 있더니...(9-12)
- 오직 아사헬의 아들 요나단과 디과의 아들 야스야가 일어나… 그들을 돕더라(15)
- 이상은 모두 이방 여인을 아내로 맞이한 자라 그 중에는 자녀를 낳은 여인도 있었더라(44)

언약을 지키시는 하나님의 긍휼로 인하여 고국으로 돌아와 성전을 재건하고, 예배를 회복해 가던 이스라엘 공동체에 닥쳐 온 위기는 이방여인과의 결혼으로 인한 것이었습니다. 정략결혼으로 인하여 이방종교가 이스라엘에 들어오는 길을 열어 놓은 솔로몬왕의 사례나 아합왕의 왕비 이세벨로 인한 온 나라의 극심한 영적 타락의 사례에서 보듯이 이방여인과의 통혼은 결국 심각한 문제를 야기하게 될 것입니다. 회복된 이스라엘 공동체는 이방여인과 통혼한 가정은 이방여인을 돌려 보내는 것으로 결정하였고, 이를 신속히 진행하였습니다. 지금의 관점에서 '이미 이룬 가정을 어떻게 다시 해체할 수 있느냐?'를 보기 보다는 이방종교로 인하여 이스라엘 공동체가 영적 대위기를 맞이하기 전에 정말 어려운 일을 결단하고, 즉시 시행하여 죄를 제거하는 데 최선을 다했다는 면을 보아야 합니다. 여러분은 죄에 대하여 이렇게 단호하게 제거해 본 적이 있나요?

사도행전 10장 : 이방의 제자를 살피시다

- 고넬료가 주목하여 보고 두려워 이르되 주여 무슨 일이니이까 천사가 이르되 네 기도와 구제가 하나님 앞에 상달되어 기억하신 바가 되었으니(4)
- 하늘이 열리며 한 그릇이 내려오는 것을 보니…또 소리가 있으되 베드로야 일어나 잡아 먹어라 하거늘(11-13)
- 베드로가 이 말을 할 때에 성령이 말씀 듣는 모든 사람에게 내려오시니...(44-48)

이방인 백부장 고넬료에게 성령이 임하시는 놀라운 사건이 일어납니다. 베드로는 보자기 환상 가운데 '내가 깨끗하다 한 것을 네가 속되다 하지 말라'는 주님의 음성을 듣게 됩니다. 그것이 무엇을 의미하는지 그 이후에 일어난 일들을 통해 알게 됩니다. 복음은 유대인의 전유물이 아닙니다. 복음은 온 세상, 모든 민족을 위한 것입니다. 하나님은 아브라함을 부르시면서 "땅의 모든 족속이 너로 말미암아 복을 얻을 것"이라고 하셨습니다.(창12:3) 이 약속의 말씀이 아브라함과 다윗의 자손 예수 그리스도로 인하여 성취되는 것입니다.

에스라 10장을 보면 "죄와 싸우되 피 흘리기까지 싸우라"는 말씀이 생각납니다. 나와 하나님 사이를 멀어지게 만드는 것들과 싸우게 하옵소서. 내가 두려워하는 것의 실체를 알게 하시고, 어떤 상황에서도 주님을 시인하는 참된 성도가 되게 하옵소서. 무거운 십자가는 주님이 지셨고 내게는 쉽고 가벼운 십자가를 주셨으니, 내 몫의 십자가를 지고 주님을 즐거이 따르게 하옵소서.

1/11

본문 창세기 12장 | 마태복음 11장 | 느헤미야 1장 | 사도행전 11장
주제 **약속** (約束, 장래의 일을 상대방과 미리 정하여 어기지 않을 것을 다짐함)

성삼위일체 하나님은 선택한 자를 보호하시고 돌보시며 회복하시고 구원하신다.

창세기 12장 : 하나님의 약속과 보호하심

- 내가 너로 큰 민족을 이루고 네게 복을 주어 네 이름을 창대하게 하리니 너는 복이 될지라…땅의 모든 족속이 너로 말미암아 복을 얻을 것이라 하신지라(2-3)
- 여호와께서 아브람에게 나타나 이르시되…그가 그 곳에서 제단을 쌓고(7)
- 여호와께서 아브람의 아내 사래의 일로 바로와 그 집에 큰 재앙을 내리신지라(17)
- 바로가 사람들에게 그의 일을 명하매 그들이 그와 함께 그의 아내와 그의 모든 소유를 보내었더라(20)

하나님은 아브람을 부르셨습니다. 아브람은 그 부르심에 순종하여 그의 아내 사래와 조카 롯과 하란에서 모은 모든 소유와 사람들을 이끌고 가나안 땅에 들어갑니다.(5절) 그러나 가나안 땅에 기근이 들자 이집트로 이주합니다. 거기서 자신의 안전을 위해 아내를 희생시키게 됩니다. 이로서 그에게 주셨던 약속의 말씀은 위기를 맞게 됩니다. 하나님의 부르심에 감격하며 출발했으나 금새 위기를 만나 좌초되는 우리의 모습과 너무 비슷합니다. 그러나 언약에 신실하신 하나님은 아브람의 삶에 개입하셔서 그와 그의 아내를 구출하십니다. 언약의 성취는 인간의 열심이 아니라 하나님의 신실하심에 달려 있습니다.

마태복음 11장 : 예수님의 약속과 돌보심

- 맹인이 보며 못 걷는 사람이 걸으며 나병환자가 깨끗함을 받으며 못 듣는 자가 들으며 죽은 자가 살아나며 가난한 자에게 복음이 전파된다 하라(5)
- 그들이 떠나매 예수께서 무리에게 요한에 대하여 말씀하시되 너희가 무엇을 보려고 광야에 나갔더냐 바람에 흔들리는 갈대냐...(7-9)
- 이 세대를 무엇으로 비유할까 비유하건대 아이들이 장터에 앉아 제 동무를 불러...(16-17)
- 수고하고 무거운 짐 진 자들아 다 내게로 오라…이는 내 멍에는 쉽고 내 짐은 가벼움이라 하시니라(28-30)

예수님이 하나님이 보내신 구세주 어린양이심을 선포했던 요한이 마지막으로 예수님의 존재에 대해 질문합니다. 이에 예수님은 그를 찾아 온 요한의 제자들에게 '구약의 예언이 자신을 통해 성취되고 있음을 전하라' 하십니다.(5절) 메시아에 대한 수많은 말씀들이 지금 실현되고 있는 것입니다. 하나님은 신실하셔서 약속을 지키셨습니다. 언약의 실체가 되시는 예수님께 나아가는 자는 누구든지 쉼을 얻습니다.(28,29절)

느헤미야 1장 : 하나님의 약속과 회복하심

- 이르되 하늘의 하나님 여호와 크고 두려우신 하나님이여 주를 사랑하고 주의 계명을 지키는 자에게 언약을 지키시며 긍휼을 베푸시는 주여 간구하나이다(5)
- 만일 내게로 돌아와 내 계명을 지켜 행하면 너희 쫓긴 자가 하늘 끝에 있을지라도 내가 거기서부터 그들을 모아 내 이름을 두려고 택한 곳에 돌아오게 하리라 하신 말씀을 이제 청하건대 기억하옵소서(9)
- 주여 구하오니 귀를 기울이사 종의 기도와…그 때에 내가 왕의 술 관원이 되었느니라(11)

느헤미야는 페르시아(바사) 수산궁에서 일하던 관리였습니다. 어느 날 그는 멸망한 조국의 처참한 소식(예루살렘이 파괴되고, 남은 자들이 환난을 당하고 있음)을 듣게 되고, 이로 인해 큰 슬픔속에 금식하며 기도하게 됩니다. 비록 죄로 인해 지금의 상황이 벌어졌지만, 신실하신 하나님이 언약을 기억하여 주시길 간구합니다.

사도행전 11장 : 성령님의 약속과 구원하심

- 성령이 내게 명하사 아무 의심 말고 함께 가라 하시매 이 여섯 형제도 나와 함께 가서 그 사람의 집에 들어가니(12)
- 내가 말을 시작할 때에 성령이 그들에게 임하시기를…너희는 성령으로 세례를 받으리라 하신 것이 생각났노라(15-16)
- 바나바는 착한 사람이요 성령과 믿음이 충만한 사람이라 이에 큰 무리가 주께 더하여지더라(24)
- 그 중에 아가보라 하는 한 사람이 일어나 성령으로 말하되 천하에 큰 흉년이 들리라 하더니 글라우디오 때에 그렇게 되니라...(28-30)

이방인 백부장 고넬료에게 성령이 임하신 사건은 "하나님이 이방인에게도 생명얻는 회개를 주신다"는 것을 증명한 사건입니다.(18절) 스데반의 순교와 함께 예루살렘에 닥친 핍박으로 인해 그리스도인들이 사방으로 흩어졌습니다. 그 중 일부가 안디옥으로 가게 됩니다. 그로 인해 안디옥에도 교회가 세워지게 되어 이방인 선교가 더욱 활발하게 이루어집니다. 안디옥교회는 헬라파 유대인들이 중심이 되어 세운 교회입니다. 많은 사람들이 복음을 듣고 돌아오게 됩니다.(21절) 안디옥 사람들은 그들을 "그리스도인"이라 불렀습니다. 모든 민족에게 구원의 은혜를 주시려는 하나님의 신실하신 언약이 이루어지고 있는 것입니다.

믿음의 조상 아브라함의 삶에서, 느헤미야의 기도에서, 예수님이 하신 말씀에서, 교회의 역사에서 하나님은 언제나 동일하십니다. 신실하십니다. 하나님의 신실하심은 내가 삶을 이어갈 수 있는 가장 큰 힘이며, 나의 노래의 제목이고 내용입니다. 오늘도 당신의 신실하심으로 나를 붙들어 주옵소서.

1/12

본문 창세기 13장 | 마태복음 12장 | 느헤미야 2장 | 사도행전 12장

주제 방향 (方向, 어떤 현상이나 의지가 일정한 목표를 향하여 나아가는 쪽)

각 시대의 믿음의 영웅들은 하나님의 뜻에 맞추어 마음과 생활의 방향을 돌렸다.

창세기 13장 : 다툼을 피하는 쪽으로 이주를 선택함

- 아브람이 애굽에서 그와 그의 아내와 모든 소유와 롯과 함께 네게브로 올라가니(1)
- 그가 네게브에서부터 길을 떠나 벧엘에 이르며 벧엘과 아이 사이 곧 전에 장막 쳤던 곳에 이르니 그가 처음으로 제단을 쌓은 곳이라 그가 거기서 여호와의 이름을 불렀더라(3-4)
- 네 앞에 온 땅이 있지 아니하냐 나를 떠나가라 네가 좌하면 나는 우하고 네가 우하면 나는 좌하리라(9)
- 롯이 아브람을 떠난 후에 여호와께서 아브람에게 이르시되 너는 눈을 들어 너 있는 곳에서 북쪽과 남쪽 그리고 동쪽과 서쪽을 바라보라...(14-18)

자녀가 없었던 아브람은 조카 롯을 아들처럼 여겼습니다. 롯의 아버지 하란은 일찍 죽게 됩니다.(창11:28) 롯의 입장에서도 아브람은 아버지나 다름없었습니다. 아브람과 롯은 각각 자기 세력을 가지고 있는 부족장이라 할 수 있는데 함께 가나안땅으로 이주하긴 했지만, 가나안 땅 어디에도 그 둘을 감당할 수 있는 지역은 없었습니다.(6절) 그래서 아브람과 롯의 양을 맡은 목자들끼리 다툼이 생깁니다.(7절) 둘이 결별해야 할 때가 왔습니다. 아브람은 조카에게 선택권을 양보합니다. 그런데 조카 롯은 소돔과 고모라 땅을 선택합니다. 가나안에서 가장 발달한 지역이라고 할 수 있는데, 이 선택이 세상적으로는 옳아 보이지만, 이로 인해 롯과 그의 가정은 엄청난 대가를 치르게 됩니다.

마태복음 12장 : 영혼을 살리는 쪽으로 사고를 바꿈

- 한쪽 손 마른 사람이 있는지라 사람들이 예수를 고발하려 하여 물어 이르되 안식일에 병 고치는 것이 옳으니이까...(10-12)
- 그러나 내가 하나님의 성령을 힘입어 귀신을 쫓아내는 것이면 하나님의 나라가 이미 너희에게 임하였느니라(28)
- 나와 함께 아니하는 자는 나를 반대하는 자요 … 이 세상과 오는 세상에서도 사하심을 얻지 못하리라(30-32)
- 누구든지 하늘에 계신 내 아버지의 뜻대로 하는 자가 내 형제요 자매요 어머니이니라 하시더라(50)

안식일은 주님의 날이면서, 또한 사람을 위한 날입니다. 예수님은 안식일에 율법에 매이지 않고 병든 자를 고치셨습니다. 율법의 완성은 결국 사랑입니다. 그러나 바리새인들은 예수님이 안식일에 병을 고친 것을 두고 논쟁을 하며 고발을 하려고 합니다. 우리

는 상한 갈대를 꺽지 않으시며, 꺼져가는 등불을 끄지 않으시는 하나님을 예수님에게서 보게 됩니다. 예수님은 진정한 안식을 주시는 분이십니다. 예수님이 일으키는 기적을 귀신의 역사로 폄훼하는 자들을 향해 성령을 모독하는 죄는 사하심을 얻지 못한다고 말씀하십니다.(31절)

느헤미야 2장 : 성을 세우는 쪽으로 관심을 돌림

- 왕이 내게 이르시되 네가 병이 없거늘 어찌하여 얼굴에 수심이 있느냐 이는 필연 네 마음에 근심이 있음이로다 하더라 그 때에 내가 크게 두려워하여…(2-5)
- 또 왕의 삼림 감독 아삽에게 조서를 내리사…선한 손이 나를 도우시므로 왕이 허락하고(8)
- 호론 사람 산발랏과 종이었던 암몬 사람 도비야가 이스라엘 자손을 흥왕하게 하려는 사람이 왔다 함을 듣고 심히 근심하더라(10)
- 후에 그들에게 이르기를 우리가 당한 곤경은 너희도 보고 있는 바라 예루살렘이 황폐하고 성문이 불탔으니 자, 예루살렘 성을 건축하여 다시 수치를 당하지 말자 하고…(17-20)

고국에 대한 소식으로 인해 금식하며 기도하던 느헤미야는 하나님이 주실 기회를 기다렸습니다. 성급하지 않았습니다. 마침내 왕 앞에서 이 문제를 의논할 기회가 왔습니다. 느헤미야는 예루살렘 성을 재건하게 해 달라고 간청합니다. 하나님의 선한 손이 개입합니다.(8절) 역사를 움직이는 하나님의 손입니다. 왕은 느헤미야의 간청을 허락합니다.

사도행전 12장 : 교회를 세우는 쪽으로 생활을 집중함

- 이에 베드로는 옥에 갇혔고 교회는 그를 위하여 간절히 하나님께 기도하더라(5)
- 깨닫고 마가라 하는 요한의 어머니 마리아의 집에 가니… 베드로의 음성인 줄 알고 기뻐하여 문을 미처 열지 못하고 달려 들어가 말하되 베드로가 대문 밖에 섰더라 하니(12-14)
- 하나님의 말씀은 흥왕하여 더하더라(24)

사도들 가운데 최초의 순교자가 나오게 됩니다.(2절) 유대인들이 기뻐하자 헤롯은 베드로도 체포했습니다. 유대인들에게 인기를 얻기 위해 베드로 역시 죽이려는 계획이었습니다. 죽임이 예정된 바로 전날 밤, 베드로는 아직 남은 사명을 위해 하나님이 감옥 문이 차례로 열리는 기적을 통해 탈출을 시킵니다. 그 후 교회를 박해하던 헤롯은 비참한 죽음을 맞이하게 됩니다. 놀라운 것은 박해가 더해지는 가운데 하나님의 말씀은 더욱 흥왕하여졌다는 것입니다.(24절) 복음의 전파를 그 누구도 막을 수가 없습니다.

아브람과 롯이 인생의 갈림길에서 보여준 모습을 각각 다릅니다. 눈에 보기에 좋은 것을 선택한 것이 어떤 결과를 불러오는지 그들의 인생을 통해 배우게 하옵소서. 죄로 인하여 황폐화된 이 땅을 바라보며 애통하는 마음으로 기도하게 하시고, 복음전파를 위해 생명을 아끼지 않은 사도들과 초대교회 성도들과 같이 주의 나라와 복음을 위해 나도 용감하게 하옵소서.

1/13

본문 창세기 14장 | 마태복음 13장 | 느헤미야 3장 | 사도행전 13장
주제 세움

하나님의 자녀는 세상의 침략자와 죄인, 그리고 정복자와 우상숭배자로부터 영혼을 구출하여 새로운 주의 나라를 세운다.

창세기 14장 : 전쟁에서 영적 권위를 세움

- 소돔 왕과 고모라 왕과 아드마 왕과 스보임 왕과 벨라 곧 소알 왕이 나와서 싯딤 골짜기에서 그들과 전쟁을 하기 위하여 진을 쳤더니...(8-12)
- 아브람이 그의 조카가 사로잡혔음을 듣고 집에서 길리고 훈련된 자 삼백십팔 명을 거느리고 단까지 쫓아가서...(14-16)
- 살렘 왕 멜기세덱이 떡과 포도주를 가지고 나왔으니 그는 지극히 높으신 하나님의 제사장이었더라 그가 아브람에게 축복하여 이르되 천지의 주재이시요 지극히 높으신 하나님이여 아브람에게 복을 주옵소서 너희 대적을 네 손에 붙이신 지극히 높으신 하나님을 찬송할지로다 하매 아브람이 그 얻은 것에서 십분의 일을 멜기세덱에게 주었더라(18-20)

엘람 연합군과 소돔 연합군 사이에 전쟁이 일어납니다. 이 전쟁에서 승리한 엘람 왕은 소돔과 고모라 땅을 약탈하게 되고, 그 와중에 롯도 사로잡혀 갑니다. 이 소식을 들은 아브람은 사병 318명을 데리고 엘람군을 기습하여 롯을 구출합니다. 승리하고 돌아온 아브람을 살렘 왕과 소돔 왕이 맞이합니다. 살렘 왕은 신비로운 인물로 지극히 높으신 하나님의 제사장으로 소개됩니다. 아브람은 전리품의 1/10을 바침으로 하나님에 대한 신앙을 고백합니다. 그리고 아브람은 전리품에 큰 욕심을 내지 않고, 꼭 필요한 것만 취합니다.

마태복음 13장 : 세상에서 영원한 천국을 세움

- 대답하여 이르시되 천국의 비밀을 아는 것이 너희에게는 허락되었으나 그들에게는 아니되었나니...(11-13)
- 그런즉 씨 뿌리는 비유를 들으라...(18-23)
- 또 비유를 들어 이르시되 천국은 마치 사람이 자기 밭에 갖다 심은 겨자씨 한 알 같으니 이는 모든 씨보다 작은 것이로되 자란 후에는 풀보다 커서 나무가 되매 공중의 새들이 와서 그 가지에 깃들이느니라 또 비유로 말씀하시되 천국은 마치 여자가 가루 서 말 속에 갖다 넣어 전부 부풀게 한 누룩과 같으니라(31-33)
- 천국은 마치 밭에 감추인 보화와 같으니 사람이 이를 발견한 후 숨겨 두고 기뻐하며 돌아가서 자기의 소유를 다 팔아 그 밭을 사느니라(44)

하나님 나라에 관한 비유입니다. 하나님 나라에 속한 자들은 말씀을 듣고 열매 맺는 삶을 삽니다. 하나님 나라는 겨자씨나 누룩과도 같아서 끊임없이 자라나고 확장이 됩니

다. 하나님 나라의 가치를 발견한 사람은 모든 것을 바꾸어서라도 그것을 사게 됩니다.

느헤미야 3장 : 가난 중에 성벽을 세움

- 그 때에 대제사장 엘리아십이 그의 형제 제사장들과 함께 일어나 양문을 건축하여 성별하고 문짝을 달고 또 성벽을 건축하여 함메아 망대에서부터 하나넬 망대까지 성별하였고(1)
- 어문은 하스나아의 자손들이 건축하여 그 들보를 얹고 문짝을 달고 자물쇠와 빗장을 갖추었고(3)
- 옛 문은 바세아의 아들 요야다와 브소드야의 아들 므술람이 중수하여 그 들보를 얹고 문짝을 달고 자물쇠와 빗장을 갖추었고(6)
- 골짜기 문은 하눈과 사노아 주민이 중수하여 문을 세우며 문짝을 달고 자물쇠와 빗장을 갖추고 또 분문까지 성벽 천 규빗을 중수하였고...(13-15)
- 마문 위로부터는 제사장들이 각각 자기 집과 마주 대한 부분을 중수하였고...(28-29)

느헤미야는 매우 지혜롭게 성벽 재건공사를 주도합니다. 45구간으로 나누고, 10개의 성문을 세웁니다. 각 구간마다 적절한 책임자를 세웁니다. 총 75명의 사람들의 이름이 등장합니다. 그들은 매우 다양한 배경을 가진 사람들이었지만, 느헤미야의 인도에 따라 한 마음으로 하나님께 헌신했습니다.

사도행전 13장 : 이방에 보낼 선교사를 세움

- 주를 섬겨 금식할 때에 성령이 이르시되 내가 불러 시키는 일을 위하여 바나바와 사울을 따로 세우라 하시니 이에 금식하며 기도하고 두 사람에게 안수하여 보내니라(2-3)
- 온 섬 가운데로 지나서 바보에 이르러 바예수라 하는 유대인 거짓 선지자인 마술사를 만나니...(6-14)
- 그 다음 안식일에는 온 시민이 거의 다 하나님의 말씀을 듣고자 하여 모이니...(44-46)

복음의 전파, 하나님 나라의 확장을 보게 됩니다. 안디옥 교회는 주님의 명령에 따라 바울과 바나바를 이방인 선교사로 임명하여 파송합니다. 바울과 바나바는 구브로(키프로스)와 비시디아 안디옥에서 차례로 복음을 전하게 됩니다. 특히 바울은 구약의 말씀이 어떻게 예수 그리스도로 이어지는 지에 대해 탁월하게 설명합니다. 많은 사람들이 말씀 듣기를 원했으나 유대인들의 훼방으로 인해 결국 쫓겨나게 됩니다. 그러나 많은 이방인들이 믿었으며, 제자들은 기쁨과 성령으로 충만했습니다.

예수 그리스도가 세상에서 가장 귀하다는 것을 나는 발견했습니다. 온갖 유혹 속에서 신앙의 포기를 강요당했던 믿음의 선조들은 육신의 생명을 포기할지언정 예수님을 버리지 않았습니다. 나에게도 이러한 담대함이 있기를 소망합니다. 복음이 주는 영생의 기쁨으로 인하여 복음으로 인해 겪게 될 어려움과 고난의 과정을 넉넉히 이길 수 있습니다. 내가 속한 교회공동체에 다양한 사람들이 모여 있지만 복음으로 인해 하나가 되고, 복음 전하는 일에 하나가 되게 하옵소서.

1/14

본문 창세기 15장 | 마태복음 14장 | 느헤미야 4장 | 사도행전 14장
주제 믿음

하나님의 약속과 예수님의 기적, 포로에서 돌아오게 하심과 성령의 충만함으로, 하나님의 사람은 어떠한 상황 속에서도 믿음의 삶을 산다.

창세기 15장 : 아브람이 하나님을 믿음

- 이 후에 여호와의 말씀이 환상 중에 아브람에게 임하여 이르시되 아브람아 두려워하지 말라 나는 네 방패요 너의 지극히 큰 상급이니라(1)
- 그를 이끌고 밖으로 나가 이르시되 하늘을 우러러 뭇별을 셀 수 있나 보라…너를 갈대아인의 우르에서 이끌어 낸 여호와니라(5-7)
- 해가 져서 어두울 때에 연기 나는 화로가 보이며 타는 횃불이 쪼갠 고기 사이로 지나더라 그 날에 여호와께서 아브람과 더불어 언약을 세워 이르시되 내가 이 땅을 애굽 강에서부터 그 큰 강 유브라데까지 네 자손에게 주노니(17-18)

아브람이 생각했던 것보다 하나님의 약속의 성취가 더딥니다. 아브람은 흔들리며 불안해 합니다. 그런 아브람을 하나님이 찾아 오십니다. 아브람은 다시 한번 하나님의 약속을 굳건히 신뢰하게 됩니다. 그리고 하나님은 아브람과 언약을 체결하십니다. 원래는 언약의 두 당사자가 함께 의식을 행해야 하지만, 언약의 이행에 대한 약속단계에서 사실상 하나님 홀로 의식을 행하십니다. 인간은 언약에 대해 신실할 수 없을지라도 하나님 편에서 언약에 대해 신실하게 이행하실 것입니다.

마태복음 14장 : 제자들이 예수님을 믿음

- 저녁이 되매 제자들이 나아와 이르되 이 곳은 빈 들이요 때도 이미 저물었으니 무리를 보내어 마을에 들어가 먹을 것을 사 먹게 하소서...(15-18)
- 밤 사경에 예수께서 바다 위로 걸어서 제자들에게 오시니…배에 함께 오르매 바람이 그치는지라 배에 있는 사람들이 예수께 절하며 이르되 진실로 하나님의 아들이로소이다 하더라...(25-33)

세례요한은 그의 사명을 다하고, 헤롯에 의해 죽게 됩니다. 그는 이스라엘 백성들에게 이 땅에 오신 메시아에 대하여 선포하고, 회개의 세례를 통해 준비시키는 사명을 다하였습니다. 이제 예수님은 본격적으로 메시아로서의 활동을 하십니다. 오병이어의 기적을 통해 당신이 생명의 양식이 되심을 나타내셨습니다. 물위를 걷던 베드로를 건지시고 풍랑을 잔잔케 하심으로서 우리에게 닥쳐오는 모든 풍랑과 모든 두려운 상황 속에서 구원하시는 메시아임을 나타내셨습니다.

느헤미야 4장 : 훼방 중에도 성벽을 중수하는 믿음

- 산발랏이 우리가 성을 건축한다 함을 듣고 크게 분노하여 유다 사람들을 비웃으며...(1-3)
- 이에 우리가 성을 건축하여 전부가 연결되고 높이가 절반에 이르렀으니 이는 백성이 마음 들여 일을 하였음이니라(6)
- 우리가 우리 하나님께 기도하며 그들로 말미암아 파수꾼을 두어 주야로 방비하는데(9)
- 내가 성벽 뒤의 낮고 넓은 곳에 백성이 그들의 종족을 따라…너희 형제와 자녀와 아내와 집을 위하여 싸우라 하였느니라...(13-20)

느헤미야와 유다 백성들의 성벽재건을 방해하는 세력이 등장합니다. 그들은 실제로 군사적인 공격도 준비하고 있습니다.(8절) 이에 느헤미야는 하나님께 이 일에 대해 간구하면서 동시에 그들을 막을 구체적인 계획도 세웁니다. 절반의 사람들은 무장을 시키고, 공사를 하는 사람도 무기를 소지한 채 공사하도록 합니다. 동시에 동요하는 백성들을 향해 "그들을 두려워하지 말고 지극히 크시고 두려우신 주를 기억하고 형제와 자녀와 아내와 집을 위하여 싸우라"(14절)고 외치며 그들을 독려합니다. 느헤미야의 기도와 지혜로운 대처로 인해 예루살렘 성벽 재건은 멈추지 않고 계속 진행됩니다.

사도행전 14장 : 핍박 중에도 전파하는 믿음

- 이에 이고니온에서 두 사도가 함께 유대인의 회당에 들어가 말하니 유대와 헬라의 허다한 무리가 믿더라(1)
- 루스드라에 발을 쓰지 못하는 한 사람이 앉아 있는데 나면서 걷지 못하게 되어 걸어 본 적이 없는 자라...(8-10)
- 제자들의 마음을 굳게 하여 이 믿음에 머물러 있으라 권하고 또 우리가 하나님의 나라에 들어가려면 많은 환난을 겪어야 할 것이라 하고(22)
- 그들이 이르러 교회를 모아 하나님이 함께 행하신 모든 일과…함께 오래 있으니라(27-28)

바울과 바나바는 이고니온에서의 전도를 통해 많은 열매를 맺었지만, 유대인들에게 의해 쫓겨나게 됩니다. 루스드라에서는 걷지 못하는 자를 예수님의 이름으로 고치게 되어 사람들이 그들에게 몰렸고 복음을 전할 수 있는 좋은 기회를 가졌으나 결국 유대인들의 여론몰이로 인해 모여든 무리들이 돌로 쳐서 거의 죽은 상태에 이르게 됩니다. 바울과 바나바는 가는 곳마다 극심한 방해와 박해가 뒤따랐으나 선교의 행진을 멈추지 않았으며, 복음이 증거 되고 교회가 세워졌습니다. 또 다른 환난이 예상되지만 그들은 다시 복음을 위한 길을 떠납니다.

느헤미야, 세례요한, 바울에게서 사명자의 참된 모습을 보게 됩니다. 특별히 예수님은 십자가의 죽음을 향해 흔들리지 않고 한 걸음씩 걸으신 나의 구세주이십니다. 하나님의 신실하심을 지속적으로 경험한 믿음의 선조들은 마침내 신앙의 여정에서 승리하였습니다. 예수님도 아버지 하나님에 대한 신뢰의 고백을 멈추지 않았습니다. 그러나 주님! 나는 걱정과 두려움이 너무 많습니다. 영원한 생명을 가진 자로서 담대하게 하옵소서.

1/15

본문 창세기 16장 | 마태복음 15장 | 느헤미야 5장 | 사도행전 15장
주제 정돈 (整頓, 어지럽게 흩어진 것을 정리하여 바로 잡고 가지런히 함)

하나님은 각 시대에 하나님의 뜻을 훼방하는 각종 문제를 영적 지도자를 통해서 정돈하셨다.

창세기 16장 : 가정의 갈등을 정돈함

- 사래가 아브람에게 이르되 여호와께서 내 출산을 허락하지 아니하셨으니 원하건대 내 여종에게 들어가라 … 자녀를 얻을까 하노라 하매 아브람이 사래의 말을 들으니라...(2-3)
- 사래가 아브람에게 이르되 내가 받는 모욕은 당신이 받아야 옳도다 … 나를 멸시하니 당신과 나 사이에 여호와께서 판단하시기를 원하노라...(5-6)
- 이르되 사래의 여종 하갈아 네가 어디서 왔으며 어디로 가느냐 그가 이르되 나는 내 여주인 사래를 피하여 도망하나이다...(8-11)
- 하갈이 자기에게 이르신 여호와의 이름을 나를 살피시는 하나님이라 하였으니 이는 내가 어떻게 여기서 나를 살피시는 하나님을 뵈었는고 함이라(13)

15장에서 아브람은 다시 믿음을 굳건히 하고, 하나님의 언약체결로 더욱 견고해졌습니다. 그러나 다시 불신의 마음이 찾아 왔습니다. 이때 사래가 하나의 꾀를 내고 아브람은 이에 따릅니다. 사래가 아브람의 씨를 잇기만 하면 된다는 생각에 자신의 여종 하갈과 남편을 동침시킨 것입니다. 하나님의 약속은 다시 위기를 맞게 되었습니다. 그리고 아브람의 가정에도 위기가 찾아 왔습니다. 무엇보다 하갈의 임신으로 인하여 사래는 더 큰 정신적 고통을 겪게 되고, 이는 '을'의 위치에 있는 하갈을 괴롭히는 것으로 나타납니다. 사래의 학대를 견디다 못한 하갈은 임신한 채 가출을 하게 되고, 하나님의 보호약속이 있은 후에야 돌아오게 됩니다. 하나님의 뜻에서 벗어난 일을 행했을 때에는 반드시 대가가 있다는 것을 기억해야 합니다.

마태복음 15장 : 장로의 전통을 정돈함

- 당신의 제자들이 어찌하여 장로들의 전통을 범하나이까 떡 먹을 때에 손을 씻지 아니하나이다...(2-3)
- 입으로 들어가는 것이 사람을 더럽게 하는 것이 아니라 입에서 나오는 그것이 사람을 더럽게 하는 것이니라(11)
- 입으로 들어가는 모든 것은 배로 들어가서 뒤로 내버려지는 줄 알지 못하느냐...(17-20)
- 가나안 여자 하나가 그 지경에서 나와서 소리 질러 이르되 주 다윗의 자손이여 나를 불쌍히 여기소서 내 딸이 흉악하게 귀신 들렸나이다 하되(22)
- 여자가 이르되 주여 옳소이다마는 개들도 제 주인의 상에서 떨어지는 부스러기를 먹나이다 하니...(27-28)

바리새인들의 위선을 지적하십니다. 손을 씻는 전통, 고르반제도등. 그들은 입술로는 하나님을 언급하지만, 마음으로는 하나님을 경시하고 있습니다. 마음이 빠진 채 하는 모든 행위는 결국 하나님이 받으실 수 없습니다.

느헤미야 5장 : 가난의 문제를 정돈함

- 우리 육체도 우리 형제의 육체와 같고 우리 자녀도 그들의 자녀와 같거늘 이제 우리 자녀를 종으로 파는도다 우리 딸 중에 벌써 종된 자가 있고 우리의 밭과 포도원이 이미 남의 것이 되었으나 우리에게는 아무런 힘이 없도다 하더라 … 우리는 이방인의 손에 팔린 우리 형제 유다 사람들을 우리의 힘을 다하여 도로 찾았거늘 너희는 너희 형제를 팔고자 하느냐 더구나 우리의 손에 팔리게 하겠느냐 하매 그들이 잠잠하여 말이 없기로...(5-13)

산발랏을 비롯한 외부의 적과 싸우며 힘겹게 예루살렘 성벽을 재건하고 있는 가운데 내부갈등으로 인한 어려움도 닥치게 됩니다. 귀족들과 민장들이 높은 이자로 백성들을 착취하고 있었던 것입니다. 느헤미야는 차분히 설득하여 이자 받는 것을 마침내 중단하도록 했습니다. 느헤미야는 12년 동안이나 월급을 받지 않았고, 백성들의 고통에 공감하며, 지혜롭게 모든 일을 처신하는 뛰어난 리더였습니다.

사도행전 15장 : 할례의 문제를 정돈함

- 어떤 사람들이 유대로부터 내려와서 형제들을 가르치되 너희가 모세의 법대로 할례를 받지 아니하면 능히 구원을 받지 못하리라 하니...(1-4)
- 사도와 장로들이 이 일을 의논하러 모여...(6-11)
- 들은즉 우리 가운데서 어떤 사람들이 우리의 지시도 없이 나가서 말로 너희를 괴롭게 하고 마음을 혼란하게 한다 하기로…너희에게 보내기를 만장일치로 결정하였노라(24-26)
- 성령과 우리는 이 요긴한 것들 외에는 아무 짐도 너희에게 지우지 아니하는 것이 옳은 줄 알았노니...(28-29)

예루살렘 공의회에 관한 내용입니다. 모세의 법대로 할례를 받아야 구원이 완성된다는 주장으로 인해 초대교회가 혼란스러워졌습니다. 교회의 지도자들이 모여 격론 끝에 '이방인도 오직 주 예수의 은혜로 구원받는다'고 선언합니다. 다만 믿음이 연약한 유대 신자들을 위해 '우상의 더러운 것과 음행과 목매어 죽인 것을 멀리할 것'을 권고합니다. 한편 바울과 바나바는 2차 선교여행 시 '마가를 데리고 가는 문제'로 인하여 의견충돌을 빚게 됩니다.

아브람은 또다시 믿음이 흔들렸고 결국 인간적인 방법을 쓰게 됩니다. 복음을 위해 인생을 드리기로 작정한 바울과 바나바는 크게 다툽니다. 율법을 지킨다는 명목으로 부모공경의 도리를 교묘하게 외면하는 바리새인들을 봅니다. 주님! 이것이 연약한 인간의 실체입니다. 내가 온전치 않아서 죄와 이기심, 연약함이 가끔 내 삶을 망가뜨리니 나를 더욱 긍휼히 여겨 주시기 원합니다. 그러나 마지막 날에는 나의 연약함이 모두 벗어지고 영광의 승리를 보게 될 것을 믿습니다.

1/16

본문 창세기 17장 | 마태복음 16장 | 느헤미야 6장 | 사도행전 16장
주제 표적 (表迹, 겉으로 나타난 흔적 또는 현상)

하나님은 매 시대마다 주의 일을 하는 자들에게 표적을 주심으로 흔들리지 않게 하셨다.

창세기 17장 : 언약의 표적으로 할례를 제정

- 하나님이 또 아브라함에게 이르시되 그런즉 너는 내 언약을 지키고 네 후손도 대대로 지키라...(9-12)
- 하나님이 또 아브라함에게 이르시되 네 아내 사래는 이름을 사래라 하지 말고 사라라 하라… 그를 여러 민족의 어머니가 되게 하리니 민족의 여러 왕이 그에게서 나리라(15-16)
- 하나님이 이르시되 아니라 네 아내 사라가 네게 아들을 낳으리니… 영원한 언약이 되리라(19)
- 그 날에 아브라함과 그 아들 이스마엘이 할례를 받았고 그 집의 모든 남자 곧 집에서 태어난 자와 돈으로 이방 사람에게서 사온 자가 다 그와 함께 할례를 받았더라(26-27)

사래의 여종 하갈을 통해 이스마엘이 태어난지 13년의 세월이 흘렀습니다. 아마 이 기간동안 아브람은 하나님이 약속하신 아들이 이스마엘인지 모른다는 생각을 했을 수도 있습니다. 우리가 애매한 상황가운데서 자꾸 떠오르는 어떤 생각을 놓고 '어쩌면 이것은 주님의 뜻인지도 몰라'라는 생각을 하는 것 처럼요. 그러나 하나님은 99세 노인이 된 아브람에게 다시 나타나셔서 그의 이름을 '아브라함'으로, 아내 사래의 이름을 '사라'라 부르라고 하십니다. 사라가 아들을 낳을 것이며, 그가 여러 민족의 어머니가 될 것이라는 말씀도 하십니다.(16절) 그러나 아브라함은 하나님의 말씀을 불신하고 이스마엘을 약속의 자손으로 할 것이라고 말합니다.(18절) 자신과 아내의 늙은 몸으로는 도무지 하나님의 말씀을 믿을 수 없습니다. 그렇지만 하나님이 말씀하신 대로 할례를 행하는 아브라함을 볼 수 있습니다.(23절) 우리는 믿음과 불신사이에서 흔들릴 때가 있지만, 그 가운데에서도 아브라함이 순종하는 삶을 살았던 오늘의 이야기를 기억해야 합니다.

마태복음 16장 : 요나의 표적으로 교회를 세움

- 악하고 음란한 세대가 표적을 구하나 요나의 표적 밖에는 보여 줄 표적이 없느니라 하시고 그들을 떠나 가시니라(4)
- 시몬 베드로가 대답하여 이르되 주는 그리스도시요 살아 계신 하나님의 아들이시니이다 예수께서 대답하여 이르시되 바요나 시몬아 네가 복이 있도다 … 너는 베드로라 내가 이 반석 위에 내 교회를 세우리니 음부의 권세가 이기지 못하리라(16-18)
- … 누구든지 나를 따라오려거든 자기를 부인하고 자기 십자가를 지고 나를 따를 것이니라(24)

예수님은 누구에게나 이 질문을 하십니다. "너희는 나를 누구라 하느냐?"(15절) 그 분을 어떻게 인식하고 있느냐에 따라 모든 것이 달라지기 때문입니다. "주는 그리스도, 살아

계신 하나님의 아들"이라는 이 고백은 가장 중요한 신앙고백입니다. 이 신앙고백위에 주님의 몸 된 교회를 세우십니다. 진정 이 신앙고백이 있는 자는 십자가를 지고 예수님을 따르게 됩니다.

느헤미야 6장 : 성벽중수가 임재의 표적이 됨

- 산발랏이 다섯 번째는 그 종자의 손에 봉하지 않은 편지를 들려 내게 보냈는데 … 네가 그 말과 같이 왕이 되려 하는도다...(5-9)
- 내가 이르기를 나 같은 자가 어찌 도망하며 나 같은 몸이면 누가 외소에 들어가서 생명을 보존하겠느냐 나는 들어가지 않겠노라 하고...(11-12)
- 내 하나님이여 도비야와 산발랏과 여선지 노아댜와 그 남은 선지자들 곧 나를 두렵게 하고자 한 자들의 소행을 기억하옵소서 하였노라...(14-16)

느헤미야는 온갖 방해에도 성벽 재건공사를 마쳤습니다. 그러나 적들은 포기하지 않습니다. 느헤미야를 암살하려는 계획도 세우고, 스마야를 통해 율법을 어기도록 유혹하기도 했습니다. 기도하는 사람 느헤미야는 지혜롭게 이 모든 상황에 대해 올바른 분별력을 가지고 대처해 나갑니다.

사도행전 16장 : 사역열매가 임재의 표적이 됨

- 바울이 더베와 루스드라에도 이르매 거기 디모데라 하는 제자가 있으니… 디모데는 루스드라와 이고니온에 있는 형제들에게 칭찬 받는 자니(1-2)
- 성령이 아시아에서 말씀을 전하지 못하게 하시거늘 그들이 브루기아와 갈라디아 땅으로 다녀가...(6-10)
- 두아디라 시에 있는 자색 옷감 장사로서 하나님을 섬기는 루디아라 하는 한 여자가 말을 듣고 있을 때 주께서 그 마음을 열어 바울의 말을 따르게 하신지라(14)
- 바울이 이르되 로마 사람인 우리를 죄도 정하지 아니하고 공중 앞에서 때리고 옥에 가두었다가 이제는 가만히 내보내고자 하느냐 … 우리를 데리고 나가야 하리라 한 대...(37-40)

세계사적으로도 굉장히 중요한 장면이 본문에 등장합니다. 바울이 아시아가 아닌 유럽(발칸반도)으로 건너가 선교를 하게 된 것입니다. '성령이 아시아에서의 선교를 막으셨다'고 바울은 고백합니다.(6절) 이로서 복음이 이스라엘에서 유럽, 유럽에서 아메리카, 아메리카에서 아시아의 방향으로 전해지게 되었고, 우리나라에 130여년전에 마침내 전파가 된 것입니다. 빌립보(지금의 그리스의 도시)에서 복음을 전하던 바울과 실라는 억울하게 감옥에 갇혀서 고초를 겪었으나 찬송하는 가운데 옥문이 열리게 되고, 일련의 사태속에서 간수의 가족이 구원을 받는 놀라운 일도 일어나게 됩니다. 힘겨운 선교의 여정속에서 하나님의 승리가 이어집니다.

내가 예수 그리스도를 구주로 고백하기까지 한 치의 오차도 허용하지 않는 2000년 간의 복음의 대행진이 있었습니다. 복음 전파에 생명을 건 전도자들로 인해 복음이 내게로 왔습니다. 나는 예수님과 복음이 내게 오기까지 수고한 모든 이들에게 큰 빚을 졌습니다. 복음의 빚진자로서 이웃을 예수님께로 인도하는 삶을 살아가게 하옵소서.

1/17

본문 창세기 18장 | 마태복음 17장 | 느헤미야 7장 | 사도행전 17장
주제 탁월 (卓越, 남보다 두드러지게 뛰어남)

은혜를 사모하는 자들에게는 놀라운 체험이 있고 그 체험을 한 자들에게는 탁월한 영적 고백과 자세가 있다.

창세기 18장 : 아브라함 중보기도의 탁월함

- 그들이 아브라함에게 이르되 네 아내 사라가 어디 있느냐 대답하되 장막에 있나이다...(9-10)
- 여호와께 능하지 못한 일이 있겠느냐 기한이 이를 때에 내가 네게로 돌아오리니 사라에게 아들이 있으리라(14)
- 아브라함이 가까이 나아가 이르되 주께서 의인을 악인과 함께 멸하려 하시나이까 그 성 중에 의인 오십 명이 있을지라도 주께서 그 곳을 멸하시고 그 오십 의인을 위하여 용서하지 아니하시리이까...(23-26)

여호와께서 아브라함에게 나타나셨다고 말합니다.(1절) 아브라함이 사람 셋을 보게 되는데 흔히 하나님과 두 천사로 보고 있습니다.(2절) 아브라함은 나그네를 극진히 대접합니다. 그들은 두 가지를 예언합니다. 첫째, 내년 이 맘때 사라가 아들을 낳을 것이다. 둘째, 소돔과 고모라가 멸망할 것이다. 여기서 아브라함은 결사적인 중보에 들어갑니다. 악인과 의인을 함께 멸망시키는 것이 하나님의 공의가 아니라는 관점에서 시작된 중보이지만, 결국 그 도시에는 의인이 10명조차 없다는 것이 확인됩니다.

마태복음 17장 : 베드로의 은혜결단의 탁월함

- 엿새 후에 예수께서 베드로와 야고보와 그 형제 요한을 데리시고 따로 높은 산에 올라가셨더니...(1-3)
- 말할 때에 홀연히 빛난 구름이 그들을 덮으며 구름 속에서 소리가 나서 이르시되 이는 내 사랑하는 아들이요 내 기뻐하는 자니 너희는 그의 말을 들으라 하시는지라(5)
- 예수께서 대답하여 이르시되 엘리야가 과연 먼저 와서 모든 일을 회복하리라 내가 너희에게 말하노니 엘리야가 이미 왔으되 사람들이 알지 못하고 임의로 대우하였도다 인자도 이와 같이 그들에게 고난을 받으리라 하시니(11-12)

예수님의 모습이 해 같이 빛나며, 빛과 같이 희어지는 모습을 베드로와 야고보, 요한이 보게 됩니다. 이는 본래 예수님이 가졌던 모습이며, 장차 십자가와 부활 사건 이후 받으실 영광을 예고합니다. 예수님과 모세와 엘리야가 함께 대화하는 장면이 등장하는데, 모세와 엘리야는 율법과 선지자를 대표하는 이들로 예수님이 구약의 모든 증거를 가지신 분이라는 의미를 가지고 있습니다. 17장에서 예수님은 자신의 죽음에 대해 3번이나 언급하시지만(9, 12, 23절) 아직 제자들은 그것이 무엇을 의미하는지 알지 못합니다.

느헤미야 7장 : 돌아온 자들의 헌신의 탁월함

- 내 아우 하나니와 영문의 관원 하나냐가 함께 예루살렘을 다스리게 하였는데 하나냐는 충성스러운 사람이요 하나님을 경외함이 무리 중에서 뛰어난 자라(2)
- 내 하나님이 내 마음을 감동하사 귀족들과 민장들과 백성을 모아 그 계보대로 등록하게 하시므로 내가 처음으로 돌아온 자의 계보를 얻었는데 거기에 기록된 것을 보면...(5-7)
- 어떤 족장들은 역사를 위하여 보조하였고 총독은 금 천 드라크마와 대접 오십과 제사장의 의복 오백삼십 벌을 보물 곳간에 드렸고...(70-73)

성전 재건을 마친 느헤미야는 재건된 도시의 행정업무를 위해 두 명의 관리를 세웁니다.(하나니와 하나냐) 특히 하나냐는 하나님을 경외하는 충성스러운 일꾼이었습니다.(2절) 그리고 느헤미야는 또 하나의 계획을 실행합니다. 재건된 예루살렘 성안에 인구가 너무 적은 문제를 해결하기 위해서 포로에서 돌아온 사람들의 명단을 확보하고 그들을 성안으로 이주시킬 준비를 합니다.

사도행전 17장 : 베뢰아인의 영적 자세의 탁월함

- 그 중의 어떤 사람 곧 경건한 헬라인의 큰 무리와 적지 않은 귀부인도 권함을 받고 바울과 실라를 따르나(4)
- 베뢰아에 있는 사람들은 데살로니가에 있는 사람들보다 더 너그러워서 간절한 마음으로 말씀을 받고 이것이 그러한가 하여 날마다 성경을 상고하므로...(11-12)
- 회당에서는 유대인과 경건한 사람들과 또 장터에서는 날마다 만나는 사람들과 변론하니(17)
- 그를 붙들어 아레오바고로 가며 말하기를 네가 말하는 이 새로운 가르침이 무엇인지 우리가 알 수 있겠느냐...(19-21)
- 그들이 죽은 자의 부활을 듣고 어떤 사람은 조롱도 하고 어떤 사람은 이 일에 대하여 네 말을 다시 듣겠다 하니...(32-34)

데살로니가, 베뢰아, 아덴에서 바울은 복음을 전합니다. 복음을 들은 이방인들은 크게 기뻐하였으나, 유대인들은 바울의 사역에 대한 시기심으로 가득했습니다. 결국 바울은 그곳에서 쫓겨나 베뢰아로 가게 됩니다. 그러나 그곳까지 쫓아온 유대인들로 인해 또 쫓겨납니다. 그러나 복음을 전하고 쫓겨나고를 반복하게 되면서 곳곳에 믿음의 공동체가 생겨나는 놀라운 일이 일어납니다. 복음이 더욱 편만하게 증거되고 교회가 세워지게 됩니다. 복음의 생명을 가진 한 사람은 또 다른 생명을 낳습니다.

느헤미야를 통해 도시가 재건되고, 바울을 통해 교회가 세워집니다. 둘째 아담 예수 그리스도를 통해 온 인류에게 구원의 길이 활짝 열렸습니다. 하나님! 저도 하나님이 쓰시는 한 사람이 되게 하옵소서. 또 다른 생명을 낳으므로 그리스도의 생명이 내게 있음을 나타내게 하옵소서.

1/18

본문 창세기 19장 | 마태복음 18장 | 느헤미야 8장 | 사도행전 18장
주제 개입 (介入, 하나님이 인간의 삶과 상황 속에 간섭하심)

하나님은 각 시대에 구원과 용서, 은혜와 교회를 위해 상황 속에 개입하심으로 놀라운 역사를 이루신다.

창세기 19장 : 롯을 구원하기 위해 개입하심

- 저녁 때에 그 두 천사가 소돔에 이르니 마침 롯이 소돔 성문에 앉아 있다가 그들을 보고 일어나 영접하고 땅에 엎드려 절하며...(1-3)
- 이르되 청하노니 내 형제들아 이런 악을 행하지 말라...(7-8)
- 그 사람들이 손을 내밀어 롯을 집으로 끌어들이고 문을 닫고...(10-11)
- 동틀 때에 천사가 롯을 재촉하여 이르되… 죄악 중에 함께 멸망할까 하노라...(15-17)
- 하나님이 그 지역의 성을 멸하실 때 곧 롯이 거주하는 성을 엎으실 때에 하나님이 아브라함을 생각하사 롯을 그 엎으시는 중에서 내보내셨더라(29)

하나님이 아브라함에게 전한 내용대로 소돔과 고모라의 멸망에 대해 다룹니다. 롯은 자신의 집에 찾아 온 천사를 극진히 대접합니다. 그 천사들은 소돔과 고모라의 멸망에서 롯의 가족을 건지기 위한 하나님의 특사였습니다. 그런데 소돔성의 남자들이 롯의 집으로 몰려 갑니다. 그들은 롯에게 동성애를 위한 대상으로 손님 둘을 내어 놓으라고 윽박지릅니다. 왜 그 성에 대한 심판이 결정되었는지를 잘 보여주는 장면입니다. 천사들은 속히 이 도시를 떠날 것을 종용합니다. 그런데 롯의 반응은 적극적이지 않았습니다. 이 성은 그에게 부와 명예를 준 곳이기 때문입니다. 결국 롯과 두 딸만 남아서 깊은 산속에 들어가 살게 됩니다. 그리고 근친상간을 통해 모압과 암몬의 조상이 될 아들을 차례로 낳게 됩니다. 부와 명예를 쫓아 소돔으로 갔던 롯의 인생의 결말은 이렇게 비참하게 되었습니다.

마태복음 18장 : 죄를 용서하시기 위해 개입하심

- 이르시되 진실로 너희에게 이르노니 너희가 돌이켜 어린 아이들과 같이 되지 아니하면…자기를 낮추는 사람이 천국에서 큰 자니라...(3-6)
- 삼가 이 작은 자 중의 하나도 업신여기지 말라…내 아버지의 얼굴을 항상 뵈옵느니라(10)
- 이와 같이 이 작은 자 중의 하나라도 잃는 것은 하늘에 계신 너희 아버지의 뜻이 아니니라(14)
- 진실로 너희에게 이르노니 무엇이든지 너희가 땅에서 매면 하늘에서도 매일 것이요 무엇이든지 땅에서 풀면 하늘에서도 풀리리라...(18-21)
- 너희가 각각 마음으로부터 형제를 용서하지 아니하면 나의 하늘 아버지께서도 너희에게 이와 같이 하시리라(35)

제자들이 서로 누가 큰지를 놓고 다툽니다. 예수님은 하나님의 나라에서의 역설의 진리

를 가르쳐 주십니다. 자신을 낮추는 자가 천국에서 큰 자입니다. 잃은 양의 비유를 통해 하나님의 마음을 알게 하셨으며, 일만 달란트 빚진 자의 비유를 통해 갚을 수 없는 죄의 탕감을 받은 자가 어떻게 살아가야 하는 지를 가르치십니다.

느헤미야 8장 : 은혜를 주시기 위해 개입하심

- 일곱째 달 초하루에 제사장 에스라가 율법책을 가지고 회중 앞 곧 남자나 여자나...(2-3)
- 에스라가 모든 백성 위에 서서 그들 목전에 책을 펴니 책을 펼 때에...(5-6)
- 하나님의 율법책을 낭독하고 그 뜻을 해석하여 백성에게 그 낭독하는 것을...(8-10)
- 모든 백성이 곧 가서 먹고 마시며 나누어 주고 크게 즐거워하니…(12)
- 에스라는 첫날부터 끝날까지 날마다 하나님의 율법책을 낭독하고 무리가 이레 동안 절기를 지키고 여덟째 날에 규례를 따라 성회를 열었느니라(18)

이스라엘 백성들이 말씀 앞에 엎드려 있습니다. 이런 장면은 실로 오랜만에 보는 것 같습니다. 우상과 부와 명예를 좇던 이스라엘은 멸망을 당했습니다. 그러나 언약에 신실하신 하나님은 그들을 회복시켜 주셨습니다. 회복의 과정에서 중요한 역할을 한 느헤미야와 에스라는 백성들에게 율법을 가르치고자 합니다. 율법이 낭독되고, 그 의미가 선포되면서 백성들은 다 울어 버리게 됩니다.(9절) 그들은 말씀에 대하여 애통함으로 반응했습니다. 자신들의 실체를 깨닫게 됩니다. 느헤미야와 에스라는 말씀 앞에 자복한 그들에게 기뻐하라고 권면합니다. 하나님의 말씀을 듣고 자복하는 그들에게 구원과 회복의 기쁨을 주시는 하나님이십니다.

사도행전 18장 : 교회를 세우기 위해 개입하심

- 그 후에 바울이 아덴을 떠나 고린도에 이르러...(1-3)
- 거기서 옮겨 하나님을 경외하는 디도 유스도라 하는 사람의 집에 들어가니 그 집은 회당 옆이라 또 회당장 그리스보가 온 집안과 더불어 주를 믿으며 수많은 고린도 사람도 듣고 믿어 세례를 받더라…일 년 육 개월을 머물며 그들 가운데서 하나님의 말씀을 가르치니라(8-11)
- 알렉산드리아에서 난 아볼로라 하는 유대인이 에베소에 이르니 이 사람은 언변이 좋고 성경에 능통한 자라...(24-28)

바울의 고린도에서의 전도이야기입니다. 바울은 브리스가와 아굴라를 만나 동역하게 됩니다. 여전히 유대인들은 바울을 훼방하였지만, 회당장 그리스보의 식구들을 포함한 많은 이방인들이 바울의 선포와 가르침으로 인해 믿게 되었고, 세례도 베풀게 됩니다.(8절) 사실 고린도는 영적으로 어두운 매우 타락한 도시입니다. 그곳에 복음의 역사가 일어나기 시작한 것입니다.

롯의 인생을 바라보며 끝까지 붙들어야 하는 것과 버려야 하는 것이 무엇인지 분별하게 하옵소서. 에스라가 율법 책을 읽을 때 백성들이 우는 것을 보게 됩니다. 내 영혼도 말씀에 대하여 정직하게 반응하게 복을 주시옵소서. 갚을 수 없는 빚을 탕감받은 자의 감격과 기쁨, 그리고 잃어버린 영혼에 대한 간절함을 잃어버리지 않게 하옵소서.

1/19

본문 창세기 20장 | 마태복음 19장 | 느헤미야 9장 | 사도행전 19장
주제 간섭 (干涉, 하나님이 특정한 자의 일이나 상황에 섭리하심)

구약의 선민들의 범죄를 참고 또 해결하시며, 신약의 선민들의 이기적인 욕심을 가르침과 합리적인 말로 잠재우시는 하나님의 개입을 본다.

창세기 20장 : 언약의 씨를 지키기 위해 간섭

- 아브라함이 거기서 네게브 땅으로 옮겨가 가데스와 술 사이 그랄에 거류하며...(1-3)
- 아비멜렉이 또 아브라함에게 이르되 네가 무슨 뜻으로 이렇게 하였느냐 아브라함이 이르되 이 곳에서는 하나님을 두려워함이 없으니 내 아내로 말미암아 사람들이 나를 죽일까 생각하였음이요 또 그는 정말로 나의 이복 누이로서 내 아내가 되었음이니라...(10-13)
- 아브라함이 하나님께 기도하매 하나님이 아비멜렉과 그의 아내와 여종을 치료하사 출산하게 하셨으니 여호와께서 이왕에 아브라함의 아내 사라의 일로 아비멜렉의 집의 모든 태를 닫으셨음이더라(17-18)

이제 하나님의 약속의 성취가 눈앞에 보입니다. "내년 이 맘 때에 네게 아들이 있을 것이라"고 했으니 이제 본격적인 카운트에 들어간 것입니다. 그런데 이 시점에서 아브라함은 또 무너집니다. 예전에 바로에게 했던 실수를 그대로 반복하고 말았습니다. 아비멜렉에게 아내를 빼앗깁니다. 사라를 통하여 아들을 낳으리라 했는데, 하나님의 약속은 인간에 의해 또 다시 위기에 빠지게 됩니다. 어쩜 이리도 우리의 삶의 모습과도 똑같은지 모릅니다. 반복되는 은혜, 반복되는 실패입니다. 그러나 하나님의 열심은 사람의 실패보다 크다는 사실을 기억하시기 바랍니다. 하나님이 적극적으로 개입하셔서 이 위기를 또 넘기게 됩니다. 신실하신 하나님을 찬양합니다.

마태복음 19장 : 잘못된 가치관을 고치기 위해 간섭

- 여짜오되 그러면 어찌하여 모세는 이혼 증서를 주어서 버리라 명하였나이까...(7-9)
- 그 때에 사람들이 예수께서 안수하고 기도해 주심을 바라고 어린 아이들을 데리고 오매 … 천국이 이런 사람의 것이니라 하시고 그들에게 안수하시고 거기를 떠나시니라(13-15)
- 이르되 어느 계명이오니이까 예수께서 이르시되 ㄷ)살인하지 말라, 간음하지 말라, 도둑질하지 말라, 거짓 증언 하지 말라...(18-22)
- 예수께서 그들을 보시며 이르시되 사람으로는 할 수 없으나 하나님으로서는 다 하실 수 있느니라...(26-29)

율법을 교묘히 해석하여 이혼을 합법적으로 해도 되는 것으로 둔갑시킨 이들에 대해 예수님은 결혼에 대한 올바른 지침을 말씀하십니다. 음행(의미상 지속적인 문란한 행위) 이외에 다른 이유로 이혼하는 것은 하나님의 뜻이 아닙니다. 또한 영생을 갈망하며 율법을 철저히 지켜 온 청년의 마음을 실제로는 재물이 차지하고 있음을 폭로하십니다.

반면, 비록 세상적으로는 부족한 사람이라 할지라도 진정으로 주를 따르는 제자들은 영생을 상속받고, 주와 함께 영원히 다스리게 될 것입니다.

느헤미야 9장 : 선민의 죄를 인내의 성품으로 간섭

- 이 날에 낮 사분의 일은 그 제자리에 서서 그들의 하나님 여호와의 율법책을 낭독하고 낮 사분의 일은 죄를 자복하며 그들의 하나님 여호와께 경배하는데...(3-6)
- 그들과 우리 조상들이 교만하고 목을 굳게 하여 주의 명령을 듣지 아니하고...(16-17)
- 그러나 주께서 그들을 여러 해 동안 참으시고 또 주의 선지자들을 통하여 주의 영으로 그들을 경계하시되 그들이 듣지 아니하므로 열방 사람들의 손에 넘기시고도 주의 크신 긍휼로 그들을 아주 멸하지 아니하시며 버리지도 아니하셨사오니 주는 은혜로우시고 불쌍히 여기시는 하나님이심이니이다...(30-33)

에스라가 율법을 낭독하고, 율법을 들은 이스라엘 백성들은 자신들의 실체를 보고 자기의 죄, 조상들의 죄에 대해 회개하게 됩니다. 아브라함때부터 지금까지 수없는 반역에도 불구하고 하나님의 자비와 긍휼하심으로 완전히 멸망당하지 않았습니다.(31절) 그들은 악을 행했으나 주는 진실하게 행하셨습니다.(33절) 29절은 주님의 말씀에 대해 이렇게 선언합니다. "사람이 준행하면 그 가운데에서 삶을 얻는 주의 계명" 말씀앞에 나를 세우는 것은 내가 사는 길이며, 삶을 얻는 길입니다.

사도행전 19장 : 바울을 향한 박해를 서기관을 통해 간섭

- 이르되 너희가 믿을 때에 성령을 받았느냐 이르되 아니라 우리는 성령이 계심도 듣지 못하였노라...(2-7)
- 하나님이 바울의 손으로 놀라운 능력을 행하게 하시니…악귀도 나가더라...(11-13)
- 에베소에 사는 유대인과 헬라인들이 … 주 예수의 이름을 높이고...(17-20)
- 이 바울이 에베소뿐 아니라 거의 전 아시아를 통하여 수많은 사람을 권유하여 말하되 사람의 손으로 만든 것들은 신이 아니라 하니 이는 그대들도 보고 들은 것이라...(26-29)
- 서기장이 무리를 진정시키고 이르되 에베소 사람들아 에베소 시가 큰 아데미와 제우스에게서 내려온 우상의 신전지기가 된 줄을 누가 알지 못하겠느냐(35)

바울은 에베소에서 2년간 사역합니다. 그의 사역은 우상과 관련된 사업을 하는 사람들에게는 위협이 되었습니다. 그들로 인하여 큰 소동이 일어나기도 합니다. 서기장의 합리적인 설득으로 그들의 광기는 잠잠해 지긴 했지만, 바울은 복음을 전하는 현장에서 늘 위협과 위험에 노출됩니다. 그러나 복음을 경험한 자는 결코 잠잠할 수 없습니다. 지금까지 세상은 그리스도의 제자들을 이길 수 없었습니다. 복음을 위해 생명을 건 사람들을 세상이 감당할 수 없습니다.

하나님! 나는 아브라함처럼 실수투성이입니다. 걷잡을 수 없이 무너질 때도 있습니다. 그러나 나의 실패와 실수보다 하나님의 열심과 사랑이 더 큼을 보게 됩니다. 내게 영생을 주셨으니, 영생의 말씀 앞에 기쁨으로 나를 세웁니다. 날마다 하나님의 형상으로 빚어 주시고, 복음이 주는 담대함으로 세상 앞에 서게 하옵소서.

1/20

본문 창세기 21장 | 마태복음 20장 | 느헤미야 10장 | 사도행전 20장

주제 응답 (應答, 부름이나 물음에 응하여 대답을 함)

하나님은 믿는 자에게 약속하신 것을 반드시 응답하시되 자연적으로 또는 초자연적인 방법으로 응답하신다.

창세기 21장 : 사라와 하갈에게 하신 약속을 응답하심

- 여호와께서 말씀하신 대로 사라를 돌보셨고 여호와께서 말씀하신 대로 사라에게 행하셨으므로 사라가 임신하고 하나님이 말씀하신 시기가 되어 노년의 아브라함에게 아들을 낳으니(1-2)
- 사라가 본즉 아브라함의 아들 애굽 여인 하갈의 아들이 이삭을 놀리는지라...(9-13)
- 하나님이 그 어린 아이의 소리를 들으셨으므로 하나님의 사자가 하늘에서부터 하갈을 불러 이르시되 하갈아 무슨 일이냐 두려워하지 말라 하나님이 저기 있는 아이의 소리를 들으셨나니...(17-20)
- 두 사람이 거기서 서로 맹세하였으므로 그 곳을 브엘세바라 이름하였더라(31)

하나님의 약속이 있은 후, 25년이 지나 드디어 아브라함은 이삭을 얻게 됩니다. 인간편에서는 참으로 오래 걸렸지만 성경은 이를 담담하게 증언합니다. 1절과 2절을 보면 세 번이나 "여호와께서 말씀하신대로"라는 구절이 등장합니다. 하나님이 말씀하신 것이니 성취되는 것은 너무나 당연하다는 뜻이 아닐까요? 저는 1, 2절을 보면서 고린도전서 15장이 생각났습니다. 그리스도의 부활에 대한 논쟁에 대하여 바울은 성경대로 죽으시고, 성경대로 다시 살아나신 것임을 선포합니다.(고전15:3,4절) 그리스도의 부활에 대하여 이미 성경에서 말하지 않았느냐? 너무나 당연한 것이라는 의미입니다. 모든 것은 말씀하신 대로 되어집니다. 그러니 그리스도 안에 있는 자의 영원한 부활, 승리가 어찌 말씀하신 대로 되지 않겠습니까? 의심할 수 없는 진리입니다.

마태복음 20장 : 품꾼에게 약속하신 것을 응답하심

- 천국은 마치 품꾼을 얻어 포도원에 들여보내려고 이른 아침에 나간 집 주인과 같으니... (1-2)
- 저물매 포도원 주인이 청지기에게 이르되 품꾼들을 불러 나중 온 자로부터 시작하여 먼저 온 자까지 삯을 주라 하니...(8-9)
- 주인이 그 중의 한 사람에게 대답하여 이르되 친구여 내가 네게 잘못한 것이 없노라 네가 나와 한 데나리온의 약속을 하지 아니하였느냐...(13-14)
- 인자가 온 것은 섬김을 받으려 함이 아니라 도리어 섬기려 하고 자기 목숨을 많은 사람의 대속물로 주려 함이니라(28)
- 예수께서 머물러 서서 그들을 불러 이르시되 너희에게 무엇을 하여 주기를 원하느냐...(32-34)

포도원 품꾼의 비유가 나옵니다. 하루하루 생계를 이어가야 하는 입장에서 이른 아침 고용되었다면 이는 더할 나위없는 은혜입니다. 늦은 시간에 고용되었다면 그 역시 큰 은혜입니다. 몇 시간 더 일했는데, 왜 똑같이 주냐고 항변하는 것은 은혜를 모르는 행태입니다. 여러

분! 젊은 날 주님을 만나서 복음을 위해 많은 일을 한 사람이 죽기 직전에 주님의 부름을 받은 사람(복음을 위해 일할 시간이 거의 없었던 사람)과 똑같이 구원받는 것에 대해 억울해 한다면 여러분 어떻게 생각하세요? 후자는 까딱 잘못하면 구원받지 못할 수도 있었습니다. 복음의 비밀을 일찍 알고, 그 은혜를 누리며 사는 것이 안전한 것이며 평안한 삶, 진정한 복을 누리는 삶입니다.

느헤미야 10장 : 식물과 동물의 소산으로 응답하심

- 그 남은 백성과 제사장들과 레위 사람들과 문지기들과 노래하는 자들과 느디님 사람들과 및 이방 사람과 절교하고 하나님의 율법을 준행하는 모든 자와 그들의 아내와 그들의 자녀들 곧 지식과 총명이 있는 자들은 다 그들의 형제 귀족들을 따라 저주로 맹세하기를 우리가 하나님의 종 모세를 통하여 주신 하나님의 율법을 따라 우리 주 여호와의 모든 계명과 규례와 율례를 지켜 행하여...(28-31)
- 해마다 우리 토지 소산의 맏물과 각종 과목의 첫 열매를 여호와의 전에 드리기로 하였고...(35-38)

율법을 지키기로 약속한 사람들의 명단이 등장합니다. 제사장, 레위인, 지도자들이 대표로서 총 84명이 서명합니다. 그들은 안식일 준수, 종교세, 십일조등 8가지에 대해 서약을 합니다. 특별히 새로 재건한 예루살렘 성전에 대하여 "우리가 우리 하나님의 전을 버려 두지 아니하리라"(39절) 무너졌던 성전을 다시 세웠습니다. 이제 성전을 그들의 삶의 중심으로 삼겠다는 것입니다. "우리는 주의 움직이는 교회"라는 제목의 복음송이 있습니다. 하나님의 성령이 우리 안에 계시니 저와 여러분이 주님의 움직이는 교회 그 자체이길 소망합니다.

사도행전 20장 : 말씀을 전할 때 기적으로 응답하심

- 유두고라 하는 청년이 창에 걸터 앉아 있다가 깊이 졸더니 바울이 강론하기를 더 오래 하매 졸음을 이기지 못하여 삼 층에서 떨어지거늘 일으켜보니 죽었는지라...(9-12)
- 바울이 밀레도에서 사람을 에베소로 보내어 교회 장로들을 청하니...(17-24)
- 그러므로 여러분이 일깨어 내가 삼 년이나 밤낮 쉬지 않고 눈물로 각 사람을 훈계하던 것을 기억하라 지금 내가 여러분을 주와 및 그 은혜의 말씀에 부탁하노니 그 말씀이 여러분을 능히 든든히 세우사 거룩하게 하심을 입은 모든 자 가운데 기업이 있게 하시리라...(31-35)

그 유명한 바울의 고백이 등장합니다. "내가 달려갈 길과 주 예수께 받은 사명 곧 하나님의 은혜의 복음을 증언하는 일을 마치려 함에는 나의 생명조차 조금도 귀한 것으로 여기지 아니하노라"(23절) 환난이 기다린다 해도 자신이 가야할 사명의 길을 가기로 바울은 결단합니다. 그는 본래 교회를 무너뜨리려고 열심을 냈던 자신에게 복음의 비밀을 알게 하시고, 사도로 부르신 은혜를 아는 사람이었습니다. 구원받기 합당하지 않았던 자신을 부르신 그 은혜 때문에 멈출 수가 없었습니다. 우리에게 복음이 주는 이런 감격이 회복되기를 소망합니다.

신실하신 하나님은 약속하신 것을 반드시 이루십니다. 나는 성경의 약속을 신뢰합니다. 수많은 사람가운데 우리를 먼저 부르시고, 주의 은혜 아래 살게 하심에 무한 감사드립니다. 성령님을 잘 모시는 참된 성전이 되게 하시고, 복음이 주는 기쁨과 감격으로 내 심장이 뛰게 하옵소서.

1/21

본문 창세기 22장 | 마태복음 21장 | 느헤미야 11장 | 사도행전 21장
주제 드림

하나님의 뜻에 순종하기 위해 자신의 뜻을 굽히고 오직 믿음으로 순종하여 자신을 드린다.

창세기 22장 : 아브라함이 이삭을 번제로 드림

- 여호와께서 이르시되 네 아들 네 사랑하는 독자 이삭을 데리고 모리아 땅으로 가서 내가 네게 일러 준 한 산 거기서 그를 번제로 드리라(2)
- 하나님이 그에게 일러 주신 곳에 이른지라 이에 아브라함이 그 곳에 제단을 쌓고 나무를 벌여 놓고 그의 아들 이삭을 결박하여 제단 나무 위에 놓고...(9-10)
- 여호와의 사자가 하늘에서부터 두 번째 아브라함을 불러 이르시되 여호와께서 이르시기를 내가 나를 가리켜 맹세하노니 네가 이같이 행하여 네 아들 네 독자도 아끼지 아니하였은즉...(15-18)

100세에 아들을 얻어 수년간 꿈같은 시간을 보냈을 아브라함. 그러나 어느 날 하나님은 '이삭을 제물로 바치라'는 아버지입장에서는 매우 잔혹한 명령을 내리십니다. 제물을 바칠 장소인 모리아산으로 향하는 3일간의 시간은 결코 평탄하지 않았던 아브라함의 인생 가운데에서도 가장 고통의 시간이었습니다. 저는 이 대목에서 예수님의 십자가의 고난과 죽음, 그리고 부활 전까지의 3일간의 시간을 견뎌낸 하나님의 아버지의 고통을 보게 됩니다. 아브라함은 하나님의 테스트였기 때문에 실제로 이삭을 죽이는 행위는 하지 않게 됩니다.(하나님이 급히 말리셨고, 아브라함을 테스트한 것이었다고 말씀하심) 그러나 하나님은 가장 잔혹한 사형방법에 의해 고통스런 죽음을 맞이하게 될 예수님을 끝내 버려야 했습니다. 그것이 우리를 살리는 유일한 방법이었기 때문입니다.

마태복음 21장 : 예수님이 자신을 속죄제물로 드림

- 나귀와 나귀 새끼를 끌고 와서 자기들의 겉옷을 그 위에 얹으매 예수께서 그 위에 타시니...(7-10)
- 예수께서 성전에 들어가사 성전 안에서 매매하는 모든 사람들을 내쫓으시며 돈 바꾸는 사람들의 상과 비둘기 파는 사람들의 의자를 둘러 엎으시고 그들에게 이르시되 기록된 바 내 집은 기도하는 집이라 일컬음을 받으리라 하였거늘 너희는 강도의 소굴을 만드는도다 하시니라(12-13)
- 길 가에서 한 무화과나무를 보시고 그리로 가사 잎사귀 밖에 아무 것도 찾지 못하시고 나무에게 이르시되 이제부터 영원토록 네가 열매를 맺지 못하리라 하시니 무화과나무가 곧 마른지라(19)
- 다른 한 비유를 들으라 한 집 주인이 포도원을 만들어 산울타리로 두르고 거기에 즙 짜는 틀을 만들고 망대를 짓고 농부들에게 세로 주고 타국에 갔더니...(33-39)

예수님이 예루살렘에 입성하십니다. 많은 백성들이 환영하였습니다. 참 성전이신, 성전 그 자체이신 예수님은 예루살렘 성전을 돈벌이수단으로 전락시킨 사람들의 물건을 엎으셨습니다. 예수님의 행위에 대하여 화가 난 바리새인들은 무슨 권위로 그와 같은 일을 하느냐고 따집니다. 예수님은 포도원 농부의 비유를 통해 그들의 실체를 드러내시고, 그들이 처할 운명에 대해 선포하십니다.

느헤미야 11장 : 주어진 성에 제비뽑아 자신을 거주케 함

- 백성의 지도자들은 예루살렘에 거주하였고 그 남은 백성은 제비 뽑아 십분의 일은 거룩한 성 예루살렘에서 거주하게 하고 그 십분의 구는 다른 성읍에 거주하게 하였으며...(1-3)
- 마을과 들로 말하면 유다 자손의 일부는 기럇 아르바와 그 주변 동네들과 디본과 그 주변 동네들과 여갑스엘과 그 마을들에 거주하며(25)
- 유다에 있던 레위 사람의 일부는 베냐민과 합하였느니라(36)

성전중심의 신앙을 재건하기 위해 느헤미야는 최선을 다합니다. 이미 터를 잡은 백성들을 강제로 성내로 이주시킬 수는 없는 노릇입니다. 그래서 제비를 뽑아 1/10은 예루살렘에 거주하게 했습니다. 또한 예루살렘 거주를 자원하는 백성들도 환영하며 받아 주었습니다. 자원하는 자들을 위해서는 복을 빌어 줍니다. 예루살렘에 거주하게 된 자들은 가문별로 이름과 숫자를 기록합니다. 여러분 모두 주님께 기억되도록 자원하는 마음으로 주의 일을 감당하는 은혜가 있기를 소망합니다.

사도행전 21장 : 바울이 복음을 위하여 자신을 드림

- 제자들을 찾아 거기서 이레를 머물더니 그 제자들이 성령의 감동으로 바울더러 예루살렘에 들어가지 말라 하더라 이 여러 날을 지낸 후 우리가 떠나갈새 그들이 다 그 처자와 함께 성문 밖까지 전송하거늘 우리가 바닷가에서 무릎을 꿇어 기도하고(4-5)
- 이튿날 떠나 가이사랴에 이르러 일곱 집사 중 하나인 전도자 빌립의 집에 들어가서 머무르니라...(8-14)
- 온 성이 소동하여 백성이 달려와 모여 바울을 잡아 성전 밖으로 끌고 나가니 문들이 곧 닫히더라...(30-33)

바울이 예루살렘에 들어갑니다. 예루살렘에 가면 위험하다고 말렸지만, 사명을 위한 그의 걸음을 말릴 수 없었습니다. "나는 주 예수의 이름으로 위하여 결박 당할 뿐 아니라 예루살렘에서 죽을 것도 각오하였노라"(행21:13) 결국 예루살렘에 들어간 지 7일 만에 붙잡히게 됩니다. 믿음의 사람은 미래를 예측하지 않습니다. 자기 삶에 놓인 장애물보다 사명을 먼저 봅니다.

아브라함이 이삭을 드리는 과정을 보며, 아들을 이 땅에 보내신 하나님 아버지의 고뇌와 고통, 사랑을 봅니다. 그 아들 예수님이 십자가의 길을 가기 위해 많은 인파의 환영 속에 예루살렘에 들어갑니다. 십자가의 죽음과 부활, 승천 그리고 성령의 강림으로 이어지는 은혜의 행진을 통해 우리 마음에 지워지지 않는 영원한 언약을 새겨 놓으셨습니다. 이 복음을 위해 자신의 생명을 아끼지 않는 바울을 보며, 나도 복음을 위해 내가 할 수 있는 모든 것을 다하리라 다짐해 봅니다.

1/22

본문 창세기 23장 | 마태복음 22장 | 느헤미야 12장 | 사도행전 22장
주제 준비 (準備, 어떤 일에 필요한 물건을 미리 마련하여 갖춤)

구원받은 하나님의 자녀들은 참된 처소에 거하게 된다. 그러기 위해서 믿는 자는 스스로 대가를 지불하고 구원에 합당한 준비를 해야 한다.

창세기 23장 : 아브라함이 사라의 무덤을 준비

- 사라가 백이십칠 세를 살았으니 이것이 곧 사라가 누린 햇수라...(1-3)
- 그들에게 말하여 이르되 나로 나의 죽은 자를 내 앞에서 내어다가 장사하게 하는 일이 당신들의 뜻일진대 내 말을 듣고 나를 위하여 소할의 아들 에브론에게 구하여...(8-9)
- 아브라함이 에브론의 말을 따라 에브론이 헷 족속이 듣는 데서 말한 대로 상인이 통용하는 은 사백 세겔을 달아 에브론에게 주었더니 마므레 앞 막벨라에 있는 에브론의 밭 곧 그 밭과 거기에 속한 굴과 그 밭과 그 주위에 둘린 모든 나무가 성 문에 들어온 모든 헷 족속이 보는 데서 아브라함의 소유로 확정된지라(16-18)

아브라함의 아내 사라가 127세로 생을 마감합니다. 사라의 장례를 위해 아브라함은 가나안 헷 족속이 소유하고 있는 땅의 일부를 매입하게 됩니다. 막벨라 굴과 그 주변 밭과 나무들을 400세겔의 값을 치르고 산 아브라함은 비로소 가나안 땅에 합법적인 그의 소유지를 갖게 됩니다. 시간이 지나면서 이 막벨라 굴에 아브라함, 이삭, 리브가, 야곱, 레아 등의 믿음의 조상들이 차례로 묻히게 됩니다. 사라를 시작으로 믿음의 조상들이 잠든 이곳은 하나님이 주실 약속의 땅입니다. 아브라함은 지혜롭게 약속의 땅에 대한 합법적인 첫걸음을 떼었습니다. 우리 모두 이 땅에서 한걸음씩 한걸음씩 나아가며 주님의 주권이 미치는 영역을 넓혀갔으면 좋겠습니다.

마태복음 22장 : 잔치에 청함을 받은 자가 예복을 준비

- 천국은 마치 자기 아들을 위하여 혼인 잔치를 베푼 어떤 임금과 같으니...(2-3)
- 종들이 길에 나가 악한 자나 선한 자나 만나는 대로 모두 데려오니 혼인 잔치에 손님들이 가득한지라...(10-12)
- 청함을 받은 자는 많되 택함을 입은 자는 적으니라(14)
- 예수께서 말씀하시되 이 형상과 이 글이 누구의 것이냐 이르되 가이사의 것이니이다 이에 이르시되 그런즉 가이사의 것은 가이사에게, 하나님의 것은 하나님께 바치라 하시니(20-21)
- 선생님 율법 중에서 어느 계명이 크니이까 예수께서 이르시되 네 마음을 다하고 목숨을 다하고 뜻을 다하여 주 너의 하나님을 사랑하라 하셨으니 이것이 크고 첫째 되는 계명이요 둘째도 그와 같으니 네 이웃을 네 자신 같이 사랑하라 하셨으니...(36-40)

예수님은 혼인잔치의 비유를 통해 바리새인과 사두개인들의 상황을 드러내십니다. 혼인잔치에 참석하는 것을 거부하는 인물들이 곧 자신들을 의미한다는 것을 깨달은 바리새인들은 예수님을 궁지에 몰아넣기 위한 여러 가지 교묘한 질문을 던지나 예수님의 지혜와 권세를

이기지 못합니다. 특히 부활논쟁에 있어서 예수님은 "아브라함의 하나님이었고, 이삭의 하나님이었으며, 야곱의 하나님이었다." 가 아니라 "아브라함의 하나님이요 이삭의 하나님이요 야곱의 하나님이로라"라고 답을 하심으로서 그들은 세상에서 사라졌지만, 하나님 앞에서는 여전히 살아 있다는 것을 말씀하십니다.

느헤미야 12장 : 이스라엘의 사역자는 축제의 예배를 준비

- 레위 사람들은 예수아와 빈누이와 갓미엘과 세레뱌와 유다와 맛다냐니 이 맛다냐는 그의 형제와 함께 찬송하는 일을 맡았고(8)
- 레위 족속의 지도자들은 하사뱌와 세레뱌와 갓미엘의 아들 예수아라 그들은 그들의 형제의 맞은편에 있어 하나님의 사람 다윗의 명령대로 순서를 따라 주를 찬양하며 감사하고(24)
- 예루살렘 성벽을 봉헌하게 되니 각처에서 레위 사람들을 찾아 예루살렘으로 데려다가 감사하며 노래하며 제금을 치며 비파와 수금을 타며 즐거이 봉헌식을 행하려 하매...(27-30)
- 또 제사장들의 자손 몇 사람이 나팔을 잡았으니 요나단의 아들 스마야의 손자 맛다냐의 증손 미가야의 현손 삭굴의 오대 손 아삽의 육대 손 스가랴와...(35-36)
- 이에 감사 찬송하는 두 무리가 하나님의 전에 섰고 또 나와 민장의 절반도 함께 하였고...(40-43)

성전 봉헌식에 레위인들이 동원되고, 찬양대의 찬양이 울려 퍼집니다.(40절) 그리고 12장에서는 제사장들의 이름이 열거됩니다. 사람들이 세워지면서 온전한 예배의 회복이 이루어집니다. 제사장과 레위인을 운용하기 위한 십일조도 걷습니다. 안정되고 보장된 왕궁관리의 자리를 버리고, 예루살렘에 자원하여 오게 된 느헤미야는 성전중심, 하나님중심의 예배와 삶을 회복하기 위하여 사람을 바르게 세우는 일에 최선을 다합니다.

사도행전 22장 : 바울은 박해하는 유대인에게 복음을 준비

- 부형들아 내가 지금 여러분 앞에서 변명하는 말을 들으라 그들이 그가 히브리 말로 말함을 듣고 더욱 조용한지라 이어 이르되...(1-8)
- 율법에 따라 경건한 사람으로 거기 사는 모든 유대인들에게 칭찬을 듣는 아나니아라 하는 이가...(12-21)
- 천부장이 와서 바울에게 말하되 네가 로마 시민이냐 내게 말하라 이르되 그러하다 천부장이 대답하되 나는 돈을 많이 들여 이 시민권을 얻었노라 바울이 이르되 나는 나면서부터라 하니(27-28)

바울은 자신이 철저한 유대인이었으나, 예수님을 만나 어떻게 변화되었는지를 말하고 있습니다. 자신을 이방인을 위한 사도로 부르셨다는 바울의 고백에 대하여 유대인들은 극렬하게 반발합니다.(22절) 우리도 한때 복음에 대한 극렬한 반대자였으며, 우리의 전도 대상자들 역시 복음에 대하여 완고한 고집으로 버티고 있습니다. 그러나 우리도 누군가의 해산의 수고로 복음을 받아들였으니, 그들이 완고함을 벗을 때까지 잘 견뎌주시길 부탁드립니다.

주님! 온전한 예배를 위해 내게 무엇이 필요한지 가르쳐 주십시오. 내 삶을 예배로, 내 삶의 현장을 하나님 나라 확장의 현장으로 만들어가게 하옵소서. 복음이 나의 전도대상자를 완전히 설득할 때까지 포기하지 않게 하옵소서.

1/23

본문 창세기 24장 | 마태복음 23장 | 느헤미야 13장 | 사도행전 23장
주제 기준 (基準, 기본이 되는 표준)

하나님과 하나님의 사람은 어떤 일을 할 때든지 분명한 성서적 기준을 갖고 있다.

창세기 24장 : 언약의 씨 이삭이 아내를 얻는 기준

- 내가 너에게 하늘의 하나님, 땅의 하나님이신 여호와를 가리켜 맹세하게 하노니… 내 고향 내 족속에게로 가서 내 아들 이삭을 위하여 아내를 택하라(3-4)
- 하늘의 하나님 여호와께서 나를 내 아버지의 집과 내 고향 땅에서 떠나게 하시고...(7-8)
- 그가 이르되…내 주인 아브라함에게 은혜를 베푸시옵소서...(12-14)
- 이에 그 사람이 머리를 숙여 여호와께 경배하고...(26-27)
- 이제 당신들이 인자함과 진실함으로… 내가 우로든지 좌로든지 행하게 하소서...(49-53)
- 이삭이 저물 때에 들에 나가 묵상하다가 눈을 들어 보매 낙타들이 오는지라...(63-67)

아브라함의 아들 이삭과 그의 아내 리브가의 만남의 과정을 길게 설명한 창24장에서 중요한 포인트를 찾아 본다면 첫째, 이삭과 리브가의 만남은 단순한 남녀의 결혼이 아니라 구속사(아브라함~예수)적 의미가 있습니다. 아브라함이 100세에 낳은 아들 이삭이 드디어 가정을 이루는 것인데, 그 과정에서 가나안 여인이 아닌 아브라함의 고향땅에서 여인을 얻게 됩니다. 리브가를 데려오는 것은 매우 고되고 험난한 여정이었지만, 그 모든 걸 감내하면서 마침내 준비된 여인을 얻게 됩니다. 반면, 약속의 자손이 아니었던 이스마엘은 애굽의 여인과 결혼합니다.(창21:21) 이스마엘과 같은 길을 간 사람이 훗날 에서입니다. 에서는 가나안 여인과 결혼했으며, 이로 인해 부모(이삭,리브가)의 근심이 되었습니다.(창26:35) 둘째, 리브가의 단호한 행동입니다. 리브가는 아브라함의 종 엘리에셀의 설명을 듣고 나서 이를 자신을 향한 부르심으로 인식하여, 아직 얼굴로 못 본 이삭을 만나러 다시 돌아 올 수 없는 머나먼 길을 떠나게 됩니다. "천국은 마치 밭에 감추인 보화와 같으니 사람이 이를 발견한 후 숨겨 두고 기뻐하며 돌아가서 자기의 소유를 다 팔아 그 밭을 사느니라"(마13:44) 하나님의 부르심, 사명에 대하여 우리는 머뭇거리면 안 됩니다. 기독교 신앙은 적당히가 없습니다. 모든 것을 거는 것입니다.

마태복음 23장 : 예수가 바리새인을 저주하는 기준

- 서기관들과 바리새인들이 모세의 자리에 앉았으니...(2-7)
- …너희는 교인 한 사람을 얻기 위하여 … 너희보다 배나 더 지옥 자식이 되게 하는도다(15)
- …너희가 박하와 회향과 근채의 십일조는 드리되 율법의 더 중한 바 정의와 긍휼과 믿음은 버렸도다 그러나 이것도 행하고 저것도 버리지 말아야 할지니라(23)
- …잔과 대접의 겉은 깨끗이 하되 그 안에는 탐욕과 방탕으로 가득하게 하는도다(25)
- 화 있을진저 외식하는 서기관들과 바리새인들이여…모든 더러운 것이 가득하도다(27)
- 화 있을진저 외식하는 서기관들과 바리새인들이여…의인들의 비석을 꾸미며 이르되...(29-31)

- 예루살렘아 예루살렘아 선지자들을 죽이고 네게 파송된 자들을 돌로 치는 자여… 그러나 너희가 원하지 아니하였도다...(37-39)

높은 자리 좋아하고, 대접받는 것 좋아하는 바리새인과 서기관들의 위선을 꾸짖으십니다. 그들은 눈 먼 지도자요 회칠한 무덤입니다. 우리의 신앙이 원숙해 질수록 더욱 조심해야 할 부분이 바로 위선입니다. 하나님은 외모가 아니라, 중심을 보신다는 것을 언제나 기억하십시오. '다른 사람이 나를 어떻게 생각할까?' 보다는 '하나님이 나를 어떻게 생각하실까?' 이 질문을 가지고 살아가는 성도가 됩시다.

느헤미야 13장 : 백성과 영적 사역자의 위치와 몫을 정하는 기준

- 그 날 모세의 책을 낭독하여 백성에게 들렸는데 그 책에 기록하기를...(1-3)
- 예루살렘에 이르러서야 엘리아십이 도비야를 위하여 하나님의 전 뜰에 방을 만든...(7-12)
- 안식일 전 예루살렘 성문이 어두워갈 때에…아무 짐도 들어오지 못하게 하였으므로(19)
- 내가 또 레위 사람들에게 몸을 정결하게 하고 와서…나를 아끼시옵소서...(22-27)
- 내 하나님이여 그들이 제사장의 직분을 더럽히고 제사장의 직분과 레위 사람에 대한 언약을 어겼사오니 그들을 기억하옵소서...(29-31)

느헤미야가 예루살렘을 비운 시기가 있습니다. 이 기간 느헤미야가 지금까지 구축해 놓은 모든 것들이 허물어져 버렸습니다. 성전 봉사자들을 위해 제물을 두는 방을 도비야가 차지해 버렸고, 성전봉사를 위해 힘겹게 찾아서 배치해 놓았던 레위인들은 제 때에 먹을 것을 공급받지 못해 다 뿔뿔이 흩어져 버렸습니다. 안식일 규정을 지키지 않게 되었고, 이방 여인과의 통혼이 다시 시작되었습니다. 심지어 대제사장 집안의 사람 중 하나는 예루살렘 성전 재건의 훼방꾼 산발랏의 사위가 되어 있었습니다. 예루살렘으로 복귀한 느헤미야는 이 모든 것을 바로 잡습니다.(14절)

사도행전 23장 : 바울이 박해로부터 자신을 지키는 기준

- 그 날 밤에 주께서 바울 곁에 서서 이르시되 담대하라 네가 예루살렘에서 나의 일을 증언한 것 같이 로마에서도 증언하여야 하리라 하시니라(11)
- 바울이 한 백부장을 청하여 이르되 이 청년을 천부장에게로 인도하라… 천부장이 그의 손을 잡고 물러가서 조용히 묻되 내게 할 말이 무엇이냐...(17-27)

바울이 공회 앞에서 담대하게 복음을 전합니다. 그런 바울을 죽이려고 결사대까지 조직됩니다. 당시의 세계의 중심인 로마 선교의 사명을 가진 바울이기에, 그는 담대합니다. 아직 로마에 이르지 않았거든요. 오히려 바울의 호송을 위한 군대가 조직되면서 바울은 그를 해치려는 무리들로부터 보호를 받게 됩니다. 성경과 역사는 하나님이 일으키시는 반전으로 가득차 있습니다.

이삭과 리브가의 만남의 과정 속에서 하나님이 얼마나 세심하게 일하고 계신지를 보았습니다. 내 삶에 이러한 만남의 축복들이 넘쳐 나게 하옵소서. 성전중심의 신앙을 재건하는 느헤미야의 열심을 보게 됩니다. 그리고 바리새인들의 모습 속에서 신앙인의 위선을 보게 됩니다. 내 마음이 하나님을 향한 신뢰로 가득하게 하시고, 위선은 버리고, 거룩한 열심을 회복하게 하옵소서.

1/24

본문 창세기 25장 | 마태복음 24장 | 에스더 1장 | 사도행전 24장
주제 종말 (終末, 계속되어 온 일이나 현상 또는 세상의 마지막)

하나님은 모든 사람에게 개인종말과 세상 끝 우주종말을 가르쳐 주시고 이 땅에 사는 동안 참된 구원을 얻도록 길을 열어 놓으셨다.

창세기 25장 : 아브라함과 이스마엘의 개인종말

- 아브라함이 후처를 맞이하였으니 그의 이름은 그두라라...(1-4)
- 아브라함이 죽은 후에 하나님이 그의 아들 이삭에게 복을 주셨고 이삭은 브엘라해로이 근처에 거주하였더라(11)
- 이삭은 사십 세에 리브가를 맞이하여 아내를 삼았으니 리브가는 밧단 아람의 아람 족속 중 브두엘의 딸이요 아람 족속 중 라반의 누이였더라...(20-23)
- 이삭은 에서가 사냥한 고기를 좋아하므로 그를 사랑하고 리브가는 야곱을 사랑하였더라 (28)
- 야곱이 이르되 형의 장자의 명분을 오늘 내게 팔라...(31-34)

믿음의 조상 아브라함이 죽고, 하갈의 소생 이스마엘도 죽습니다. 이삭은 리브가를 통해 에서와 야곱을 낳습니다. 에서와 야곱이 장성한 후에 하나의 중요한 사건이 일어납니다. 에서가 장자의 명분을 경홀히 여겨서 떡과 팥죽을 받고 팔게 됩니다. 간사한 야곱과 교만한 에서를 보게 됩니다. 육신의 배고픔을 위해 장자권을 판 에서는 구속사의 중심계보에서 아웃사이더로 밀려 나게 됩니다. '영원한 것을 얻기 위해 영원하지 않는 것을 버리는 사람은 결코 바보가 아니다' 라고 말했던 에콰도르 식인부족인 아우카 부족 선교를 하다가 그들의 창에 찔려 순교한 짐 엘리엇의 말이 생각납니다.

마태복음 24장 : 이스라엘과 이방의 세상 끝 종말

- 예수께서 감람 산 위에 앉으셨을 때에 제자들이 조용히 와서 이르되 우리에게 이르소서 어느 때에 이런 일이 있겠사오며 또 주의 임하심과 세상 끝에는 무슨 징조가 있사오리이까...(3-14)
- 그 날 환난 후에 즉시 해가 어두워지며 달이 빛을 내지 아니하며 별들이 하늘에서 떨어지며 하늘의 권능들이 흔들리리라...(29-31)
- 이러므로 너희도 준비하고 있으라 생각하지 않은 때에 인자가 오리라 충성되고 지혜 있는 종이 되어 주인에게 그 집 사람들을 맡아 때를 따라 양식을 나눠 줄 자가 누구냐 주인이 올 때에 그 종이 이렇게 하는 것을 보면 그 종이 복이 있으리로다 내가 진실로 너희에게 이르노니 주인이 그의 모든 소유를 그에게 맡기리라...(44-51)

수십 년을 걸쳐 지은 당대의 자랑인 헤롯성전에 대하여 예수님은 완전히 무너질 것이라고 말씀하십니다. 예수님의 말씀대로 A.D. 70년 로마의 침략으로 완전히 무너지게 됩니다. 예수님의 성전붕괴에 대한 예언에 제자들은 언제 그런 일이 생길 것인지에 대해 묻습니다. 예수님은 '거짓 그리스도의 등장, 전쟁과 기근, 거짓 선지자와 불법의 성행'을 말씀하시는 데, 이는 종말의 때에 나타날 징조에 대한 말씀이기도 합니다. 역사의 종말은 번개가 번쩍임 같

이 갑자기 찾아 올 것입니다.(27절) 그 날과 그 때는 아무도 모릅니다.(36절) 그 때에 택하신 자들을 불러 모으실 것입니다.(31절)

에스더 1장 : 왕후 와스디의 개인종말

- 왕후 와스디도 아하수에로 왕궁에서 여인들을 위하여 잔치를 베푸니라...(9-12)
- 왕후 와스디가 내시가 전하는 아하수에로 왕의 명령을 따르지 아니하니 규례대로 하면 어떻게 처치할까 므무간이 왕과 지방관 앞에서 대답하여 이르되 왕후 와스디가 왕에게만 잘못했을 뿐 아니라 아하수에로 왕의 각 지방의 관리들과 뭇 백성에게도 잘못하였나이다...(15-19)

에스더서는 '하나님'이라는 주어는 단 한번도 등장하지 않습니다. 그러나 드라마틱한 전개 과정을 보노라면 이 모든 일의 배경에 하나님이 계시다는 것을 고백하지 않을 수 없습니다. 페르시아(바사)왕 크세르크세스(아하수에로)는 7일간 잔치를 베푸는데 자신의 명을 거부한 왕비 와스디를 폐하게 됩니다. 이 사건이 발단이 되어 일어나는 일들 속에, 등장인물들 속에서 하나님의 일하심을 보게 됩니다. 역사의 주권은 하나님께 있습니다. 하나님은 역사를 경영하시는 분이십니다. 암울한 역사가 지속되어도 우리가 소망을 잃지 않을 수 있는 이유는 역사의 주인이 사람이 아니라, 하나님이시기 때문입니다.

사도행전 24장 : 바울이 벨릭스에게 전한 재림종말

- 우리가 보니 이 사람은 전염병 같은 자라 천하에 흩어진 유대인을 다 소요하게 하는 자요 나사렛 이단의 우두머리라(5)
- 그러나 이것을 당신께 고백하리이다 나는 그들이 이단이라 하는 도를 따라 조상의 하나님을 섬기고 율법과 선지자들의 글에 기록된 것을 다 믿으며...(14-21)
- 수일 후에 벨릭스가 그 아내 유대 여자 드루실라와 함께 와서 바울을 불러 그리스도 예수 믿는 도를 듣거늘 바울이 의와 절제와 장차 오는 심판을 강론하니 벨릭스가 두려워하여 대답하되 지금은 가라 내가 틈이 있으면 너를 부르리라 하고(24-25)

바울이 고발을 당해 법정에서 다툼이 생겼습니다. 고발 내용은 유대인을 소요하게 하고, 나사렛 이단의 우두머리라는 것입니다.(5절) 한마디로 거짓된 선동으로 사회에 물의를 일으킨다는 것입니다. 바울은 자신에 대한 그와 같은 고발에 대하여 자신은 소동을 일으킨 적이 없고(12절), 지금의 소요는 부활과 같은 교리적인 문제에 관한 것이라고 말합니다.(21절) 그러나 벨릭스 총독은 바울이 처벌을 받을 만한 죄가 없음을 알고도 그를 투옥시킵니다. 바울에게서 뇌물을 받아 보려고 했으나 뜻대로 되지 않았습니다.(26절) 불의한 권력자로 인해 바울은 억울하게 감옥에 갇혔지만, 이 모든 일의 배경에 하나님이 계심을 믿고 있으며, 또한 로마 선교에 대한 하나님의 비전이 이루어질 것을 믿기에 실망하지 않습니다.

하나님! 나에게 에서와 같은 가벼움과 어리석음이 없게 하옵소서. 어제도 계셨고 오늘도 계시며, 이제 곧 오실 영원하신 주께서 역사를 주관하시는 줄 믿습니다. 역사의 마지막 때에 일어날 일들에 대한 바른 이해와 지식이 있게 하시고 항상 깨어 준비하는 자 되게 하옵소서. 하나님의 뜻이 나의 뜻이 되고, 하나님의 비전이 나의 비전이 되길 소망합니다.

1/25

본문 창세기 26장 | 마태복음 25장 | 에스더 2장 | 사도행전 25장

주제 지혜 (智慧, 사물의 이치나 상황을 제대로 깨닫고 그것에 현명하게 대처할 방도를 생각해 내는 정신의 능력)

하나님의 자녀는 하나님의 통치하심을 믿고 주어진 상황 속에서 지혜를 발휘하여 하나님의 구속사를 성취해 간다.

창세기 26장 : 시기와 다툼을 피하는 지혜

- 아브라함 때에 첫 흉년이 들었더니 그 땅에 또 흉년이 들매 이삭이 그랄로 가서 블레셋 왕 아비멜렉에게 이르렀더니...(1-5)
- 그 곳 사람들이 그의 아내에 대하여 물으매… 그는 내 아내라 하기를 두려워함이었더라(7)
- 아비멜렉이 이에 모든 백성에게 명하여 이르되 이 사람이나 그의 아내를 범하는 자는 죽이리라 하였더라...(11-13)
- 그랄 목자들이 이삭의 목자와 다투어 이르되 이 물은 우리의 것이라 하매 이삭이 그 다툼으로 말미암아 그 우물 이름을 에섹이라 하였으며...(20-25)
- 그들이 이르되 여호와께서 너와 함께 계심을 우리가 분명히 보았으므로 우리의 사이 곧 우리와 너 사이에 맹세하여 너와 계약을 맺으리라 말하였노라(28)

위기를 만난 아브라함이 아내 사라를 누이로 속인 적이 두 번 있었습니다. 이삭 역시 아내 리브가를 누이로 속이는 일이 발생합니다. 이번에는 다행히 아내를 빼앗기는 일은 없었습니다. 뿐만 아니라 우물을 계속 빼앗기는 일도 발생합니다. 이삭을 보면 참으로 연약한 사람이라는 생각이 듭니다. 그러나 하나님이 그를 돌보십니다. 아비멜렉은 한 때 힘으로 이삭을 내쫓았었는데(16,17절) 하나님의 손이 그와 함께 하는 것을 보고 결국 이삭과 강화협정을 맺습니다. 언약을 지키시는 하나님은 아브라함과 이삭, 야곱으로 이어지는 구속사의 계보를 이어가도록 이삭을 붙드십니다.

마태복음 25장 : 예비하고 장사하며 돌아보는 지혜

- 그 때에 천국은 마치 등을 들고 신랑을 맞으러 나간 열 처녀와 같다 하리니…슬기 있는 자들은 그릇에 기름을 담아 등과 함께 가져갔더니(1-4)
- 또 어떤 사람이 타국에 갈 때 그 종들을 불러 자기 소유를 맡김과 같으니 각각 그 재능대로 한 사람에게는 금 다섯 달란트를, 한 사람에게는 두 달란트를, 한 사람에게는 한 달란트를 주고 떠났더니...(14-17)
- 그 때에 임금이 그 오른편에 있는 자들에게 이르시되 내 아버지께 복 받을 자들이여 나아와 창세로부터 너희를 위하여 예비된 나라를 상속받으라...(34-40)

열처녀 비유나 달란트 비유 모두 마지막 때를 염두해 둔 이야기입니다. 각각 "깨어 있으라"(13절) "무익한 종을 내 쫓으라"(30절)는 결론을 가지고 있습니다. 31절 이하의 내용도 마찬가지입니다. 인자(예수님)가 다시 올 때 양과 염소를 구분하는 것처럼 할 것이라고 말씀하십니다.(32절) 34절 이하에 나오는 내용은 선한 행위로 영생에 들어간다는 의미가 아니라, 다

시 오실 주님을 깨어 기다리는 자의 모습이 어떠해야 하는지를 보여주는 것입니다. 그것은 지극히 작은 자라도 최선을 다해 섬기고 사랑하는 것입니다. 예수 그리스도가 내게 그러하듯이, 최선을 다해 사랑하며 섬기는 것은 종말을 살아가는 그리스도인의 마땅한 모습입니다.

에스더 2장 : 모르드개와 에스더의 분별하는 지혜

- 왕의 측근 신하들이 아뢰되 왕은 왕을 위하여 아리따운 처녀들을 구하게 하시되...(2-7)
- 에스더가 자기의 민족과 종족을 말하지 아니하니 이는 모르드개가 명령하여 말하지 말라 하였음이라 모르드개가 날마다 후궁 뜰 앞으로 왕래하며 에스더의 안부와 어떻게 될지를 알고자 하였더라(10-11)
- 모르드개의 삼촌 아비하일의 딸 곧 모르드개가 자기의 딸 같이 양육하는 에스더가 차례대로 왕에게 나아갈 때에 궁녀를 주관하는 내시 헤개가 정한 것 외에는 다른 것을 구하지 아니하였으나 모든 보는 자에게 사랑을 받더라...(15-18)
- 모르드개가 대궐 문에 앉았을 때에 문을 지키던 왕의 내시 빅단과 데레스 두 사람이 원한을 품고 아하수에로 왕을 암살하려는 음모를 꾸미는 것을...(21-23)

폐위된 왕후 와스디를 대신해 에스더가 왕후로 선출됩니다. 또한 모르드개가 왕을 암살하려는 모의를 왕후 에스더에게 제보함으로서 왕의 생명을 지키는 사건이 일어납니다. 에스더가 왕후가 된 것이나 모르드개가 왕의 생명을 지키는 일에 공헌한 사실은 이후에 전개되는 과정에서 아주 중요한 포인트가 됩니다. 우리가 보기에 별거 아닌 것처럼 보이는 일들 속에 하나님의 섭리가 담겨 있습니다. 하나님은 온 우주를 다스리시며, 역사를 주관하시며, 한 사람의 인생을 인도하십니다. 모든 것이 그의 손길아래 있기에, 우리가 해야 할 일은 분명합니다. 그분을 경외하는 것입니다.

사도행전 25장 : 변명보다 가이사 재판을 요청하는 지혜

- 바울이 변명하여 이르되 유대인의 율법이나 성전이나 가이사에게나 내가 도무지 죄를 범하지 아니하였노라 하니(8)
- 바울이 이르되 내가 가이사의 재판 자리 앞에 섰으니 마땅히 거기서 심문을 받을 것이라 당신도 잘 아시는 바와 같이 내가 유대인들에게 불의를 행한 일이 없나이다...(10-12)
- 이튿날 아그립바와 버니게가 크게 위엄을 갖추고 와서 천부장들과 시중의 높은 사람들과 함께 접견 장소에 들어오고 베스도의 명으로 바울을 데려오니...(23-27)

바울의 재판과정이 이어집니다. 새로 부임한 베스도는 유대인의 환심을 사기 위해 예루살렘에서 재판을 받도록 바울을 유도했으나, 바울은 로마시민권자임을 내세워 로마에서 재판을 받겠다고 요청합니다.(11절) 바울은 로마시민권이라는 최고의 커리어를 자신의 변호나 석방을 위해 쓰지 않고, 복음을 위해 결정적인 순간에 사용합니다.

이삭의 이야기, 에스더의 이야기, 바울의 선교 이야기 속에 담겨 있는 하나님의 섭리가 참으로 놀랍습니다. 나는 역사의 주관자이신 전능하신 하나님을 경외합니다. 내가 가진 모든 것들은 다 주께로부터 온 것이니 복음을 위해 써 주시옵소서.

1/26

본문 창세기 27장 | 마태복음 26장 | 에스더 3장 | 사도행전 26장

주제 계획 (計劃, 장차 행할 일에 대해 구체적인 절차나 방법, 규모 따위를 미리 헤아려 구상함)

사람은 이 세상에 살면서 나름대로 자신을 위한 계획을 세운다. 그렇지만 그 모든 계획은 결국 하나님의 구속사를 이루는 과정이 된다.

창세기 27장 : 축복기도를 받기 위한 야곱의 계획

- 그런즉 네 기구 곧 화살통과 활을 가지고 들에 가서…내 마음껏 네게 축복하게 하라 (3-4)
- 그런즉 내 아들아 내 말을 따라 내가 네게 명하는 대로...(8-10)
- 그가 가서 끌어다가 어머니에게로 가져왔더니…즐기는 별미를 만들었더라(14)
- 야곱이 아버지에게 대답하되… 아버지 마음껏 내게 축복하소서...(19-20)
- 이삭이 이르되 내게로 가져오라…또 포도주를 가져가매 그가 마시고...(25-29)
- 이삭이 심히 크게 떨며 이르되…축복하였은즉 그가 반드시 복을 받을 것이니라(33)
- 이삭이 이르되 네 아우가 와서 속여 네 복을 빼앗았도다...(35-36)

야곱이 형 에서로부터 축복을 빼앗는 장면이 등장합니다. 물론 그 과정이 정당하지 않았고, 아름답지 않은 것은 분명합니다. 그러나 둘째 아들 야곱으로 하여금 축복의 계보를 이어가게 하겠다는 어머니 리브가의 열정은 대단했습니다. 가끔 우리 마음을 조금 불편하게 만들면서까지 열심을 내는 신앙인들이 있습니다. 세련미도 부족하고, 투박하게 느껴지기도 하고, 그들이 자신의 신앙을 열정적으로 실천하는 과정에서 우리가 상처 아닌 상처를 받기도 합니다. 그러나 이것 하나는 분명합니다. 영적 축복을 선점하고자 욕심을 내는 사람들은 그 맛을 본 것입니다. 그 맛을 모르는 사람은 절대로 이해할 수 없습니다. 인간적으론 부족해도, 방법이 조금 서툴러도 하나님은 리브가와 야곱의 욕심(장자가 받을 영적 축복)을 통해 당신의 말씀이 성취되도록 역사하십니다. 인간의 연약함과 하나님의 섭리는 조화될 수 있습니다. 하나님이 하시고자 한다면. 여러분! 영적인 축복은 욕심을 내셔도 됩니다.

마태복음 26장 : 예수를 죽이기 위한 대제사장들의 계획

- 그 때에 대제사장들과 백성의 장로들이 가야바라 하는 대제사장의 관정에 모여...(3-5)
- 이 여자가 내 몸에 이 향유를 부은 것은 내 장례를 위하여 함이니라(12)
- 그 때에 열둘 중의 하나인 가룟 유다라 하는 자가 대제사장들에게 가서 말하되...(14-16)
- 그들이 먹을 때에 이르시되…너희 중의 한 사람이 나를 팔리라 하시니...(21-25)
- 일어나라 함께 가자 보라 나를 파는 자가 가까이 왔느니라...(46-50)
- 예수를 잡은 자들이 그를 끌고 대제사장 가야바에게로 가니 거기 서기관과 장로들이...(57-59)

십자가의 고난을 향해 가시는 예수님의 모습을 보여 줍니다. 예수님은 털 깎는 자 앞에서 잠잠한 양같이 자신을 변호하지 않으셨습니다. "털 깎는 자 앞에서 잠잠한 양같이 그의 입을 열지 아니하였도다"(사53:7) 공회는 그에게 사형을 확정하였으며, 집행권이 있었던 빌라도 역시 그의 죄 없음을 알고도 사형을 허락합니다. 우리를 살리기 위해 자신이 사는 방법이 있음에도 스스로 그 권리를 내려 놓으신 것입니다. 우리 대신 수치와 모욕, 저주와 죽음을 당하

신 예수 그리스도로 말미암아 우리의 수치는 찬양이 되었고, 우리를 얽매고 있던 저주와 죽음의 사슬에서 마침내 해방되었습니다.

에스더 3장 : 유대인을 몰살키 위한 하만의 계획

- 그 후에 아하수에로 왕이 아각 사람 함므다다의 아들 하만의 지위를 높이 올려 함께 있는 모든 대신 위에 두니...(1-6)
- 하만이 아하수에로 왕에게 아뢰되 한 민족이 왕의 나라 각 지방 백성 중에 흩어져 거하는데 그 법률이 만민의 것과 달라서 왕의 법률을 지키지 아니하오니...(8-9)
- 이에 그 조서를 역졸에게 맡겨 왕의 각 지방에 보내니…죽이고 도륙하고 진멸하고 또 그 재산을 탈취하라 하였고(13)

유대인의 대적 아각 사람 하만이 등장합니다. 그는 황제 다음의 높은 지위에 있는 사람입니다. 하만은 이스라엘의 오랜 숙적 아말렉의 후손인데, 모르드개는 하만보다 훨씬 낮은 직급이었지만 그런 하만에게 절하기를 거부했습니다. 이에 하만은 앙심을 품고 모르드개 한 사람뿐 아니라, 그의 민족인 유대인 전체를 말살하는 계획을 세우게 됩니다. 하만이 황제의 명을 따르지 않는 민족이 있어서 그들을 진멸하도록 허락을 구하자 하만을 신뢰하던 황제는 그대로 허락해 줍니다. 이제 유대 민족에게 최대의 위기가 다가오고 있습니다. 그런데 여러분, 신앙인에 대한 말살정책은 인류역사 내내 자주 있었던 일입니다. 하나님은 기적같은 구원을 주시기도 하고, 때론 신실한 복음의 증인들의 순교를 통해 한 민족과 나라에 복음이 전파되게 하셨습니다. 승리는 하나님의 것이며, 역사는 하나님이 주관하십니다.

사도행전 26장 : 변명을 통한 바울의 복음 계획

- 왕이여 정오가 되어 길에서 보니 하늘로부터 해보다 더 밝은 빛이 나와 내 동행들을 둘러 비추는지라...(13-18)
- 유대인들이 성전에서 나를 잡아 죽이고자 하였으나...(21-25)
- 아그립바가 바울에게 이르되 네가 적은 말로 나를 권하여 그리스도인이 되게 하려...(28-29)
- 물러가 서로 말하되 이 사람은 사형이나 결박을 당할 만한 행위가 없다…(31-32)

바울이 계속해서 법정에서의 진술을 이어갑니다. 유대인으로부터 고발당한 바울은 신학적인 변호를 시도합니다. 바리새인중의 바리새인, 열정적으로 그리스도인을 핍박했던 일, 예수 그리스도를 만나 변화된 사건 등을 언급합니다. 게다가 이방인의 사도로 부름 받은 사실도 말합니다. 심지어 그는 변호의 기회를 준 아그립바 왕과 베스도 총독에까지 복음을 증거하고자 노력합니다. 그는 법적으로는 죄가 없음이 분명합니다.(31절) 지금이라도 고소를 취하하면, 자유의 몸이 될 수 있습니다. 그러나 그는 로마선교를 위해 석방될 수 있는 기회를 사용하지 않습니다.(32절) 여기서 우리는 그리스도를 따르는 자의 위대한 삶을 볼 수 있습니다.

더 많이 가지려고 사람들이 얼마나 욕심을 부립니까? 내가 욕심을 부린다면 하나님을 더 알고자 하는 욕심, 한 영혼이라도 더 주님 앞으로 인도하고자 하는 욕심을 갖게 하옵소서. 억울한 것을 못 참는 나이기에, 십자가를 앞두고 그 모든 것을 감내하시는 예수님을 더 크게 바라보게 하시고, 복음을 위해 자신의 권리를 기꺼이 내려놓는 바울을 보게 하옵소서. 복음과 하나님 나라는 승리할 수밖에 없음을 확신합니다.

1/27

본문 창세기 28장 | 마태복음 27장 | 에스더 4장 | 사도행전 27장
주제 보호 (保護, 위험이나 곤란 등이 미치지 않도록 잘 지키고 보살핌)

하나님은 선택하신 자와 항상 함께 하시며 그가 마지막 사명을 다할 때까지 인도하시고 보호하신다.

창세기 28장 : 도망자 야곱과 함께하시며 보호하심

- 전능하신 하나님이 네게 복을 주시어… 땅을 네가 차지하게 하시기를 원하노라(3-4)
- 또 본즉 여호와께서 그 위에 서서 이르시되 나는 여호와니 너의 조부 아브라함의 하나님이요 이삭의 하나님이라 네가 누워 있는 땅을 내가 너와 네 자손에게 주리니...(13-15)
- 야곱이 서원하여 이르되 하나님이 나와 함께…하나님께 드리겠나이다 하였더라(20-22)

야곱이 에서의 축복을 가로챈 행위로 인하여 에서는 대단히 화가 났습니다. 야곱이 생명의 위협을 받을 정도였습니다. 어머니 리브가는 야곱신변을 보호하기 위해 오빠 라반의 집으로 보냅니다. 그러나 그 길은 매우 험난했습니다. 벧엘이라는 곳에서 돌을 베고 잠을 청한 밤에 하나님이 야곱을 찾아 오셨습니다. 그리고 그의 조부 아브라함에게 하셨던 약속의 말씀을 들려 주십니다.(13~15절) 그리고 분명히 약속해 주십니다. "내가 네게 허락한 것을 다 이루기까지 너를 떠나지 아니하리라"(15절) 그런데 야곱은 이렇게 서원합니다. "내가 평안히 아버지 집으로 돌아가게 하시오면 여호와께서 나의 하나님이 되실 것이요...내게 주신 모든 것에서 십분의 일을 내가 반드시 하나님께 드리겠나이다"(21~22절) 야곱은 거래모드로 하나님과 흥정하듯 제안합니다. 그러나 그의 제안을 받아들여서 하나님이 그를 보호하신 것이 아닙니다. 그 전에 이미 하나님은 보호와 인도를 약속해 주셨습니다.(13~15절) 그것이 먼저입니다. 이후의 야곱의 제안은 있어도 되고, 없어도 되는 것입니다. 하나님이 우리에게 주시는 것을 나의 어떤 행위로 인한 대가로 여기지 마십시오. 하나님은 구원을 포함하여 모든 것을 은혜로, 값없이 주시는 분이십니다.

마태복음 27장 : 예수가 사명을 다할 때까지 보호하심

- 그 때에 예수를 판 유다가 그의 정죄됨을 보고…장로들에게 도로 갖다 주며...(3-5)
- 그들이 모였을 때에 빌라도가 물어 이르되…그리스도라 하는 예수냐 하니...(17-19)
- 빌라도가 아무 성과도 없이…이 사람의 피에 대하여 나는 무죄하니 너희가 당하라...(24-26)
- 제구시쯤에 예수께서 크게 소리 질러 이르시되… 어찌하여 나를 버리셨나이까…(46)
- 예수께서 다시 크게 소리 지르시고 영혼이 떠나시니라...(50-54)
- 빌라도에게 가서 예수의 시체를 달라 하니…큰 돌을 굴려 무덤 문에 놓고 가니(58-60)

예수님의 십자가 사건의 절정을 보여주는 27장입니다. 죄가 없다는 것을 알고서도 끝내 십자가형이 내려졌습니다. 죽음에 이르는 과정도 혹독했습니다. 사람들은 스스로를 구원해 보라며 조롱하고, 침을 뱉고, 가시관을 씌우는 등 예수님이 당하는 고통에 즐거워했습니다. '겸손의 왕'이라는 찬양의 가사 중에는 '인간을 지으신 하나님이 인간손에 죽으셨네'라고 내용이

등장합니다. 자신들이 조롱하고 고통을 가하며 죽음에 이르게 하고 있는 그분이 누구인지 그들은 알지 못했습니다. 십자가에 매달려 고통의 몸부림을 치고 있는 상황에서도 '십자가에서 내려오라, 남은 구원하되 자신은 구원할 수 없도다'라며 희롱합니다. 십자가는 성경의 모든 약속의 절정입니다. 약속의 실체가 이 땅에 오셔서 약속대로 죽으셨습니다. 하나님의 말씀은 이로써 성취가 되었습니다. 유언비어 방지를 위해 경비병을 배치했으나 사도행전 말씀처럼 그의 부활을 막을 수는 없었습니다. "이는 그가 사망에 매여 있을 수 없었음이라"(행2:24)

에스더 4장 : 사명자 에스더와 함께하시며 보호하심

- 왕의 명령과 조서가 각 지방에 이르매 유다인이 크게 애통하여 금식하며 울며…그 굵은 베 옷을 벗기고자 하나 모르드개가 받지 아니하는지라...(3-9)
- 당신은 가서 수산에 있는 유다인을 다 모으고 나를 위하여 금식하되…규례를 어기고 왕에게 나아가리니 죽으면 죽으리이다 하니라(16)

민족 전체가 멸절될 위기를 만난 유대인들을 위해 모르드개가 나섭니다. 그는 유다인을 진멸하라는 왕의 조서를 에스더에게 전해줍니다. 유대인 중에 가장 높은 자리에 있는 에스더가 중요한 역할을 해 주어야 하는데, 에스더는 처음에는 주저합니다. 왜냐하면 왕의 부름이 없을 때 왕 앞으로 나아가면 사형죄에 해당되기 때문입니다. "부름을 받지 아니하고 안뜰에 들어가서 왕에게 나가면 오직 죽이는 법이요"(11절) 아무리 왕후라도 이 법에서 자유로울 수 없었습니다. 이 때 모르드개가 에스더의 사명을 일깨우는 명언을 남기게 됩니다. "네가 왕후의 자리를 얻은 것이 이 때를 위함이 아닌지 누가 알겠느냐"(14절) 마침내 에스더는 목숨을 걸고 왕앞에 나아가기로 결단합니다. 건강한 영적 생활을 위해서 매일의 결단이 필요하지만, 큰 결단이 요구되는 상황이 생길 때가 있습니다. 여러분! 그때 14절 말씀 "이 때를 위함이 아닌가?"를 기억하십시오. 모든 상황을 바꾸고 역사의 흐름을 바꾸는 분기점이 될 것입니다.

사도행전 27장 : 압송자 바울과 함께하시며 보호하심

- 우리가 배를 타고 이달리야에 가기로 작정되매 바울과 다른 죄수 몇 사람을 아구스도대의 백부장 율리오란 사람에게 맡기니...(1-3)
- 얼마 안 되어 섬 가운데로부터 유라굴로라는 광풍이 크게 일어나니…짐을 바다에 풀어 버리고 사흘째 되는 날에 배의 기구를 그들의 손으로 내버리니라...(14-37)

바울이 로마로 압송되어 갑니다. 배를 타고 이탈리아까지 가야하는데, 바울이 이번 항해에 큰 어려움이 닥칠 것이라고 예언합니다. 그러나 백부장은 선장의 말을 믿고 출항을 결정합니다. 항해 도중에 태풍을 만나 배가 침몰의 위기를 맞았으나, 바울이 다시 한번 나섭니다. 자신은 로마 선교의 사명을 띠고 가는 사람이기에 자신과 및 함께 한 모든 이들은 결국 안전하게 도착할 것이라는 주님의 말씀을 들려 줍니다.(25절) '사명자는 그 사명이 다하기까지 결코 죽지 않습니다.'

내가 아무리 하나님의 뜻에 순종하며 열심히 한들 그것으로 하나님의 은총을 누릴 자격을 얻었다 할 수 있겠습니까? 그저 하루하루가 은혜인 것을 고백합니다. 하나님의 때를 잘 분별하게 하시고, 담대하게 나아가야 할 때에는 주저하지 않게 하옵소서. 십자가에서 이루신 그 크신 사랑으로 인해 오늘도 호흡하며 살아갑니다. 내 삶을 통해 주님의 뜻이 이루어지게 하옵소서.

1/28

본문 창세기 29장 | 마태복음 28장 | 에스더 5장 | 사도행전 28장
주제 반전 (反轉, 일의 형세가 반대로 됨)

하나님은 자신이 선택한 자를 구원하시고 또 그가 맡은 사역을 감당할 수 있도록 상식을 뛰어넘는 반전의 역사를 계획하시며 이루신다.

창세기 29장 : 도망자가 가정을 이루는 행복의 반전

- 야곱이 그들과 말하는 동안에 라헬이 그의 아버지의 양과 함께 오니 그가 그의 양들을 치고 있었기 때문이더라...(9-20)
- 저녁에 그의 딸 레아를 야곱에게로 데려가매 야곱이 그에게로 들어가니라(23)
- 야곱이 그대로 하여 그 칠 일을 채우매 라반이 딸 라헬도 그에게 아내로 주고(28)
- 레아가 임신하여 아들을 낳고 그 이름을 르우벤이라 하여 이르되…내게 이 아들도 주셨도다 하고 그의 이름을 시므온이라 하였으며...(32-35)

장자의 축복을 가로챈 야곱이 형 에서를 피해 마침내 외삼촌 라반의 집에 이르게 됩니다. 라반의 집에서 약 20년간을 머물게 되는데 그곳에서 결혼도 하고 자녀도 갖게 됩니다. 그러나 20년간의 시간은 사실상 제대로 된 보수도 받지 못하고 착취만 당한 시기였습니다. 결혼에 있어서도 그는 라헬을 사랑했으나 외삼촌의 농간으로 언니 레아와 먼저 결혼하게 되었습니다. 문제는 레아입니다. 레아는 아버지에 의해 라헬과의 결혼을 원하는 야곱에게 '1+1'으로 보내진 꼴이 되어 버렸습니다. 야곱은 레아를 원하지 않았었기에 라헬만 사랑했습니다. 버려진 인생 레아를 하나님이 돌아보셨습니다. 레아에게 태의 문을 열어 주셔서, 야곱의 열두 아들 중 절반(6명)이 레아의 소생이 되었습니다. 이 시대는 여성의 역할 중에 자녀의 생산이 매우 높은 비중을 차지했기에, 하나님은 레아에게 자녀생산이 순적하도록 도우신 것입니다. 인간의 자기중심적인 행동은 피해자를 만듭니다. 그러나 하나님은 고통가운데 있는 이들을 권고하시며, 돌아보십니다. "너희 염려를 다 주께 맡기라 이는 그가 너희를 돌보심이라 = casting all your anxieties on him, because he cares for you"(벧전5:7)

마태복음 28장 : 십자가의 죽음을 이긴 부활의 반전

- 천사가 여자들에게 말하여 이르되 너희는 무서워하지 말라 십자가에 못 박히신 예수를 너희가 찾는 줄을 내가 아노라...(5-10)
- 예수께서 나아와 말씀하여 이르시되 하늘과 땅의 모든 권세를 내게 주셨으니 그러므로 너희는 가서 모든 민족을 제자로 삼아 아버지와 아들과 성령의 이름으로 세례를 베풀고 내가 너희에게 분부한 모든 것을 가르쳐 지키게 하라 볼지어다…(18-20)

예수님은 3일만에 부활하셨습니다. 부활의 목격자들이 생겨나기 시작하고, 대제사장과 그의 무리들은 사라진 예수님의 시신을 '제자들이 훔친 것'으로 결론을 내기로 모의합니다. 부활하신 예수님은 제자들에게, 우리들에게 사명을 줍니다. 이른 바 '대사명'(Great Mission)이라 불리는 내용이 바로 18~20절입니다. "하늘과 땅의 모든 권세를 내게 주셨으니 그러므로 너희

는 가서 모든 민족을 제자로 삼아 아버지와 아들과 성령의 이름으로 세례를 베풀고 내가 너희에게 분부한 모든 것을 가르쳐 지키게 하라 볼지어다 내가 세상 끝 날까지 너희와 항상 함께 있으리라"

에스더 5장 : 왕이 금 규를 내미는 사랑의 반전

- 제삼일에 에스더가 왕후의 예복을 입고 왕궁 안 뜰 곧 어전 맞은편에 서니 왕이 어전에서 전문을 대하여 왕좌에 앉았다가...(1-5)
- 내가 만일 왕의 목전에서 은혜를 입었고…내일은 왕의 말씀대로 하리이다 하니라(8)
- 또 하만이 이르되 왕후 에스더가 그 베푼 잔치에 왕과 함께 오기를 허락 받은 자는…대궐 문에 앉은 것을 보는 동안에는 이 모든 일이 만족하지 아니하도다 하니...(12-14)

삼일간의 금식 후 에스더는 결단을 하고 왕 앞으로 나아갑니다. 그의 결단에 그의 민족이 달려 있습니다. 어제 말씀드렸지만, 그녀의 행위는 목숨을 걸어야 하는 행위였습니다. 아하수에로 왕은 갑자기 나타난 왕후 에스더를 매우 사랑스럽게 여겼고, 금 규를 내밀어 그녀를 환대했습니다. 에스더는 왕과 하만을 위한 잔치를 허락해 달라고 요청합니다. 하만은 왕 외에 유일하게 자신만이 왕후의 잔치에 초대받은 것에 큰 의미를 부여하며 기뻐합니다. 제국내 자신의 높은 지위를 인정받은 것으로 착각하는 것입니다. 하만은 더 나아가 자신에게 고분고분하지 않는 유대인 모르드개를 매달아 죽이기 위해 사형틀을 만들게 합니다. 하만의 권세와 위엄이 대단해 보이지만, 사실 그는 멸망을 향해 가고 있었습니다. 역사는 하나님이 쓰십니다. 그러므로 그리스도인들은 눈에 보이는 것으로 판단하고, 절망할 필요가 없습니다.

사도행전 28장 : 독사와 유대를 극복한 바울의 반전

- 바울이 나무 한 묶음을 거두어 불에 넣으니 뜨거움으로 말미암아 독사가 나와 그 손을 물고 있는지라...(3-6)
- 우리가 로마에 들어가니 바울에게는 자기를 지키는 한 군인과 함께 따로 있게 허락하더라...(16-20)
- 그들이 날짜를 정하고 그가 유숙하는 집에 많이 오니…예수에 대하여 권하더라...(23-28)
- 바울이 온 이태를 자기 셋집에 머물면서…모든 것을 담대하게 거침없이 가르치더라(30-31)

배가 난파가 되었음에도 바울과 그 배에 탄 사람들은 한명도 상하지 않습니다. 바울이 예언한대로 그들 모두 로마에 도착하게 됩니다. 바울은 로마에서 '하나님 나라를 전파하며, 주 예수 그리스도에 관한 모든 것을 담대하게 거침없이 가르치게' 됩니다.(31절) 바울은 이방인의 사도로서 수많은 곳을 다니며 복음을 전하고 교회를 세웠으며, 그의 인생의 마지막에는 그 당시 세계의 중심 로마에서 복음을 전하다가 A.D. 67년 네로황제 때 순교했습니다. 그 뒤 약 246년이 지난 후 로마는 마침내 기독교를 정식종교로 공인하게 됩니다. 그 이전까지 수많은 순교자들에 의해 복음은 곳곳에 전파되었습니다.

참 좋으신 하나님! 레아와 같이 버려질 인생이었는데, 지금까지 변함없는 은혜로 돌보아 주심을 감사드립니다. 십자가 복음으로 나를 살리셨으니 나를 통해 복음이 전해지는 것을 최고의 기쁨으로 여기며 살아가게 하옵소서. 내 눈이 보기에 암울하게 보이는 역사라 할지라도 그 역사를 움직이시는 하나님이 계심을 알게 하옵소서.

1/29

본문 창세기 30장 | 마가복음 1장 | 에스더 6장 | 로마서 1장
주제 방법 (方法, 목적을 달성하기 위해 취하는 방식이나 수단)

삶에는 수시로 문제가 발생한다. 그 때 하나님은 믿는 자에게 그 상황과 시대에 맞는 방법을 깨닫게 하시고 지혜롭게 실천하도록 도우신다.

창세기 30장 : 자기의 수익을 얻기 위한 방법

- 라헬이 자기가 야곱에게서 아들을 낳지 못함을 보고 그의 언니를 시기하여 야곱에게 이르되 내게 자식을 낳게 하라 그렇지 아니하면 내가 죽겠노라...(1-13)
- 하나님이 라헬을 생각하신지라…그 이름을 요셉이라 하니 여호와는 다시 다른 아들을 내게 더하시기를 원하노라 하였더라(22-24)
- 내가 오기 전에는 외삼촌의 소유가 적더니…나는 언제나 내 집을 세우리이까...(30-39)
- 이에 그 사람이 매우 번창하여 양 떼와 노비와 낙타와 나귀가 많았더라(43)

야곱은 형 에서를 속이면서까지 장자권을 놓고 분쟁을 벌였고, 그로 인해 그는 집을 떠나야 했습니다. 야곱을 놓고 레아와 라헬의 자식 경쟁이 과열되어 이제는 각자의 시녀까지 동원되고 있습니다. 배다른 형제들이 많아지면서 이는 가정의 큰 갈등의 불씨로 남게 됩니다. 야곱의 가정에서 일어나는 아름답지 못한 일들에도 불구하고, 하나님은 야곱의 인생가운데 함께 하시고 그를 돌보십니다. 특히 노동에 대한 정당한 대가를 받지 못한 야곱이기에 하나님은 그의 몫을 챙겨 주십니다. 특히 라반이 얼룩무늬 양과 염소들은 전부 자기 아들들에게 맡겼음에도 불구하고(35절) 야곱의 흰 양과 염소들이 얼룩무늬 새끼를 계속 낳게 되어 마침내 야곱은 많은 양과 염소를 거느리게 됩니다. 양떼가 물을 먹을 때, 껍질 벗긴 나뭇가지를 세우는 행위를 하지만, 결국 그의 수입을 보장해 주는 것은 주술적 행위가 아니라, 야곱이 어딜 가든지 함께 하시는 하나님이십니다.

마가복음 1장 : 죄인이 속죄를 받을 수 있는 방법

- 하나님의 아들 예수 그리스도의 복음의 시작이라 (1)
- 세례 요한이 광야에 이르러 죄 사함을 받게 하는 회개의 세례를 전파하니...(4-8)
- 요한이 잡힌 후 예수께서 갈릴리에 오셔서… 예수께서 이르시되 나를 따라오라 내가 너희로 사람을 낚는 어부가 되게 하리라 하시니(14-17)
- 마침 그들의 회당에 더러운 귀신 들린 사람이 있어 소리 질러 이르되...(23-26)
- 새벽 아직도 밝기 전에 예수께서 일어나 나가 한적한 곳으로 가사 거기서 기도하시더니(35)

마가복음에는 계보가 등장하지 않습니다. 세례 요한은 예수님의 길을 준비하는 사람이었으며, 일평생 그의 사명에 충실했던 사람입니다. 그는 자신이 높아지거나 빛나는 것에는 관심이 없었습니다. "나는 굽혀 그의 신발끈을 풀기도 감당하지 못하겠노라"(8절) 예수님이 본격적으로 등장하기 전까지 세례요한은 자신의 사명을 다했습니다. 공생애를 시작한 예수님은 천국 복음의 선포와 함께 제자를 부르셨으며, 더러운 귀신을 내쫓고, 많은 사람들의 병을 고

치셨습니다.

에스더 6장 : 은인을 복주기 위한 지혜로운 방법

- 그 날 밤에 왕이 잠이 오지 아니하므로 명령하여 역대 일기를 가져다가 자기 앞에서 읽히더니...(1-3)
- 하만이 들어오거늘 왕이 묻되 왕이 존귀하게 하기를 원하는 사람에게 어떻게 하여야 하겠느냐 하만이 심중에 이르되 왕이 존귀하게 하기를 원하시는 자는 나 외에 누구리요 하고...(6-10)
- 자기가 당한 모든 일을 그의 아내 세레스와 모든 친구에게 말하매…아직 말이 그치지 아니하여서 왕의 내시들이 이르러 하만을 데리고 에스더가 베푼 잔치에 빨리 나아가니라(13-14)

왕이 과거에 자신의 신변을 보호해 준 모르드개의 역사를 뒤늦게 알게 되어, 그를 높이는 의식을 지시하는데 하만이 그 일을 주관하게 됩니다. 자신을 높이려는 줄 알고, 왕이 신하를 높이는 최고의 행동을 건의하여 시행하게 되는데 그 대상이 자신이 아니라 바로 자신이 그토록 증오하는 모르드개였습니다. 하만은 이제야 뭔가 일이 잘못되어 간다는 불길한 예감을 하게 됩니다. 하나님이 일하심이 본격적으로 드러나기 시작합니다. 하나님은 우리의 믿음의 선조들을 수없는 반전드라마의 주인공이 되게 하셨습니다. 하나님은 우리 인생을 통해서도 반전의 역사를 써 내려 가십니다.

로마서 1장 : 바울이 로마인에게 복음을 전하는 방법

- 이 복음은 하나님이 선지자들을 통하여 그의 아들에 관하여 성경에 미리 약속하신 것이라(2-4)
- 로마에서 하나님의 사랑하심을 받고…주 예수 그리스도로부터 은혜와 평강이 있기를 원하노라(7)
- 내가 너희 보기를 간절히 원하는 것은…너희를 견고하게 하려 함이니(11)
- 헬라인이나 야만인이나 지혜 있는 자나 어리석은 자에게 다 내가 빚진 자라...(14-18)
- 하나님을 알되 하나님을 영화롭게도 아니하며…미련한 마음이 어두워졌나니(21)
- 그러므로 하나님께서 그들을 마음의 정욕대로…욕되게 하게 하셨으니(24)
- 이 때문에 하나님께서 그들을 부끄러운 욕심에 내버려 두셨으니…역리로 쓰며(26)
- 또한 그들이 마음에 하나님 두기를 싫어하매 하나님께서 그들을 그 상실한 마음대로 내버려 두사 합당하지 못한 일을 하게 하셨으니(28)
- 그들이 이같은 일을 행하는 자는 사형에 해당한다고 하나님께서 정하심을 알고도 자기들만 행할 뿐 아니라 또한 그런 일을 행하는 자들을 옳다 하느니라(32)

"복음은 모든 믿는 자에게 구원을 주시는 하나님의 능력"입니다.(16절) "복음은 하나님이 선지자들을 통해 그의 아들에 관하여 성경에 미리 약속하신 것"입니다.(2절) 죄인은 복음을 거부합니다. 자신의 정욕대로 살아갑니다. 창조질서를 무시합니다. 자신의 마음에 하나님 두기를 싫어합니다. 그래서 26~31절의 현상이 발생합니다. 죄인 줄 알면서 죄를 짓는 게 인간입니다. 죄의 삯은 사망입니다.(롬6:23)

지금까지의 인생길에서 수많은 반전을 경험했습니다. 그러나 역사상 최고의 반전은 예수님의 십자가의 죽음 그리고 부활입니다. 모든 믿는 자에게 주시는 차별 없는 구원의 복음으로 인하여 감사드립니다. 나는 오늘도 주의 돌보심 속에 하루를 살아갑니다.

1/30

본문 창세기 31장 | 마가복음 2장 | 에스더 7장 | 로마서 2장

주제 해결 (解決, 어떤 문제나 사건 따위를 풀거나 잘 처리함)

인간은 언제나 죄의 영향력 안에서 자유로울 수 없다. 그로 인하여 늘 한계에 갇혀 어둠 속에 살게 된다. 그 모든 죄책의 굴레를 벗도록 하나님은 믿는 자에게 은혜의 길을 열어 해결해 주신다.

창세기 31장 : 야곱의 20년된 숙제가 하나님 안에서 해결됨

- 야곱이 라반의 아들들이 하는 말을 들은즉…이 모든 재물을 모았다 하는지라...(1-3)
- 그대들의 아버지가 나를 속여 품삯을 열 번이나 변경하였느니라 그러나 하나님이 그를 막으사 나를 해치지 못하게 하셨으며(7)
- 이르시되 네 눈을 들어 보라…라반이 네게 행한 모든 것을 내가 보았노라...(12-13)
- 하나님이 우리 아버지에게서 취하여 가신 재물은…이르신 일을 다 준행하라(16)
- 야곱은 그 거취를 아람 사람 라반에게 말하지 아니하고 가만히 떠났더라...(20-22)
- 내가 즐거움과 노래와 북과 수금으로 너를 보내겠거늘…내게 알리지 아니하였으며...(27-29)
- 야곱이 노하여 라반을 책망할새…외삼촌께서 내 뒤를 급히 추격하나이까(36)
- 내가 이와 같이 낮에는 더위와 밤에는 추위를 무릅쓰고 눈 붙일 겨를도 없이...(40-42)

야곱의 양 떼와 노비, 낙타, 나귀가 많아 졌습니다.(창30:43) 라반의 아들들은 자신의 아버지의 소유를 야곱이 교묘하게 빼앗았다고 생각합니다. 야곱을 대하는 라반의 태도도 달라졌습니다. 형 에서를 피해 라반에게 온 지 어언 20년, 이제 라반을 떠나야 할 때가 되었습니다. 야곱은 라반을 속여 몰래 도주합니다. 이에 분노한 라반은 야곱을 해치려는 목적으로 7일이나 추적해서 마침내 야곱을 따라 잡았지만, 하나님은 꿈에 라반에게 나타나 야곱을 해치지 말라고 하십니다.(24절) 아브라함과 이삭이 각각 아내를 빼앗겼을 때에도 하나님이 대적들에게 나타나셔서 직접 해결해 주셨는데 이번에도 야곱을 동일한 방법으로 도우셨습니다. 야곱과 라반은 화해의 언약을 체결하고 서로 축복하는 가운데 헤어지게 됩니다.(52, 55절) 신실하신 하나님은 벧엘에서 야곱에게 언약하신 것을 지키셨습니다.(창28:13~15)

마가복음 2장 : 중풍병자와 마태의 죄가 주 안에서 해결됨

- 사람들이 한 중풍병자를 네 사람에게 메워 가지고 예수께로 올새...(3-5)
- 그러나 인자가 땅에서 죄를 사하는 권세가 있는 줄을 너희로 알게 하려 하노라 하시고 중풍병자에게 말씀하시되(10)
- 예수께서 들으시고 그들에게 이르시되 건강한 자에게는 의사가 쓸 데 없고… 하시니라(17)
- 새 포도주를 낡은 가죽 부대에 넣는 자가 없나니…새 포도주는 새 부대에 넣느니라 하시니라(22)
- 또 이르시되 안식일이 사람을 위하여 있는 것이요 사람이 안식일을 위하여 있는 것이 아니니 이러므로 인자는 안식일에도 주인이니라(27-28)

예수님이 죄사함의 권세가 있음을 중풍병자를 고치심으로 드러내십니다. 세리는 유대인들이 증오하는 부류의 사람입니다. 그러나 예수님은 자신이 의인이 아닌 죄인을 부르러 오셨음

을 천명하시면서 세리 레위를 제자로 부르셨으며, 또한 많은 세리와 죄인들과 함께 하십니다. 그들 중 많은 이들이 예수님을 따르게 됩니다.(14, 15절) 그러나 바리새인들은 그런 예수님을 정죄하기 바빴습니다. 율법을 지키는 것을 자기 의로 삼았던 바리새인들은 금식에 관하여, 안식일에 해서는 안되는 일에 관하여 예수님과 논쟁을 일으킵니다. 예수님은 그들의 위선을 지적하시며, 율법의 근본 정신을 일깨워 주십니다. 율법을 지키는 것은 결코 자기 자랑이 될 수 없습니다. 율법은 하나님을 사랑하는 마음으로 지켜야 의미가 있으며, 또한 율법은 하나님이 사람을 강제하는 수단이 아니라 사람을 위하여 있습니다. 그리고 모든 율법은 예수 그리스도를 지향합니다. 예수님은 율법을 완성하러 오셨으며(마5:17), 십자가에서 온전히 이루셨습니다.

에스더 7장 : 하만의 음모가 잔치에서 공개됨으로 해결됨

- 왕이 이 둘째 날 잔치에 술을 마실 때에 다시 에스더에게 물어 이르되 왕후 에스더여 그대의 소청이 무엇이냐 곧 허락하겠노라 그대의 요구가 무엇이냐 곧 나라의 절반이라 할지라도 시행하겠노라 왕후 에스더가 대답하여 이르되 왕이여 내가 만일 왕의 목전에서 은혜를 입었으며 왕이 좋게 여기시면 내 소청대로 내 생명을 내게 주시고...(2-10)

유대인의 대적 하만이 완전히 몰락합니다. 모르드개를 죽이려고 만들어 놓은 사형틀에 자신이 매달리게 됩니다. 에스더는 자신과 민족의 생명을 구해 달라고 왕에게 간청합니다. 하만의 계략이 폭로되고, 왕은 분노하여 하만에게 사형을 명합니다. 왕과 함께 잔치에 초청받은 인사로 자신의 권세와 위용을 뽐내던 하만은 유대인 진멸계획을 순조롭게 잘 진행시켰으나, 결국엔 자신이 진멸당하고 말았습니다. 이제 주동자를 제거했으니 유대인에 대한 악한 계획은 곧 철회될 것입니다. 역사(history)는 그분의 이야기(His story)입니다.

로마서 2장 : 율법과 할례의 문제가 믿음으로 해결됨

- 하나님께서 각 사람에게 그 행한 대로 보응하시되...(6-15)
- 무릇 표면적 유대인이 유대인이 아니요 표면적 육신의 할례가 할례가 아니니라 오직 이면적 유대인이 유대인이며 할례는 마음에 할지니 영에 있고 율법 조문에 있지 아니한 것이라 그 칭찬이 사람에게서가 아니요 다만 하나님에게서니라(28-29)

산상수훈에서 예수님은 율법의 의미를 재해석하시면서 어떤 행위를 하고 안하고의 문제에 지나치게 함몰되어 있는 사람들을 일깨우셨습니다. 바울도 동일하게 '율법은 하나님이 자신들에게 주신 것이고, 자신들만이 하나님의 뜻을 알고 행하는 사람'이라는 의식을 가진 동족 유대인들을 향해 그들의 실체를 폭로하고 있습니다. 아브라함의 자손이라는 혈통을 자랑하고, 육신의 할례를 내세우고, 제대로 지키지도 않는 율법을 내세울 게 아니라 먼저 하나님의 부름을 받은 선민으로서 거룩하고 의롭게 사는 것이 더 중요합니다. "표면적 유대인이 유대인이 아니요 표면적 육신의 할례가 할례가 아니니라 오직 이면적 유대인이 유대인이며 할례는 마음에 마음에 할지니"(28, 29절)

야곱의 인생을 통해서, 또한 이방나라인 바사의 아하수에로 왕의 시대에 일어난 사건을 통해서 역사의 주인이신 하나님이 당신의 백성을 어떻게 돌보시는지 보게 됩니다. 나는 구원받은 하나님의 백성이 되었습니다. 내 속의 거짓과 위선을 제하여 주시고, 참 신자가 되게 하옵소서.

1/31

본문 창세기 32장 | 마가복음 3장 | 에스더 8장 | 로마서 3장
주제 씨름

구원과 축복은 쉽게 얻을 수 있는 것이 아니다. 오직 주 안에서 믿음과 온전한 인내로 모든 죄악과 싸워 이기는 자에게 주어지는 것이다.

창세기 32장 : 야곱이 어떤 사람과 씨름하여 축복받음

- 그들에게 명령하여 이르되 너희는 내 주 에서에게 이같이 말하라 주의 종 야곱이 이같이 말하기를 내가 라반과 함께 거류하며 지금까지 머물러 있었사오며...(4-6)
- 야곱이 또 이르되 내 조부 아브라함의 하나님, 내 아버지 이삭의 하나님 여호와여 주께서 전에 내게 명하시기를 네 고향, 네 족속에게로 돌아가라 내가 네게 은혜를 베풀리라 하셨나이다(9)
- 주께서 말씀하시기를 … 네 씨로 바다의 셀 수 없는 모래와 같이 많게 하리라 하셨나이다(12)
- 그것을 각각 떼로 나누어 종들의 손에 맡기고 그의 종에게 이르되 나보다 앞서 건너가서 각 떼로 거리를 두게 하라 하고...(16-18)
- 또 너희는 말하기를 주의 종 야곱이 우리 뒤에 있다 하라 하니 이는 야곱이 말하기를 내가 내 앞에 보내는 예물로 형의 감정을 푼 후에 대면하면 형이 혹시 나를 받아 주리라 함이었더라(20)
- 야곱은 홀로 남았더니 어떤 사람이 날이 새도록 야곱과 씨름하다가...(24-28)

하나님의 개입으로 위기를 넘기고 고향땅으로 향하게 된 야곱에게 더 큰 산이 기다리고 있습니다. 한때 자신의 목숨을 노렸던 형 에서를 피할 수 없게 된 것입니다. 마침 야곱에 관한 소식을 들은 에서는 400명의 사병을 거느리고 오고 있습니다.(6절) 야곱은 심히 두려워 하며, 그의 무리를 두 떼로 나누고, 예물을 에서에게 보내는 등 나름대로 대비를 합니다. 그리고 얍복나루에서 두려움 가운데 온 밤을 지새우게 됩니다. 그가 이토록 하나님을 간절히 찾은 적이 없었습니다. 그 밤 야곱은 새로운 존재로 탄생하게 됩니다. 비록 야곱은 절음발이가 되었지만, 하나님과의 깊은 만남이 있었고, 하나님은 야곱에게 새 이름 '이스라엘'을 명명하여 주셨습니다.

마가복음 3장 : 예수님이 반대자, 서기관들과 씨름하여 교훈을 남김

- 예수께서 다시 회당에 들어가시니 한쪽 손 마른 사람이 거기 있는지라...(1-5)
- 이에 열둘을 세우셨으니 이는 자기와 함께 있게 하시고 또 보내사 전도도 하며 귀신을 내쫓는 권능도 가지게 하려 하심이러라(14-15)
- 예루살렘에서 내려온 서기관들은 그가 바알세불이 지폈다 하며 또 귀신의 왕을 힘입어 귀신을 쫓아낸다 하니...(22-30)
- 누구든지 하나님의 뜻대로 행하는 자가 내 형제요 자매요 어머니이니라(35)

예수님의 3대 사역 중 하나가 치유입니다. '안식일에 일을 한다'며 바리새인들과 헤롯당은 시비를 걸었지만 예수님은 손 마른 사람을 고치셨고 귀신들린 자와 많은 병자들을 고치셨습니다.(11,12절) 또한 하나님나라 건설을 위해 12제자를 세우십니다. 이번에는 서기관들이

시비를 겁니다. 예수님의 귀신을 내어 쫓는 사역에 대하여 귀신의 왕의 힘을 빌어서 행하는 일이라고 말한 겁니다. 확실한 성령의 역사를 의도적으로 거부하는 것은 '성령 모독죄'입니다. '성령모독죄'는 결국 예수님의 그리스도되심을 거부하는 것을 의미합니다. 성령님의 가장 큰 역할이 예수 그리스도를 생각나게 하고, 증거하고, 고백하게 하는 것이기 때문입니다.

에스더 8장 : 모르드개가 긴박한 상황과 씨름하여 민족을 구함

- 왕이 하만에게서 거둔 반지를 빼어 모르드개에게 준지라 에스더가 모르드개에게 하만의 집을 관리하게 하니라...(2-5)
- 너희는 왕의 명의로 유다인에게 조서를 뜻대로 쓰고 왕의 반지로 인을 칠지어다 왕의 이름을 쓰고 왕의 반지로 인친 조서는 누구든지 철회할 수 없음이니라 하니라...(8-10)
- 왕의 어명이 매우 급하매 역졸이 왕의 일에 쓰는 준마를 타고 빨리 나가고 그 조서가 도성 수산에도 반포되니라(14)
- 유다인에게는 영광과 즐거움과 기쁨과 존귀함이 있는지라 왕의 어명이 이르는 각 지방, 각 읍에서 유다인들이 즐기고 기뻐하여 잔치를 베풀고 그 날을 명절로 삼으니 본토 백성이 유다인을 두려워하여 유다인 되는 자가 많더라(16-17)

하만을 처단한 이후, 에스더는 한번 더 왕에게 나아갑니다. 유대인을 진멸하도록 내려진 조서 때문입니다. 아하수에로 왕은 이번에도 에스더를 어여삐 여기며 그 청을 들어 줍니다. 이로써 새로운 조서가 각 지방으로 내려지게 됩니다. "유대인 스스로가 생명을 보호하고, 그들을 치려는 자들을 진멸하고, 그들의 재산을 탈취할 수 있게 하는 내용"입니다.(11절) 새로운 조서를 확인한 유대인들은 한 복음송의 가사내용처럼 기뻐 노래했을 것입니다. "나의 슬픔을 주가 기쁨으로 변화시키시네~ 잠잠할 수 없네 기뻐 춤추며 찬양해~"

로마서 3장 : 바울이 불신, 편견, 이견과 씨름하여 복음을 정립함

- 그럴 수 없느니라 사람은 다 거짓되되 오직 하나님은 참되시다 할지어다 기록된 바 주께서 주의 말씀에 의롭다 함을 얻으시고 판단 받으실 때에 이기려 하심이라 함과 같으니라...(4-6)
- 우리가 알거니와 무릇 율법이 말하는 바는 율법 아래에 있는 자들에게 말하는 것이니 이는 모든 입을 막고 온 세상으로 하나님의 심판 아래에 있게 하려 함이라 그러므로 율법의 행위로 그의 앞에 의롭다 하심을 얻을 육체가 없나니 율법으로는 죄를 깨달음이니라...(19-28)

유대인이나 이방인이나 모두 죄 아래에 있습니다. "모든 사람이 죄를 범하였으매 하나님의 영광에 이르지 못하더니"(23절) 율법으로는 죄를 깨달을 뿐, 율법의 행위로 의롭다 함을 얻을 수 없습니다.(20절) 행위가 아닙니다. 의롭다 함을 얻는 것은 율법의 행위에 있지 않고, 믿음의 법으로만 가능합니다. 우리는 "그리스도 예수 안에 있는 속량으로 말미암아 하나님의 은혜로 값없이 의롭다 함"을 얻었습니다.(24절)

사기꾼 인생이었던 야곱이 이스라엘이라는 이름을 얻었습니다. 하나님은 위기 속에서 부르짖던 야곱을 만나 주셨고, 그의 문제를 해결해 주셨을 뿐만 아니라 그의 존재를 새롭게 하셨습니다. 야곱의 인생을 붙드신 것처럼 우리 인생을 붙드신 하나님을 찬양합니다. 성령의 역사를 부정하지 않고, 예수님을 그리스도로 고백하는 놀라운 은혜가 내게 임했습니다. 오직 은혜로 힘입은 구원을 날마다 노래하게 하옵소서.

February
2월

2/1

본문 창세기 33장 | 마가복음 4장 | 에스더 9-10장 | 로마서 4장

주제 승리 (勝利, 겨루거나 싸워서 이김)

사람은 극한 상황 속에서 한계와 두려움을 느낀다. 이를 극복하고 해결하는 길은 오직 주님을 믿고 행동하는 것이다.

창세기 33장 : 야곱이 에서의 두려움에서 승리

- 에서가 달려와서 그를 맞이하여 안고 목을 어긋맞추어 그와 입맞추고 서로 우니라(4)
- 에서가 이르되 내 동생아 내게 있는 것이 족하니 네 소유는 네게 두라…(9-11)
- 야곱은 숙곳에 이르러 자기를 위하여 집을 짓고 그의 가축을 위하여 우릿간을 지었으므로 그 땅 이름을 숙곳이라 부르더라...(17-20)

하나님은 형 에서를 피해 도망가는 야곱에게 나타나셔서 맺은 벧엘 언약을 신실하게 지키셔서 라반으로부터도 보호해 주셨습니다. 또한 얍복 나루에서 야곱을 다시 한번 만나주신 하나님은 그의 이름을 이스라엘로 바꾸어 주셨습니다. 아브라함과 이삭을 잇는 언약의 후계자로 야곱을 인정하신 것입니다. 사기꾼 기질로 충만했던 야곱은 변화되었습니다. 32장에서 자신의 아내와 자식들, 짐승들을 다 보내고 제일 뒤에 남아 있던 야곱은 33장에 와서는 아내와 자식들은 뒤에 두고 자신이 가장 앞서 나가 형 에서를 만납니다. 한 때 야곱을 죽이겠다는 마음을 가졌던 에서의 마음을 어느새 하나님이 바꾸어 놓으셨습니다. 하나님은 에서로부터도 야곱을 보호해 주셨습니다. 세겜으로 자리를 옮긴 야곱은 그곳에 제단을 쌓고 예배합니다. 제단을 쌓은 곳의 이름을 '엘엘로헤이스라엘'이라 부릅니다. 그 뜻은 "하나님, 이스라엘의 하나님"입니다. 더 이상 조부 아브라함의 하나님, 부친 이삭의 하나님만이 아닌 나의 하나님으로 고백합니다.

마가복음 4장 : 제자가 무지와 풍랑의 한계에서 승리

- 예수께서 홀로 계실 때에 함께 한 사람들이 열두 제자와 더불어 그 비유들에 대하여...(10-20)
- 들을 귀 있는 자는 들으라(23)
- 큰 광풍이 일어나며 물결이 배에 부딪쳐 들어와 배에 가득하게…잔잔하여지더라(37-39)

땅에 떨어진 씨의 비유를 포함하여 많은 비유의 말씀을 선포하십니다. 우리는 하나님 나라의 비밀을 할 수만 있으면 많은 사람들에게 선포해야 합니다. 말씀의 씨가 어떤 토양에 떨어지냐에 따라 열매는 달라지게 될 것입니다.(3~9절, 14~20절, 씨뿌리는 자의 비유) 하나님나라는 끊임없이 확장됩니다. 하나님나라는 하나님이 하나님의 방법으로 통치하시고 관리하십니다. 우리가 지나치게 염려하지 않아도 그 나라는 어느새 자라고 있습니다.(26~29절, 자라나는 씨의 비유) 너무나 미약하게 시작한 하나님 나라는 크게 자라납니다. 작은 씨앗에서 공중의 새(이방인, 모든 영혼)에게 쉴 곳을 제공할 정도로 자라게 될 것입니다.(30~32절, 겨자씨 비유) 마가복음이 쓰여질 시기에 복음은 로마제국

을 정복해 가고 있었습니다. 마지막으로 바람과 바다를 잠잠케 하심으로 당신이 온전한 인간이면서, 이 땅에 오신 하나님이심을 선포하십니다.

에스더 9-10장 : 유다인들이 대적의 두려움에서 승리

- 아달월 곧 열두째 달 십삼일은 왕의 어명을 시행하게 된 날이라...(9:1-3)
- 곧 함므다다의 손자요 유다인의 대적 하만의 열 아들을 죽였으나 그들의 재산에는...(9:10-14)
- 이 달 이 날에 유다인들이 대적에게서 벗어나서…이 두 날을 지켜 잔치를 베풀고…(9:22)
- 무리가 부르의 이름을 따라 이 두 날을 부림이라 하고...(9:26-28), (10:2-3)

유대인의 대적 하만은 처형되었고, 유대인을 진멸하도록 내려진 조서는 그 다음 내려진 조서에 의해 내용이 바뀌게 됩니다. 하만의 10명의 아들도 처형되었고, 유대인이 진멸되도록 정해진 날은 유대인의 대적들이 진멸되는 날로 바뀌었습니다. 이렇게 하나님은 반전의 역사를 완성하셨습니다. 이 사건으로 인해 부림절이 탄생하게 됩니다. 우연히 일어난 사건의 이면에 역사를 주관하시는 하나님의 개입이 있습니다. 와스디 왕비의 폐위, 에스더가 왕비로 선출됨, 모르드개가 왕을 보호한 사건, 하만의 도발, 목숨을 건 에스더의 진언, 왕실 규정을 어긴 에스더를 향한 왕의 긍휼의 마음, 묻혀 졌던 모르드개의 공을 우연히 왕이 발견한 시점등 우연히 보이는 수많은 사건들과 그 사건들이 일어난 절묘한 시점들이 모아져서 놀라운 구원의 역사를 만들었습니다. 혹자는 그럽니다. 우연히 그렇게 되었다고. 아닙니다. 한두 번은 우연이라 할 수 있지만 우연히 일어나는 사건이 계속되는 것은 필연입니다. 하나님은 역사의 보이지 않는 손입니다.

로마서 4장 : 믿는 자가 불가능의 상황에서 승리

- 만일 아브라함이 행위로써 의롭다 하심을 받았으면 자랑할 것이 있으려니와…(2-3)
- 일을 아니할지라도 경건하지 아니한 자를 의롭다 하시는 이를 믿는 자에게는…(5)
- 그런즉 이 복이 할례자에게냐 혹은 무할례자에게도냐 무릇 우리가 말하기를 아브라함에게는 그 믿음이 의로 여겨졌다 하노라...(9-11), (13-15), (17-21), (25)

우리가 받은 구원에 대하여 에베소서 2장 9절은 “행위에서 난 것이 아니니 이는 누구든지 자랑하지 못하게 함이라”라고 말씀합니다. 바울은 아브라함이 행위로서가 아닌 하나님을 믿으매 그것이 그에게 의로 여겨졌음을 강조합니다.(3절) “아브람이 여호와를 믿으니 여호와께서 이를 그의 의로 여기시고”(창15:6) 모든 믿는 자의 조상인 아브라함이 행위가 아닌 믿음으로 의롭다 하심을 얻었다면, 우리들 역시 마찬가지입니다. “그에게 의로 여겨졌다 기록된 것은 아브라함만 위한 것이 아니요 의로 여기심을 받을 우리도 위함이니 곧 예수 우리 주를 죽은 자 가운데서 살리신 이를 믿는 자니라”(23,24절) 이 땅에 난 자 가운데 감히 행위로서 의롭다 함에 이를 자가 누구이겠습니까?

다른 누군가가 만난 하나님이 아닌 ‘나의 하나님’으로 고백할 수 있음에 감사드립니다. 복음의 씨앗이 내게 뿌려져 열매 맺음으로 인하여 나는 믿음으로 의롭다함을 얻었습니다. 나를 의롭게 여기시는 하나님이 세상 역사와 내 인생을 친히 주관하십니다. 나를 찾아주신 그 사랑에 감격하며 주어진 오늘을 살아갑니다.

2/2

본문 창세기 34장 | 마가복음 5장 | 욥기 1장 | 로마서 5장
주제 **역경** (逆境, 일이 순조롭게 되지 않는 불행한 경우나 환경)

믿는 가정에도 예기치 못하게 찾아오는 우환과 역경이 있다. 그 원인이 무엇이든 그 역경을 통해 우리는 더욱 하나님과 가까워져야 한다.

창세기 34장 : 야곱과 디나가 겪은 수치스러운 역경

- 레아가 야곱에게 낳은 딸 디나가 그 땅의 딸들을 보러 나갔더니...(1-5)
- 하몰이 그들에게 이르되 내 아들 세겜이 마음으로 너희 딸을 연연하여 하니…...(8-10)
- 야곱의 아들들이 그들에게 말하되 우리는 그리하지 못하겠노라…...(14-16)
- 그들의 말을 하몰과 그의 아들 세겜이 좋게 여기므로...(18-19)
- 그러나 우리 중의 모든 남자가 그들이 할례를 받음 같이 할례를 받아야 그 사람들이 우리와 함께 거주하여 한 민족 되기를 허락할 것이라...(22-27)
- 야곱이 시므온과 레위에게 이르되 너희가 내게 화를 끼쳐 나로 하여금…(30)

야곱에게 또 한번의 시련이 닥칩니다. 히위족속 추장 세겜으로 인해 그의 딸 디나가 수치스런 일을 당한 것입니다. 세겜은 디나를 흠모하여 청혼을 하고, 야곱과의 지속적인 교류도 제안합니다. 야곱이 어찌할지 몰라 결정을 못하고 있을 때, 그의 아들들은 세겜에게 디나와의 혼인 및 상호교류의 조건으로 할례를 내세웁니다. 그리고 할례로 인해 세겜족속의 모든 남자들이 고통스러운 시간을 보내고 있을 때 레위와 시므온은 세겜족속의 남자들을 도륙하고 그들의 소유를 빼앗습니다. 언약의 계보를 잇는 후계자로서 '이스라엘'이라는 이름을 얻게 되고, 라반과 에서의 연이은 위협으로부터 안전을 보장받는 은혜의 시간이 계속되고 있는 가운데, 돌이킬 수 없는 큰 일이 일어나고 말았습니다. 우리는 하나님의 보호하심 속에 무탈하기를 바라며 살아가지만, 우리 인생에는 늘 돌발적인 일들이 발생합니다.

마가복음 5장 : 귀신과 질병에 걸린 자들의 괴로운 역경

- 배에서 나오시매 곧 더러운 귀신 들린 사람이 무덤 사이에서 나와 예수를 만나니라...(2-5)
- 이는 예수께서 이미 그에게 이르시기를 더러운 귀신아 그 사람에게서 나오라...(8-13)
- 회당장 중의 하나인 야이로라 하는 이가 와서 예수를 보고 발 아래 엎드리어... (22-29)
- 예수께서 이르시되 딸아 네 믿음이 너를 구원하였으니 평안히 가라...(34)
- 예수께서…회당장에게 이르시되 두려워하지 말고 믿기만 하라 하시고(36)
- 들어가서 그들에게 이르시되 너희가 어찌하여 떠들며 우느냐 이 아이가 죽은 것이 아니라 잔다 하시니...(39-42)

예수님은 더러운 귀신들린 자를 고치셨습니다. 그러나 사람들은 귀신들린 자를 온전케 하신 예수님의 존재에 대해서는 관심을 두지 않았고, 자기들이 사는 곳에서 떠나달라고

간청합니다. '이 사람은 과연 누구인가? 귀신에 대하여 명령한즉 순종하는도다' 아마 이런 반응이 예수님이 일으키시는 기적을 본 사람들의 정직한 반응이 아닐까요? 예수님은 야이로의 죽은 딸을 살리시고, 혈루증 앓는 여인을 고치심으로 계속해서 당신이 누구인지를 보여주고 계십니다. 예수님이 하신 말씀, 그의 행적, 그를 향한 구약의 예언의 말씀들, 그의 죽음과 부활은 '예수님이 어떤 분인지?'에 대해 분명하게 우리에게 가르쳐 주고 있습니다.

욥기 1장 : 경건한 욥이 사탄의 시험을 당하는 역경

- 우스 땅에 욥이라 불리는 사람이 있었는데 그 사람은 온전하고 정직하여 하나님을 경외하며 악에서 떠난 자더라(1)
- 여호와께서 사탄에게 이르시되 네가 내 종 욥을 주의하여 보았느냐 그와 같이 온전하고 정직하여 하나님을 경외하며 악에서 떠난 자는 세상에 없느니라…(8-12)
- 사환이 욥에게 와서 아뢰되 소는 밭을 갈고 나귀는 그 곁에서 풀을 먹는데…(14-19), (20-22)

'온전하고 정직하여 하나님을 경외하며 악에서 떠난 자' 욥의 이야기입니다.(1절) 사탄은 욥의 경건은 하나님이 주신 축복으로 인한 반응일 뿐이라고 폄훼합니다. 이후 욥 스스로는 도저히 해석되지 않는 고난이 닥치게 됩니다. 그는 순식간에 모든 것을 잃었습니다. 그러나 사탄의 예상과는 달리 욥은 '주신 이도 여호와시요 거두신 이도 여호와시오니 여호와의 이름이 찬송을 받으실지니이다'라고 고백합니다.(21절) 이로서 욥은 그의 경건함이 하나님이 주신 축복으로 인한 반응이 아니었음을 1차적으로 증명합니다.

로마서 5장 : 죄인을 살리기 위한 한 사람의 역경

- 그러므로 우리가 믿음으로 의롭다 하심을 받았으니 우리 주 예수 그리스도로 말미암아 하나님과 화평을 누리자(1)
- 다만 이뿐 아니라 우리가 환난 중에도 즐거워하나니 이는 환난은 인내를, 인내는 연단을, 연단은 소망을 이루는 줄 앎이로다…(3-8)
- 곧 우리가 원수 되었을 때에 그의 아들의 죽으심으로 말미암아 하나님과 화목하게 되었은즉 …구원을 받을 것이니라(10), (15), (17-19)

의로운 일을 하다가 세상을 떠난 이의 이야기는 우리 마음을 뭉클하게 합니다. 대업을 이루는 과정에서 주군을 위해 희생을 자처하는 경우도 있습니다.(왕건을 대신하여 죽은 신숭겸장군의 죽음) 그러나 그럴만한 가치가 없는 죄인을 위해 누군가가 죽었다는 이야기는 들어본 적이 없습니다. 예수 그리스도의 십자가 죽음은 하나님의 사랑의 확증(확실한 증거)입니다. "우리가 아직 죄인되었을 때에 그리스도께서 우리를 위하여 죽으심으로 하나님께서 우리에 대한 자기의 사랑을 확증하셨느니라"(8절)

이유를 알 수 없는 고난 속에서 욥처럼 '주신 이도 여호와요, 거두시는 이도 여호와'라는 고백을 드릴 수 있는 믿음을 갖게 하옵소서. 예수님이 일으키는 기적을 보고도 믿지 못하는 자들을 보면서 내가 예수 그리스도에 대한 믿음을 갖게 된 것이 얼마나 큰 기적인지를 알게 됩니다.

2/3

본문 창세기 35-36장 | 마가복음 6장 | 욥기 2장 | 로마서 6장
주제 **반복** (反復, 같은 일을 거듭해서 되풀이 함)

우리 앞에는 선한 것과 악한 것이 반복된다. 구원받은 우리에게 의와 죄가 반복됨을 알고 믿음과 의지로 승리해야 한다.

창세기 35-36장 : 예배와 죽음의 반복

- 하나님이 야곱에게 이르시되 일어나 벧엘로 올라가서 거기 거주하며 네가 네 형 에서의 낯을 피하여 도망하던 때에 네게 나타났던 하나님께 거기서 제단을 쌓으라 하신지라...(35:1-5)
- 야곱이 밧단아람에서 돌아오매 하나님이 다시 야곱에게 나타나사 그에게 복을...(35:9-11)
- 그가 난산할 즈음에 산파가 그에게 이르되 …지금 네가 또 득남하느니라...(35:17-19)
- 야곱이 기럇아르바의 마므레로 가서 그의 아버지 이삭에게 이르렀으니 기럇아르바는 곧 아브라함과 이삭이 거류하던 헤브론이더라...(35:27-29), (36:6-8), (36:40-43)

세겜 족속과의 얽힌 문제로 큰 위기에 봉착한 야곱에게 하나님이 나타나십니다. 하나님은 '벧엘에 가서 제단을 쌓으라'고 말씀하십니다.(35:1) 벧엘은 에서를 피해 외삼촌 라반에게로 가던 중 하나님이 그에게 나타나 보호를 약속해 주었던 언약의 장소입니다. 인생의 문제가 꼬여 있을 때, 우리가 해야 할 일은 하나님앞에 다시 서는 것입니다. 야곱은 순종합니다. "우리가 일어나 벧엘로 올라가자 내 환난 날에 내게 응답하시며 내가 가는 길에서 나와 함께 하신 하나님께 내가 거기서 제단을 쌓으려 하노라"(35:3) 하나님은 가나안의 여러 민족이 야곱을 해치지 못하게 하셨습니다.(5절) 이후 야곱의 집에 여러 가지 일들이 일어납니다. 라헬이 베냐민을 낳다가 산고로 죽게 되었고, 아버지 이삭도 나이가 많아 죽게 됩니다. 맏아들 르우벤은 아버지의 첩인 빌하와 통간을 하게 됩니다. 이 사건으로 언약의 계보에서 그는 제외됩니다.(창49:4참조) 36장은 언약의 자손에서 배제된 에서의 후손의 계보입니다.

마가복음 6장 : 가르침과 배척의 반복

- 안식일이 되어 회당에서 가르치시니 많은 사람이 듣고 놀라 이르되 이 사람이 어디서 이런 것을 얻었느냐 이 사람이 받은 지혜와 그 손으로 이루어지는 이런 권능이 어찌됨이냐...(2-3)
- 그들이 믿지 않음을 이상히 여기셨더라(6)
- 전에 헤롯이 자기가 동생 빌립의 아내 헤로디아에게 장가 든 고로 이 여자를 위하여 사람을 보내어 요한을 잡아 옥에 가두었으니...(17-28), (30-31), (34), (41-42), (48-50)

예수님의 고향사람들은 예수님의 권세있는 가르침에 놀라면서도, 결국엔 예수님을 배척합니다.(3절) 그들의 기억은 예수님의 유년시절에 아직도 고정되어 있습니다. 예수님은 12제자를 파송하며 본격적으로 천국복음을 전하게 하셨는데, 이 즈음에 메시아 예수 그리스도의 오심을 선포했던 세례요한이 죽음을 맞이합니다. 헤롯에 의한 처형이었

기에 인간이 보기에는 슬픈 기억으로 남을 수 있지만, 그는 메시아의 도래를 알리는 사명을 다하고 부름을 받았습니다. 사명을 다한 자는 하나님께로 돌아갑니다. 오병이어의 기적을 통해 굶주림으로부터 사람들을 살리셨습니다. 지금은 육신의 굶주림을 해결해 주셨지만, 하늘에서 내려온 떡이신 예수님은 한번 먹으면 결코 주리지 않는 생명의 떡이십니다.

욥기 2장 : 칭찬과 시험의 반복

- 여호와께서 사탄에게 이르시되 네가 어디서 왔느냐 사탄이 여호와께 대답하여 이르되 땅을 두루 돌아 여기 저기 다녀 왔나이다 여호와께서 사탄에게 이르시되 네가 내 종 욥을 주의하여 보았느냐 그와 같이 온전하고 정직하여 하나님을 경외하며 악에서 떠난 자가 세상에 없느니라 네가 나를 충동하여 까닭 없이 그를 치게 하였어도...(2-10), (13)

자신의 소유를 다 잃어도 하나님을 원망하지 않았던 욥에게 말할 수 없는 시험이 또 닥칩니다. 이는 여전히 욥의 경건이 조건적인 경건이라고 주장하는 사탄 때문입니다. 욥은 두 번째 시험에서도 죄를 범하지 않았습니다. "우리가 하나님께 복을 받았은즉 화도 받지 아니하겠느냐"(10절) 의인의 고난은 참 이해하기 어렵습니다. '의인은 축복, 죄인은 형벌' 이 구도가 항상 맞지 않는다는 것이 세상사의 신비입니다. 욥기는 흠잡을 것 없는 의인이라도 고난을 받을 수 있음을 보여줍니다. 인과관계가 성립되지 않으며, 인간의 지혜로는 도저히 헤아릴 수 없는 일들이 종종 일어납니다. 당신은 이해할 수 없는 일이 연속으로 일어나더라도 여전히 하나님을 신뢰하며 경외할 수 있는가? 아니면 욥의 아내처럼 하나님을 저주할건가?

로마서 6장 : 은혜와 죄의 반복

- 그런즉 우리가 무슨 말을 하리요 은혜를 더하게 하려고 죄에 거하겠느냐...(1-3)
- 우리가 알거니와 우리의 옛 사람이 예수와 함께 십자가에 못 박힌 것은 죄의 몸이 죽어 다시는 우리가 죄에게 종 노릇 하지 아니하려 함이니...(6-7)
- 그러므로 너희는 죄가 너희 죽을 몸을 지배하지 못하게 하여...(12-15)
- 하나님께 감사하리로다 너희가 본래 죄의 종이더니 2)너희에게 전하여 준 바 교훈의 본을 마음으로 순종하여...(17-18), (22-23)

"주의 손을 나의 손에 포개고, 주의 발을 나의 발에 포개어 ~ 나 주와 함께 죽고 나 주와 함께 살리라" 우리가 아는 복음송의 가사 내용의 일부인데, 6장은 이 찬양이 생각나게 합니다. 그리스도께서 십자가에 못 박혔을 때 우리는 함께 못 박혔으며, 그가 부활했을 때 함께 부활했습니다. "예수 죽음 내 죽음, 예수 부활 내 부활"입니다. 그러므로 우리는 '죄에 대하여 죽은 자요, 예수 안에서 하나님께 대하여는 살아 있는 자'로 여겨야 합니다.(11절)

내 형편이 어떠하든지 언제나 하나님 앞에 서게 하시고, 그리스도의 십자가의 죽음과 부활을 헛되게 만드는 인생이 되지 않게 하옵소서. 죄에 대하여는 죽은 자요, 예수 안에서 하나님께 대하여는 산 자로 살아가게 하옵소서.

2/4

본문 창세기 37장 | 마가복음 7장 | 욥기 3장 | 로마서 7장

주제 곤고 (困苦, 어렵고 고생스러움)

깊은 신앙을 가지고 있는 자에게 신앙의 의지로 해결하기 어려운 다양한 형태의 곤고함이 발생한다. 오직 주님만이 해답이시다.

창세기 37장 : 꿈을 꾼 요셉에게 닥친 곤고

- 야곱의 족보는 이러하니라 요셉이 십칠 세의 소년으로서 그의 형들과 함께 양을 칠 때에 그의 아버지의 아내들 빌하와 실바의 아들들과 더불어 함께 있었더니 그가 그들의 잘못을 아버지에게 말하더라(2)
- 그의 형들이 아버지가 형들보다 그를 더 사랑함을 보고 그를 미워하여 그에게 편안하게 말할 수 없었더라...(4-8)
- 그가 이르되 내가 내 형들을 찾으오니 청하건대 그들이 양치는 곳을 내게 가르쳐 주소서...(16-20)
- 유다가 자기 형제에게 이르되 우리가 우리 동생을 죽이고 그의 피를 덮어둔들 무엇이 유익할까...(26-27)
- 그 미디안 사람들은 그를 애굽에서 바로의 신하 친위대장 보디발에게 팔았더라(36)

37장부터 중심인물이 요셉으로 바뀝니다. 오랜 기간 라헬을 사랑한 야곱은 자연스럽게 그의 아들인 요셉을 편애하게 됩니다.(3절) 게다가 요셉은 형들의 잘못을 고자질합니다.(2절) 이로 인해 형들과 요셉은 심한 갈등을 빚게 되고, 급기야는 요셉을 죽이려는 계획까지 세우게 됩니다. 극적으로 죽음은 면했지만 미디안 상인들에게 노예로 팔려 이집트에까지 가게 됩니다. 한 가정에서 일어난 비극적인 사건이지만, 하나님은 인간의 악한 계획마저 당신의 섭리안에서 사용하십니다. 이제 '하나님의 섭리'가 한 개인은 물론, 한 가정과 수많은 민족과 나라를 어떻게 움직이는지를 보게 될 것입니다.

마가복음 7장 : 귀신들린 딸을 둔 여자의 곤고

- 사람의 계명으로 교훈을 삼아 가르치니 나를 헛되이 경배하는도다 하였느니라...(7-9)
- 너희가 전한 전통으로 하나님의 말씀을 폐하며 또 이같은 일을 많이 행하느니라 하시고...(13-16)
- 또 이르시되 사람에게서 나오는 그것이 사람을 더럽게 하느니라...(20-23)
- 이에 더러운 귀신 들린 어린 딸을 둔 한 여자가 예수의 소문을 듣고 곧 와서 그 발 아래에 엎드리니(25)
- 사람들이 귀 먹고 말 더듬는 자를 데리고 예수께 나아와 안수하여 주시기를 간구하거늘...(32-35)

바리새인과 서기관들은 고르반(부모를 부양할 제물을 하나님께 바치기로 서약하면, 부모 부양의 의무에서 면제되는 법)을 부모 부양의 의무를 거부하는데 악용하였습니다. 자신의 지성과 이성을 총동원하여 교묘하게 하나님의 말씀을 폐하는 것입니다. 사람을 더럽게 하는 것이 속에서 나오게 됩니다. 우리는 선한 양심과 선한 동기가 회복되기를

기도해야 합니다. 말씀을 폐한 바리새인과 서기관들과 달리 한 이방여인은 그리스도께서 선포할 치유와 회복의 말씀을 사모합니다.

욥기 3장 : 질병 속에 신음하는 욥의 곤고

- 그 후에 욥이 입을 열어 자기의 생일을 저주하니라(1)
- 이는 내 모태의 문을 닫지 아니하여 내 눈으로 환난을 보게 하였음이로구나...(10-11)
- 또는 낙태되어 땅에 묻힌 아이처럼 나는 존재하지 않았겠고 빛을 보지 못한 아이들 같았을 것이라(16)
- 어찌하여 고난 당하는 자에게 빛을 주셨으며 마음이 아픈 자에게 생명을 주셨는고...(20-22)
- 나는 음식 앞에서도 탄식이 나며 내가 앓는 소리는 물이 쏟아지는 소리 같구나...(24-26)

연이은 악재에도 불구하고 욥은 하나님을 원망하거나 죄를 짓지는 않았습니다. 그러나 극한의 고통으로 인해 욥은 자신의 탄생을 저주하기에 이릅니다. 우리는 너무 힘들 때 '사느니 죽는게 낫다'는 생각을 하기도 합니다. 그러나 우리의 생명은 끈질기게 연장되고, 온 몸으로 고통스런 현실을 마주해야 하는 경우가 대부분입니다. 현재의 고난과 고통에서 의미를 찾을 수 없을 때, 왜 이 고난과 고통이 왔는지 이유조차 알 수 없을 때 고통은 배가 됩니다. 삶을 포기하고 싶을 정도의 극한의 상황이지만, 욥은 하나님께 답을 얻을 수 없는 질문을 쏟아내며 견디고 있습니다.

로마서 7장 : 선과 악이 공존하는 바울의 곤고

- 형제들아 내가 법 아는 자들에게 말하노니 너희는 그 법이 사람이 살 동안만 그를 주관하는 줄 알지 못하느냐(1)
- 그러므로 내 형제들아 너희도 그리스도의 몸으로 말미암아 율법에 대하여 죽임을 당하였으니 이는 다른 이 곧 죽은 자 가운데서 살아나신 이에게 가서 우리가 하나님을 위하여 열매를 맺게 하려 함이라...(4-6)
- 전에 율법을 깨닫지 못했을 때에는 내가 살았더니 계명이 이르매 죄는 살아나고 나는 죽었도다...(9-11), (15-19), (21-25)

우리는 위선적이며 모순적입니다. 악한 자를 혐오하면서도 악을 행하고, 선을 바라면서도 선을 행하지 못합니다. 그래서 곤고합니다. "오호라 나는 곤고한 사람이로다 사망의 몸에서 누가 나를 건져내랴"(24절) 마음으로 하나님의 법을 소망하지만, 육체로는 여전히 죄의 법을 따르는 우리 자신을 보게 됩니다. 이러한 곤고함을 율법이 해결해 줄 수 없습니다. 즉 스스로 해결할 수 없습니다. "누가 나를 건져내랴" 이 고백은 자신보다 더 큰 세력에 붙들려 멸망을 향해 가는 인간의 구조요청입니다. 결국 구원은 외부에 있습니다. 구원자가 우리를 건져내실 때, 도우실 때에만 우리는 구원을 받게 됩니다.

요셉과 욥의 인생에서 인간이 감히 헤아릴 수 없는 위대한 하나님의 섭리를 보게 됩니다. 이해되는 일, 이해되지 않는 일 등 여러 가지 복잡한 일들을 만나지만 나는 언제나 하나님의 섭리 아래 있음을 고백합니다. 곤고한 내 인생을 건지시며 붙드시는 주님! 내 속에 선한 마음을 회복시켜 주옵소서.

2/5

본문 창세기 38장 | 마가복음 8장 | 욥기 4장 | 로마서 8장
주제 **역전** (逆轉, 일의 형세나 경기의 흐름이 반대 상황으로 뒤집힘)

믿는 자가 내적 외적으로 힘든 환경에 처했을 때 성삼위일체 하나님은 우리가 생각하지 못한 방법으로 교훈하시며 깨닫고 일어서게 하신다.

창세기 38장 : 변장을 통해 유다를 이긴 며느리 다말의 역전

- 유다가 장자 엘을 위하여 아내를 데려오니 그의 이름은 다말이더라...(6-7)
- 유다가 그의 며느리 다말에게 이르되 수절하고 …(11), (13-15), (18-20), (24-26)

38장을 이해하려면 고대 근동지역의 관례에 대한 이해가 있어야 합니다. 결혼한 형제가 자녀가 없이 죽게 되면 남아 있는 형제 중 한 사람이 자녀가 없이 죽은 형제의 대를 이어 주어야 할 의무가 있습니다.(계대결혼법, 신25:5~10절 참조) 만약 음란하고 패역한 오늘의 시대에 이 법이 여전히 남아있다면 '고르반'(하나님께 드린다는 명목으로 부모 부양의 의무를 저버리는 행위)처럼 분명히 악용될 것입니다. 그러나 본문의 시대에는 이 법을 적극적으로 준행하지 않았습니다. 형의 대를 이어주면 부모의 유산 중 자신의 몫이 줄어들게 되고, 차자의 입장에서는 형의 죽음으로 얻게 된 장자의 권리를 포기해야 하는 것을 의미하기 때문입니다. 그래서 '계대결혼법'을 만들어 의무적으로 지키도록 명시한 것입니다. "남편의 아우된 본분을 행하여 네 형을 위하여 씨가 있게 하라"(8절) 맏이인 엘이 죽게 되자 유다는 둘째 아들 오난에게 '동생의 본분을 다하라'고 명령합니다. 그러나 오난은 의도적으로 형수의 임신을 막았습니다. 이 행위가 악하여 오난은 하나님의 진노로 죽게 됩니다.(8,9절) 결국 다말은 창녀로 변장하여 시아버지가 되는 유다를 통해 자녀를 낳게 됩니다. 다말의 행위를 절대로 오늘날의 윤리적 관점으로 해석하면 안 됩니다. 그녀는 유대민족의 한 며느리로서 자신의 의무를 다하려고 애를 쓴 것이며 비난을 받아야 할 사람은 오히려 길거리의 창녀를 찾아 자신의 욕구를 해결하고, 언약의 자손을 잇는 중요한 의무에 소극적인 유다였습니다. 결국 다말에 대하여 유다는 "그는 나보다 옳도다"(26절)라며 정당성을 인정합니다. 그런 다말은 예수님의 계보에 당당히 등장합니다. "유다는 다말에게서 베레스와 세라를 낳고"(마1:3)

마가복음 8장 : 기적을 통해 연약한 자를 돌보신 예수의 역전

- 예수께서 무리를 명하여 땅에 앉게 하시고 떡 일곱 개를 가지사 축사하시고 떼어 제자들에게 주어 나누어 주게 하시니 제자들이 무리에게 나누어 주더라...(6-9)
- 내가 떡 다섯 개를 오천 명에게 떼어 줄 때에...(19-20), (23-25), (29-31), (34-35), (38)

10절을 통해 보건데, 물고기 두 마리와 떡 일곱 개로 사천명을 먹이신 사건이 일어난 장소는 유대 땅이 아닌 이방인 지역으로 판단됩니다. 이 사건은 예수님은 이스라엘의 잃어버린 자는 물론 이방인들에게도 '생명의 떡'이 되시기 위해 이 땅에 오신 분임을 나타내

십니다. 바리새인들이 표적을 구하나, 이는 예수님의 존재에 대해 상고하기 위함이 아닌 잘못된 동기로 인한 것이기에 예수님은 거절합니다. 그리고 바리새인들의 누룩(위선, 거짓교훈)을 조심하라고 말씀하십니다. 예수님은 자신의 존재에 대한 사람들의 반응과 베드로의 고백을 듣게 됩니다. "주는 그리스도이시다"라고 베드로가 고백했지만 "메시아는 과연 어떻게 승리하게 될 것인가?"에 대하여 예수님과 베드로의 생각은 달랐습니다. 베드로는 압도적인 힘과 카리스마를 통한 승리를 생각하고 있지만(그래서 나중에 십자가앞에서 도망감), 예수님은 고난과 죽음을 통한 승리를 생각하고 계십니다.

욥기 4장 : 평가를 통해 나를 더 돌아보게 되는 욥의 역전

• 보라 전에 네가 여러 사람을 훈계하였고 손이 늘어진 자를 강하게 하였고...(3-7), (17-20)

4장부터는 욥을 찾아온 3명의 친구들과의 논쟁이 등장합니다. 첫 번째로 엘리바스가 말합니다. 요지는 '너의 고난은 네가 죄를 지은 결과이다'라는 것입니다. "생각하여 보라 죄 없이 망한 자가 누구인가 정직한 자의 끊어짐이 어디 있는가"(7절) "선한 자는 복을 받고 악한 자는 벌을 받는다. 너가 이 정도의 극심한 고난을 받고 있는 것은 그 정도의 엄청난 죄를 지은 것이다." 엘리바스의 이 말은 많은 경우 맞는 말입니다. 그러나 욥은 실제로 이토록 큰 재앙을 자초할 정도로 죄를 짓지 않았으며, 게다가 엘리바스가 한 말은 모든 것을 다 잃고 자신의 탄생조차 저주하고 있는 욥의 고통에 대해 함께 아파하고 울어주기는커녕 그에게 더 큰 상처와 고통을 주는 결과를 가져다 주었습니다.

로마서 8장 : 성령을 통해 곤고함을 뛰어넘은 바울의 역전

• 그러므로 이제 그리스도 예수 안에 있는 자에게는 결코 정죄함이 없나니…해방하였음이라(1-2)
• 육신을 따르는 자는 육신의 일을...(5-9), (11), (14-16), (26-28), (33-34), (35), (37)

율법이 할 수 없는 일을 하나님이 하셨습니다.(3절) 그리스도를 영접한 우리는 더 이상 '죄와 사망의 법' 아래에 있지 않으며, '생명을 주는 성령의 법' 아래에 삽니다.(1절) '죄와 사망의 법'이 더 이상 우리를 주장할 수 없다는 것입니다. 이제 우리는 육신을 가지고 살아가지만, 새로운 차원의 삶을 살게 됩니다. 하나님의 영이 임하여 육신의 생각이 아닌 영의 생각을 좇아 살아가도록 우리 존재는 새롭게 창조되었습니다. "누구든지 그리스도안에 있으면 새로운 피조물(new creation)이라 이전 것은 지나갔으니 보라 새 것이 되었도다"(고후5:17) 우리는 예수님과 친밀한 관계를 유지하며 살 때, 더욱 풍성한 삶을 살게 됩니다. 하나님의 영으로 인도함을 받는 자는 하나님의 아들입니다.(14절) 어느 누구도 그리스도의 사랑에서 우리를 끊을 수 없습니다.(39절)

언약의 자손을 잇기 위해 온갖 비난과 오해를 감수하면서 이스라엘의 여인으로서 의무를 다하는 다말을 보면서 나는 이런 악착같은 모습으로 주님과 교회 공동체를 섬겨 본 적이 있었는지를 스스로에게 물어 봅니다. 모든 것을 잃고 극심한 고통 가운데 있는 욥에게 한마디 위로도 없이 '너가 죄를 지었으니 지금 이렇게 되었지'라고 말하는 공감능력이 결여된 엘리바스 같은 사람이 되지 않게 하옵소서. 흔들림 없이 십자가의 길을 걸어가신 예수님으로 인해 나는 죄와 사망의 법에서 완전히 해방되었습니다.

2/6

본문 창세기 39장 | 마가복음 9장 | 욥기 5장 | 로마서 9장
주제 떠남

사람은 누구나 시간과 공간 속에서 끊임없이 선택해야 한다. 특히 믿는 자는 선악 간의 선택기로에 서게 된다. 믿음의 영웅은 언제나 선택에 있어서 갈등하지 않고 온전히 승리한다.

창세기 39장 : 요셉이 달콤한 유혹과 시험으로부터 떠남

- 요셉이 이끌려 애굽에 내려가매 바로의 신하 친위대장 애굽 사람 보디발이 그를 그리로 데려간 이스마엘 사람의 손에서 요셉을 사니라...(1-4)
- 그 후에 그의 주인의 아내가 요셉에게 눈짓하다가 동침하기를 청하니...(7-10), .(12-15), (19-23)

채색옷을 입은 사랑받는 아들 요셉이 이집트 노예가 되었습니다. '하나님이 함께 하시므로 그는 형통한 자'가 되었습니다.(2, 23절) 하나님이 함께 하시면 그것이 곧 형통입니다. 그러나 요셉에게 큰 위기가 찾아 옵니다. 그의 주인 보디발의 아내의 유혹은 젊은 청년 요셉이 감당하기에는 정말 어려운 문제였습니다. 우선 그는 노예 신분이라 거절할 수 있는 자유가 없었고, 게다가 그는 젊고 외모도 뛰어났습니다. "요셉은 용모가 빼어나고 아름다웠더라"(6절) 여러분! 잘 생각해 보세요. 요셉이 보디발의 아내의 유혹을 받아들였다면 일시적으로 육체의 만족을 얻었을 것이며, 여주인의 특별대우로 노예생활이 좀 더 수월했을 것입니다. 그러나 우리가 아는 이집트의 총리 요셉은 될 수 없었을 것이며, 그는 평생 노예신분에서 벗어나지 못했을 것입니다. 감정대로 행하면 반드시 망하게 되어 있습니다. 하나님 앞에 신실한 것은, 정직한 것은, 몸과 마음을 지키는 것은 결코 어리석은 행위가 아닙니다. 반드시 하나님은 당신의 신실함으로 갚아 주십니다. "청년이 무엇을 그의 행실을 깨끗하게 하리이까 주의 말씀만 지킬 따름이니이다"(시119:9)

마가복음 9장 : 예수와 제자가 악한 세상과 범죄로부터 떠남

- 마침 구름이 와서 그들을 덮으며 구름 속에서 소리가 나되 이는 내 사랑하는 아들이니 너희는 그의 말을 들으라 하는지라...(7-10)
- 대답하여 이르시되 믿음이 없는 세대여 내가 얼마나 너희와...(19-20), (23-29), (31), (43-49)

원래 예수님이 갖고 계신 영광스런 모습을 보여 주십니다. 육신을 입고 계신 그 분은 세상에 생명을 주는 빛이십니다. 그리고 그의 빛나는 형상은 부활의 산 소망을 보여 주시는 것이기도 합니다. 그리스도인은 죽으면 끝이 아니라 부활의 영광이 기다리고 있습니다. 부활의 영광을 보여주신 예수님은 부활을 위해 반드시 지나야 할 십자가의 죽음에 대해 두 번째로 예고하십니다.(31절) 그러나 십자가의 죽음을 예고하는 예수님의 말씀을 들은 제자들은 안타깝게도 서로 누가 큰지에 대해 논쟁하고 있습니다. 아직도 자신의 이름을 내고, 자신이 높아지는 것을 포기하지 못한 모습입니다. 마지막 내용(43~50절)은 지옥에 관한 것입니다. 범죄하게 만드는 신체를 포기하고서라도 지옥은 절대로 가서는 안 되는 곳입니다. 모든 것이 온전케 되고, 영원히 썩지 않을 몸을 입게 될 천국에는 실제로 장애인이 있을 수 없습니다. 그럼에도 "범죄하게 하거든... 찍어 버리라"라는 강력한 어조의 표현을 통해 어떻게 해서라도 하나님과 영원한 단절이 있는 지옥을 피해야 한다는 것을 강조하십니다. 그것을 위해 당신이 예고한 대로 예수님은 십자가에서 지옥의 고통을 대신 당하시고, 우리에게는 부활의 영광을 주셨습니다.

욥기 5장 : 엘리바스가 벗의 이해와 공감으로부터 떠남

- 너는 부르짖어 보라 네게 응답할 자가 있겠느냐 거룩한 자 중에 네가 누구에게로 향하겠느냐(1)
- 나라면 하나님을 찾겠고 내 일을 하나님께 의탁하리라...(8-11), (17-21), (25), (27)

엘리바스는 '자신은 죄가 없다'고 말하는 욥에게 분노와 시기를 그치고, 죄를 인정하고 하나님을 찾음으로 말미암아 어리석고 미련한 자의 멸망을 피하라고 말합니다.(1~9절) 하나님께 징계받는 자는 복이 있으며(17~18절), 회개하면 하나님이 보호하시고 구원하시며(19~23절), 회개하는 자에게 회복을 약속하십니다.(24~27절) 엘리바스의 말은 보편적으로는 맞는 말입니다. 다만, 자녀와 재산등 모든 것을 상실하고 황망해 하는 욥에게, 더군다나 하나님 앞에 철저히 경건하게 살아온 그에게 보편적인 충언은 적절하지 않았습니다.

로마서 9장 : 믿는 자는 주님의 진노와 심판으로부터 떠남

- 내가 그리스도 안에서 참말을 하고 거짓말을 아니하노라 나에게 큰 근심이 있는 것과 마음에 그치지 않는 고통이 있는 것을 내 양심이 성령 안에서 나와 더불어 증언하노니...(1-5)
- 그런즉 하나님께서 하고자 하시는 자를 긍휼히 여기시고 하고자 하시는 자를 완악하게 하시느니라(18), (19-24), (27), (29), (33)

"나의 형제 곧 골육의 친척을 위하여 내 자신이 저주를 받아 그리스도에게서 끊어질지라도 원하는 바로라"(3절) 동족 유대인이 구원의 복음을 받아들이기를 소망하는 바울의 애끓는 심정을 볼 수 있습니다. 이 기도는 출애굽 시절 범죄한 백성들의 용서를 위한 모세의 중보기도를 떠올리게 합니다. "그들의 죄를 사하시옵소서 그렇지 아니하시오면 원하건대 주께서 기록하신 책에서 내 이름을 지워 버려 주옵소서"(출32:32) 9장은 하나님의 주권을 설명합니다. 우리는 하나님이 하시는 일에 대하여 선악간의 판단을 할 수 없습니다. 우리 삶의 현장에서 이루어지는 기쁜 일, 슬픈 일, 고난, 복 등은 우리 임의로 변경할 수 없습니다. 중요한 것은 이해할 수 없는 일이 계속됨에도 불구하고 요셉이나 욥은 하나님을 경외하는 삶에서 이탈하지 않았다는 것입니다. 진흙은 토기장이에 의해 빚어지는 대로 쓰임 받을 뿐입니다. 하나님의 주권은 우리가 헤아릴 수 없을 만큼 큰 개념이며, 우리 삶을 감싸고 있습니다.

죄로 어두운 이 땅에 오셔서 십자가의 무거운 짐을 대신 져주시고 나에게 부활의 영광을 허락하신 예수님을 영원히 찬양합니다. 육신을 입고 살아가는 이 땅에서 하나님과 늘 교통하게 하시고 특별히 하나님의 말씀을 통해 영혼과 생각을 지키며, 신실함으로 삶을 채워나가게 하옵소서. 토기장이 되신 주님! 주님의 형상으로 나를 빚으소서.

2/7

본문 창세기 40장 | 마가복음 10장 | 욥기 6장 | 로마서 10장
주제 알림

성경은 말씀이다. 하나님의 뜻과 예수그리스도의 진리를 전하는 책이다. 꿈과 생각, 그리고 말과 환경을 통해서 모든 내용을 알려 주신다.

창세기 40장 : 요셉이 꿈을 꾼 관원장들에게 해석을 알림

- 그 후에 애굽 왕의 술 맡은 자와 떡 굽는 자가 그들의 주인 애굽 왕에게 범죄한지라...(1-3)
- 그들이 그에게 이르되 우리가 꿈을 꾸었으나 이를 해석할 자가 없도다 요셉이 그들에게 이르되 해석은 하나님께 있지 아니하니이까 청하건대 내게 이르소서...(8-14)
- 제삼일은 바로의 생일이라 바로가 그의 모든 신하를 위하여 잔치를 베풀 때에 술 맡은 관원장과 떡 굽는 관원장에게 그의 신하들 중에 머리를 들게 하니라...(20-23)

노예생활을 하던 요셉은 죄가 없음에도 누명을 쓰고 감옥에 갇히게 됩니다. 그 시절 감옥은 제때 식량도 주지 않았고, 고문도 자행되며, 햇빛도 들어오지 않는 지하 어두운 장소였습니다. 감옥 생활이 언제까지 지속될지 알 수 없었으며, 나올 수 있다는 보장도 없었습니다. 그러나 하나님의 때가 점점 가까이 오고 있습니다. 요셉은 그 사실을 알 수 없지만, 하나님의 계획은 이상 없이 진행되고 있습니다. 앞이 보이지 않는 칠흑같이 어두운 밤을 지나고 있어도 하나님의 시계는 멈추지 않습니다.

마가복음 10장 : 주님이 찾아 온 자들에게 진리를 알림

- 바리새인들이 예수께 나아와 그를 시험하여 묻되 사람이 아내를 버리는 것이 옳으니이까(2)
- 창조 때로부터 사람을 남자와 여자로 지으셨으니...(6-9)
- 예수께서 보시고 노하시어 이르시되 어린 아이들이 내게 오는 것을 용납하고 금하지 말라 하나님의 나라가 이런 자의 것이니라(14)
- 그 어린 아이들을 안고 그들 위에 안수하시고 축복하시니라(16), (17-18)

모세의 율법에는 이혼할 때 증서를 써주어 이혼하도록 명시하였습니다. 이는 합법적으로 이혼하라는 의미가 아니라 그 당시 이혼의 대가가 여성에게 치명적이었기 때문에 이혼당한 여성이 이혼증서를 가지면 어느 정도 보호를 받을 수 있었기 때문입니다. 간사한 인간들은 이것을 또한 남용하게 됩니다. 그러나 원래 하나님의 뜻(창2:24 남자가 부모를 떠나 그의 아내와 합하여 둘이 한 몸을 이룰지로다)은 하나님이 짝지어 주신 것을 사람(사람의 법)이 나누지 못한다는 것입니다.(9절) 예수님은 하나님이 정하신 원래의 결혼의 의미를 명확하게 말씀하십니다.(1~12절)
어린아이는 자신이 약하기 때문에 어른을 의존합니다. 어린아이들은 자신의 약함을 알기에, 어른을 신뢰하며, 어른을 통해 보호받으려 합니다. 하나님 나라는 어린아이에게서 볼 수 있는 신뢰와 믿음을 가진 자의 것입니다.(13~16절) 계명을 다 지켰다고 자신 있게 말하는 청년은 사실 재물을 가장 사랑하는 자였습니다.(17~31절) 예수님은 십자가라는 명확한 목표를 향해 한 걸음씩 가고 있으나, 제자들은 자리 다툼을 하고 있습니다.(32~45절) 일전의 두 명의 맹인처럼 바디매오도 예수님을 향해 "다윗의 자손"이라는 고백을 합니다. 메시아 예수 그리스도를 간절한 마음으로 외친 바디매오는 그의 믿음대로 고침을 받습니다.(46~52)

욥기 6장 : 욥이 충고한 엘리바스에게 중심을 알림

- 나의 괴로움을 달아 보며 나의 파멸을 저울 위에 모두 놓을 수 있다면...(2-4)
- 나의 간구를 누가 들어 줄 것이며 나의 소원을 하나님이 허락하시랴...(8-10), (14-15)
- 이제 너희는 아무것도 아니로구나 너희가 두려운 일을 본즉 겁내는구나...(21-25)

현재의 고난이 죄의 결과라고 단정하는 엘리바스의 말에 대한 욥의 답변입니다. 욥의 괴로움은 이루 말할 수 없을 정도입니다. "나의 괴로움을 달아 보며 나의 파멸을 저울 위에 모두 놓을 수 있다면"(2절) 괴로움이 극에 달한 욥에게 엘리바스는 너무나 뼈아픈 말을 내뱉었습니다. 욥은 이유를 알 수는 없지만 '전능자의 화살이 자신에게 박혔다'고 말합니다.(4절) 또한 4절에서 '하나님의 두려움이 엄습하였다'고 말합니다. 왜냐하면 하나님의 말씀을 거역하지 않고 최선을 다하여 살아온 자신에게 상상할 수 없는 고난이 찾아왔기 때문입니다. "그 사람은 온전하고 정직하여 하나님을 경외하며 악에서 떠난 자더라"(1:1) 6장에는 우리가 주목할 만한 구절이 또 있습니다. "옳은 말이 어찌 그리 고통스러운고"(25절) 옳은 말을 그대로 전하는 것은 일반적으로는 마땅한 것이지만 듣는 자가 예외적인 상황가운데 있을 수 있음을 고려해야 합니다. 그리스도인은 사실을 전하되, 진실하게 전해야 합니다.

로마서 10장 : 바울이 이스라엘에게 복음전파 과정을 알림

- 형제들아 내 마음에 원하는 바와 하나님께 구하는 바는 이스라엘을 위함이니 곧 그들로 구원을 받게 함이라(1)
- 하나님의 의를 모르고 자기 의를 세우려고 힘써 하나님의 의에 복종하지 아니하였느니라...(3-4)
- 그러면 무엇을 말하느냐 말씀이 네게 가까워 네 입에 있으며 네 마음에 있다 하였으니 곧 우리가 전파하는 믿음의 말씀이라...(8-10), (13-15), (17), (19-21)

믿음은 들음에서, 들음은 그리스도의 말씀으로부터 옵니다.(17절) 우리는 눈으로, 귀로, 입으로, 영으로 모든 감각을 총동원하여 그리스도의 말씀을 들어야 합니다. 말씀을 마주하는 시간만큼 믿음은 자라게 됩니다. 전하는 자가 없으면 듣지 못할 것입니다.(14절) 우리를 향한 하나님의 기대는 '좋은 소식(복음)을 전하는 아름다운 자가 되는 것'입니다.(15절)

인생의 어두움이 찾아올 때, 하나님의 선하심을 더욱 신뢰합니다. 하나님의 말씀을 대하는 기쁨을 날마다 더하여 주시고, 어린아이와 같은 순전한 믿음을 갖게 하옵소서. 정직한 말을 하게 하시고, 주님의 마음을 가지고 말을 전달하게 하옵소서.

2/8

본문 창세기 41장 | 마가복음 11장 | 욥기 7장 | 로마서 11장
주제 **권위** (權威, 다른 사람을 통솔하여 이끄는 힘)

하나님은 개인이나 나라를 다스리는 자신의 절대적인 권위를 믿음의 일꾼들에게 나눠주심으로 세상을 의롭게 만드시며 구원하신다.

창세기 41장 : 애굽을 통치하는 요셉의 권위

- 만 이 년 후에 바로가 꿈을 꾼즉 자기가 나일 강 가에 서 있는데...(1-7)
- 그 해석한 대로 되어 나는 복직되고...(13-16), (25-27), (32-41), (46), (51-52), (55-57)

드디어 하나님의 일하심을 두 눈으로 확인할 수 있는 때가 왔습니다. 요셉의 인생을 붙드시고 인도하신 하나님이 요셉을 역사의 무대 위에 등장시키십니다. 이때 요셉의 나이 30세였습니다.(46절) 17살에 노예로 팔려 와서 인생의 황금기인 10대후반시절과 20대를 통째로 노예와 죄수로서 보냈으나 이제 그는 고대 이집트제국의 2인자의 자리에 오르게 되었습니다. 하나님의 시간계획은 한치의 오차도 없습니다. 요셉이 노예출신의 한계를 딛고 입지적인 인물이 되었다는 것이 중요한 것이 아니라, 왜 하나님이 그를 그 자리에 세웠는지가 중요한데, 이후에 일어나는 일들을 통해 알게 될 것입니다. "나의 가는 길 주님 인도하시네~ 그는 보이지 않아도 날 위해 일하시네~" 요셉이 부를만한 찬양입니다.

마가복음 11장 : 만물을 통치하는 예수의 권위

- 이르시되 너희는 맞은편 마을로 가라 그리로 들어가면 곧 아직 아무도 타 보지 않은...(2)
- 나귀 새끼를 예수께로 끌고 와서 자기들의 겉옷을...(7-10), (13-17), (23-25), (28-30)

예수님이 예루살렘에 입성하십니다. 화려하게 정복자의 모습으로 들어가신 것이 아니라, 짐 옮길 때 쓰는 짐승인 나귀를 타고 들어가십니다.(스가랴 9:9 성취) 예루살렘으로 들어가신 예수님은 먼저 성전을 둘러보십니다.(11절) 참 성전되신 분이 오신 것입니다. 이방인은 들어가서 기도할 수 없으며, 성전 밖에는 비싼 이자를 받고 환전해 주시는 환전상들로 가득한 성전은 이미 성전으로서의 기능을 잃었습니다. 특히 사두개인들은 성전에서 재정을 관리했는데, 그들은 환전을 통해 많은 이익을 얻은 기득권층입니다. 예수님은 성전을 회복하기 위해 이 땅에 오셨습니다. 십자가에서 죽으시고 3일만에 부활하심으로 참 성전이 되셨습니다. 예수 그리스도안에서 우리는 하나님을 만나게 됩니다. 무화과 열매는 유월절 이후 6주가 더 지나야 영글게 됩니다. 때 이른 시기에 무화과를 저주하시는 사건은 이해하기 쉽지 않지만, 말씀을 잘 보면 예수님이 저주하신 나무는 열매가 아예 없습니다. "잎사귀 외에 아무 것도 없더라"(13절) 지금 열매가 없다면 6주 뒤에 익을 열매도 없는 것입니다. 하나님의 임재가 없는 외형뿐인 예루살렘 성전에 대한 심판의 메시지입니다. 현재 회개의 열매가 있느냐?라는 질문은 매우 중요합니다. 세

례요한도 이 부분을 강조했습니다. "그러므로 회개에 합당한 열매를 맺고"(마3:8)

욥기 7장 : 인생을 주관하시는 하나님의 권위

- 이 땅에 사는 인생에게 힘든 노동이 있지 아니하겠느냐…그의 삯을 기다리나니(1-2)
- 내 살에는 구더기와 흙 덩이가 의복처럼 입혀졌고 내 피부는 굳어졌다가 터지는구나(5), (7-8), (11), (15-19), (21)

자신을 정죄하는 엘리바스를 향해 아픔과 분노의 감정을 토로한 욥은 계속 말을 이어갑니다. 7장은 전반적으로 어둡습니다. 욥은 빨리 죽기를 바라고 있습니다. "차라리 숨이 막히는 것과 죽는 것을 택하리이다"(15절) "내가 생명을 싫어하고 영원히 살기를 원하지 아니하오니 나를 놓으소서"(16절) "내가 이제 흙에 누우리니 주께서 나를 애써 찾으실지라도 내가 남아 있지 아니하리이다"(21절) 자신이 현재 겪고 있는 극심한 고통에 대해 말하면서, 욥은 하나님이 허락하신 고통이라는 생각을 하게 됩니다. "사람이 무엇이기에 주께서 그를 크게 만드사 그에게 마음을 두시고 아침마다 권징하시며 순간마다 단련하시나이까"(17,18절) 아직 명확하게 알기는 어렵지만 자신이 매우 특별한 상황가운데 놓여 있다는 것을 이야기하는 겁니다. 욥이 하나님을 경외하는 신실한 백성이 아니었다면 사탄이 주는 시험 때문에 겪는 지금의 고통은 아마 없었을 것입니다. 우리가 이해하지 못하는 고난 중에 내가 무슨 잘못을 해서가 아니라 단지 하나님께 속해 있기 때문에 오게 되는 고난도 있다는 것을 기억해야 합니다.

로마서 11장 : 남은 자를 주관하시는 하나님의 권위

- 그러므로 내가 말하노니 하나님이 자기 백성을 버리셨느냐…베냐민 지파라(1)
- 그런즉 이와 같이 지금도 은혜로 택하심을...(5), (11-12), (14), (16-20), (23-25), (29), (33-36)

이스라엘은 예수 그리스도를 통한 십자가 복음을 거부했습니다. 그렇다고 하나님이 이스라엘을 버리셨는가? 그렇지 않습니다.(1절) 불신이 극에 달한 엘리야 시대에도 우상에게 절하지 않은 7천명이 있었습니다. 율법의 행위로 구원을 얻으려 했던 이스라엘은 그 행위로 구원을 얻지 못했고, 오직 택하심을 따라 구원이 주어졌습니다.(7절) 8절을 잘못 읽으면 하나님이 어떤 대상에 대해서는 의도적으로 구원에 이르지 못하게 하시는 것으로 오해할 수 있습니다. 하나님의 부르심에 대한 인간의 반응은 그 부르심에 응하든지, 아니면 거부하고 더 완악한 마음을 갖든지 둘 중 하나입니다. 8절은 하나님의 부르심을 거부하는 자들에 대하여 그들의 고집스러움을 보신 하나님이 그들을 그대로 내어버려 두신 결과라고 보시면 됩니다. "하나님께서 그들을 부끄러운 욕심에 내버려 두셨으니"(롬1:26)

하나님의 경륜은 놀랍습니다. 유대인의 넘어짐(복음거부)을 통해 이방인 선교의 문을 여셨습니다.(25절) "깊도다 하나님의 지혜와 지식의 풍성함이여"(33절)

지금도 나를 위해 성실하게 일하시는 하나님을 신뢰합니다. 하나님! 내가 고통 받는 자를 위로하게 하시고, 그리스도인의 증거와 열매가 있는 삶을 살게 하옵소서.

2/9

본문 창세기 42장 | 마가복음 12장 | 욥기 8장 | 로마서 12장
주제 **생활** (生活, 생명이 있는 동안 살아서 경험하고 활동함)

인간은 태어나서 주어진 기간을 살아간다. 그 인생의 여정 속에 신자와 불신자는 다른 생활을 한다. 믿는 자의 생활은 구별되어야 한다.

창세기 42장 : 어려운 일을 만났을 때 가족의 지혜로운 생활

- 그 때에 야곱이 애굽에 곡식이 있음을 보고 아들들에게 이르되 너희는 어찌하여 서로 바라보고만 있느냐...(1-2)
- 때에 요셉이 나라의 총리로서 그 땅 모든 백성에게 곡식을 팔더니 요셉의 형들이 와서 그 앞에서 땅에 엎드려 절하매...(6-7)
- 요셉이 그들에게 이르되 아니라 너희가 이 나라의 틈을 엿보러 왔느니라...(12-13)
- 그들을 다 함께 삼 일을 가두었더라...(17-22), (28), (36-37)

요셉이 꾼 꿈의 내용대로 고대근동지역에 7년 대기근이 들었습니다. 양식이 떨어진 야곱은 아들들을 이집트로 보내어 양식을 구해 오도록 하는데, 이 과정에서 요셉과 형들은 조우하게 됩니다. 요셉은 형들을 바로 알아보지만, 형들은 요셉을 알 리가 없습니다.(8절) 요셉은 형들에게 정탐꾼의 누명을 씌우고, 누명을 벗기 위해서는 막내 동생을 데려 오게 합니다. 형들은 이렇게 꼬여가는 일들을 보며 과거 요셉에게 지은 죄로 인한 것이라고 생각합니다.(21절) 대기근상황에서 이집트를 진두지휘할 정도로 지혜가 있는 요셉에 의해 얽혀진 관계의 회복이 점차 이루어지고 있습니다.

마가복음 12장 : 불신앙의 사회 속에서 성도가 지켜야 할 생활

- 예수께서 비유로 그들에게 말씀하시되 한 사람이 포도원을 만들어 산울타리로 두르고 즙 짜는 틀을 만들고 망대를 지어서 농부들에게 세로 주고 타국에 갔더니(1)
- 이제 한 사람이 남았으니 곧 그가 사랑하는 아들이라 최후로 이를 보내며 이르되 내 아들은 존대하리라 하였더니...(6-8)
- 우리가 바치리이까 말리이까 한대 예수께서 그 외식함을 아시고 이르시되 어찌하여 나를 시험하느냐 데나리온 하나를 가져다가 내게 보이라 하시니...(15-17)
- 일곱이 다 상속자가 없었고 최후에 여자도 죽었나이다...(22-25)
- 하나님은 죽은 자의 하나님이 아니요 산 자의 하나님이시라 너희가 크게 오해하였도다 하시니라...(27-32), (34), (41-44)

주인이 먼 타국에 있는 동안 농부들은 주인이 보내는 종들을 때리고, 능욕하고 심지어 죽이기까지 합니다. 주인의 아들까지 죽입니다. 주인의 아들을 죽이면 포도원이 그들의 것이 될 수 있을까요? 그들은 언젠가는 돌아올 그들의 주인(주권자)이 있다는 사실 자체를 잃어버렸습니다. 때가 되면 주인이 와서 심판할 것입니다.

세금문제에 있어서 예수님은 로마정부에 세금납부하는 것을 반대하지는 않으면서(무력투쟁을 주창하는 열렬분자가 아님), 도리어 가이사의 형상이 새겨진 동전에 관하여 질문하심으로서 인간은 하나님의 형상으로 창조되었다는 사실을 상기시키십니다. 즉, 세금문제에 대한 논쟁을 통해 인간이 궁극적으로 가야할 길인 하나님을 섬기는 일에 대하여 가르치십니다. "하나님의 것은 하나님께 바치라"(17절)

욥기 8장 : 고통 중에 있는 욥을 향한 빌닷의 그릇된 생활

- 수아 사람 빌닷이 대답하여 이르되...(1-4)
- 청하건대 너는 옛 시대 사람에게 물으며 조상들이 터득한 일을 배울지어다(8)
- 그들이 네게 가르쳐 이르지 아니하겠느냐 그 마음에서 나오는 말을 하지 아니하겠느냐(10)
- 하나님을 잊어버리는 자의 길은 다 이와 같고 저속한 자의 희망은 무너지리니...(13-15)
- 하나님은 순전한 사람을 버리지 아니하시고 악한 자를 붙들어 주지 아니하시므로...(20-22)

빌닷이 등장합니다. 빌닷은 '자신이 지금 이런 고난을 당할 정도로 죄를 짓지 않았다'는 욥에 대해 분노합니다. "하나님이 어찌 정의를 굽게 하시겠으며"(3절) 그가 볼 때 욥의 고난은 죄에 대한 징계입니다. 그렇지 않다면 하나님이 정의롭지 못한 존재가 되기 때문이라고 생각합니다. 빌닷은 부당한 고난이란 없다는 입장입니다. 그러나 이 땅에서 그리스도인이라는 이유만으로 고난을 당하거나 심지어 죽임을 당한 경우가 얼마나 많습니까? 선을 행하면 복을 받고, 악을 행하면 심판을 받는 것이 당연한 것이지만 이 말로 설명되지 않는 일이 우리에겐 많이 일어납니다. 고난의 원인을 찾는 것도 의미가 있지만, 더 중요한 것은 십자가에서 고난을 당하신 예수님은 고난당한 자의 참된 위로자가 되신다는 것입니다.

로마서 12장 : 세상 속에서 살아가는 참 그리스도인의 생활

- 그러므로 형제들아 내가 하나님의 모든 자비하심으로 너희를 권하노니 너희 몸을 하나님이 기뻐하시는 거룩한 산 제물로 드리라 이는 너희가 드릴 영적 예배니라 너희는 이 세대를 본받지 말고 오직 마음을 새롭게 함으로 변화를 받아 하나님의 선하시고 기뻐하시고 온전하신 뜻이 무엇인지 분별하도록 하라(1-2)
- 우리에게 주신 은혜대로 받은 은사가 각각 다르니 혹 예언이면 믿음의 분수대로...(6-8)
- 형제를 사랑하여 서로 우애하고 존경하기를 서로 먼저 하며...(10-18)

우리가 드리는 참된 예배는 하나님의 선하시고, 기뻐하시고, 온전하신 뜻을 분별하여 우리 몸을 거룩한 산 제물로 드리는 것입니다.(1,2절) 구체적으로 형제를 사랑하며(10절), 소망 중에 기뻐하고, 환난 중에 참으며, 기도에 힘쓰고, 대접하기를 힘쓰며(12,13절), 함께 즐거워하고, 함께 울어주는 존재가 되는 것입니다.(15절)

요셉의 일생을 통해 세계 역사와 한 가정과 한 개인을 위한 하나님의 위대한 섭리를 봅니다. 하나님은 위대하십니다. 욥과 같이 알 수 없는 고난을 만났을 때 전능자를 찾게 하시고, 이 땅에 사는 날 동안 하나님이 받으시는 거룩한 산 제물로 몸과 마음과 삶을 드리니 나를 받아 주옵소서.

2/10

본문 창세기 43장 | 마가복음 13장 | 욥기 9장 | 로마서 13장
주제 결단 (決斷, 결정적인 판단을 하거나 단정을 내림)

신앙생활은 결단의 연속이다. 회피를 하면 미숙함과 범죄함에 빠지게 되고 결단하면 성숙함과 의로움에 거하게 된다.

창세기 43장 : 베냐민을 내려놓아야 하는 이스라엘의 결단

- 유다가 그의 아버지 이스라엘에게 이르되 저 아이를 나와 함께 보내시면 우리가 곧 가리니 그러면 우리와 아버지와 우리 어린 아이들이 다 살고 죽지 아니하리이다...(8-9)
- 우리가 지체하지 아니하였더라면 벌써 두 번 갔다...(10-14), (16), (18), (23), (27-30)

우여곡절 끝에 야곱의 둘째 아들 시므온이 볼모로 이집트에 남게 되고, 나머지 형제들은 곡식을 가지고 가나안땅으로 돌아왔습니다. 시간이 지나 가져온 양식이 다 떨어지고 다시 양식을 구하러 가야 하는데, 막내 베냐민을 데려가지 않으면 곡식을 구할 수 없을 뿐더러 시므온도 데려올 수 없는 상황입니다. "지체하지 않았으면 벌써 두 번 갔다 왔으리이다"(10절) 라는 유다의 말을 통해 양식이 없는 가운데에서도 야곱이 막내 베냐민을 함께 보내는 것에 대해 얼마나 결정하기 힘들어 했는지를 알 수 있습니다. 결국 야곱은 하나님께 모든 것을 맡깁니다. "전능하신 하나님께서 그 사람 앞에서 너희에게 은혜를 베푸사"(14절) 우리가 마지막 자존심이라 생각하고 움켜쥐고 있는 것이 있을 때 하나님은 당신을 온전히 신뢰할 수 있도록 우리를 훈련하십니다. '이것만은 안돼'라는 생각을 갖게 하는 그 무엇인가가 있다면 하나님은 그것보다 하나님을 더 소중히 여기고, 신뢰하며 경외하도록 우리의 삶을 인도하십니다. 야곱의 결단이후, 이집트에 다시 간 형제들은 총리로부터 의외의 환대를 받게 됩니다. 하나님을 온전히 신뢰할 때, 하나님은 일하십니다.

마가복음 13장 : 재림의 주를 기다리는 모든 성도의 결단

- 우리에게 이르소서 어느 때에 이런 일이 있겠사오며 이 모든 일이 이루어지려 할 때에...(4-8)
- 또 복음이 먼저 만국에 전파되어야 할 것이니라...(10-13)
- 그 때에 그 환난 후 해가 어두워지며 달이 빛을 내지 아니하며...(24-29), (35-37)

예수님은 예루살렘의 멸망을 선언하십니다. 실제로 A.D. 70년 로마장군 티투스에 의해 예루살렘은 완전히 파괴되고 맙니다. 동시에 이 말씀은 종말에 대한 선언이기도 합니다. 종말의 징조에 대하여 말씀하시는 13장에서 가장 중요한 구절은 "끝까지 견디는 자는 구원을 받으리라"(13절)입니다. 신앙의 여정에서 어떤 일을 만난다 해도, 욥과 같은 이해할 수 없는 고난이 있다 해도 중도에 신앙을 포기하지 않아야 합니다. '견딤', '인내'는 신자들에게 매우 중요한 단어입니다. 예수님도 십자가를 견디셨습니다. 참으셨습니다. "믿음의 주요 또 온전하게 하시는 이인 예수를 바라보자 그는 그 앞에 있는 기쁨을

위하여 십자가를 참으사 부끄러움을 개의치 아니하시더니 하나님 보좌 우편에 앉으셨느니라"(히12:2)

욥기 9장 : 전능자의 주권앞에 자신을 내려놓는 결단

- 욥이 대답하여 이르되 진실로 내가 이 일이 그런 줄을 알거니와 인생이 어찌...(1-4)
- 측량할 수 없는 큰 일을, 셀 수 없는 기이한 일을 행하시느니라...(10-12), (15-16), (19-20), (34)

비난에 가까운 빌닷의 말에 대한 욥의 답변입니다. 욥은 하나님이 하시는 일을 이렇게 표현합니다. "측량할 수 없는 큰 일을, 셀 수 없는 기이한 일을 행하시느니라"(10절) 하나님은 일정한 법칙처럼 항상 똑같은 식으로 일하시거나 반응하시는 분이 아닙니다. 입력해 놓은 프로그램대로 움직이는 로봇이 아닙니다. 그러므로 우리는 '하나님을 안다'라고 하는 것에 주의해야 합니다. 역사의 주관자이신 하나님은 여전히 통치하고 계시지만 나에게 일어나는 일, 세상에서 일어나는 일 중에 이해되지 않는 일들이 많습니다. 그가 아무리 깨끗하고 정결한 삶을 위해 몸부림친다 해도 이 지긋지긋한 고난이 그치지 않습니다.(30,31절) 하나님이 행하시는 일을 누가 막을 수 있습니까?(12절) 하나님을 다 알 수는 없지만 분명한 것은 성육신 하셔서 십자가의 고난과 죽음의 길을 걸어가신 하나님은 인간의 고난에 대해 결코 관망하시는 분이 아니며, 자신의 전 존재로 맞부딪히는 분이라는 것입니다. 어느 신이 죄 많은 자신의 백성을 위해 자신의 존재를 포기할 수 있으며, 어느 신이 고난가운데 있는 인간을 위로 할 수 있겠습니까?

로마서 13장 : 임박한 구원을 알고 삶을 단정케 하는 결단

- 각 사람은 위에 있는 권세들에게 복종하라 권세는 하나님으로부터 나지 않음이...(1-4)
- 피차 사랑의 빚 외에는 아무에게든지 아무 빚도 지지 말라…(8), (10), (11-14)

예수님이 그리스도인의 국가관에 대하여 하신 말씀이 있습니다. "가이사의 것은 가이사에게, 하나님의 것은 하나님에게"(막12:17) 이 말씀으로 당시 로마에 내는 납세문제에 대해 답변하셨습니다. 기본적으로 그리스도인은 위의 권세에 순복해야 합니다.(1절) 그러나 '위에 있는 권세'들이 절대 주권은 아닙니다. 국가에게 주어진 권세는 하나님의 주권아래, 공공의 선을 위해 쓰여져야 합니다. 자동차 운전할 때 운전자에게 모든 권한이 있지만 운전자에게 행인을 죽게 하거나 다치게 할 권리가 없는 것처럼, 국가가 모든 것을 마음대로 할 권리는 없습니다. 그리스도인은 국민으로서의 의무를 다하되, 국가가 바른 길을 가도록 해야 합니다. "가이사의 것은 가이사에게, 하나님의 것은 하나님에게" 그리스도인에게는 궁극적으로 추구해야 할 통치자이신 하나님이 계십니다. 그리스도인은 행함에 있어 '사랑은 율법의 완성'임을 항상 기억해야 하며, 항상 낮에와 같이 단정히 행해야 합니다. 이는 종말을 살아가는 자의 바른 모습입니다.

내가 가장 신뢰하며 사랑하는 분은 하나님이십니다. 복잡하고 때론 무질서하게 보이는 세상일지라도 항상 하나님을 경외하게 하시고, 어떤 시련이 닥쳐와도 끝까지 견뎌 승리하는 자 되게 하옵소서. 하나님의 뜻에 최고의 권위를 두고 결정하게 하시고, 그 결정대로 살아가게 하옵소서. 우리나라가 하나님이 기뻐하시는 나라로 세워지도록 은혜 베풀어 주시옵소서.

2/11

본문 창세기 44장 | 마가복음 14장 | 욥기 10장 | 로마서 14장

주제 **헌신** (獻身, 어떤 일이나 남을 위해서 자신의 이해관계를 생각하지 않고 몸과 마음을 바쳐 있는 힘을 다함)

믿는 자의 내려놓음은 모든 곤고한 상황을 의미와 가치와 열매로 바꾼다. 진정한 내려놓음은 성서적인 헌신이다.

창세기 44장 : 야곱에게 약속을 지키기 위한 유다의 헌신

- 또 내 잔 곧 은잔을 그 청년의 자루 아귀에 넣고 그 양식 값 돈도 함께 넣으라 하매 그가 요셉의 명령대로 하고(2)
- 그가 나이 많은 자에게서부터 시작하여 나이 적은 자에게까지 조사하매 그 잔이 베냐민의 자루에서 발견된지라(12)
- 유다와 그의 형제들이 요셉의 집에 이르니 요셉이 아직 그 곳에 있는지라 그의 앞에서 땅에 엎드리니(14), (16-18), (26), (30-34)

고대근동지역의 대표적인 법전인 함무라비 법전에 따르면 점술용 은잔을 훔치는 행위는 사형죄에 해당됩니다. 왜 요셉의 형들이 자루에서 발견한 은잔으로 인하여 그토록 두려워했는지 짐작이 갑니다. 요셉은 형들을 다시 한번 시험해 봅니다. 베냐민만 남고 나머지는 석방하겠다는 총리의 제안에 대하여 유다는 자신이 베냐민을 위해 희생하겠다고 합니다. 자칫 죽을 수도 있는 상황에서 자신을 희생해서 동생을 살리려한 유다에게서 '대속'의 개념을 엿볼 수 있습니다

마가복음 14장 : 예수의 장례를 예비하는 한 여자의 헌신

- 예수께서 베다니 나병환자 시몬의 집에서 식사하실 때에 한 여자가 매우 값진 향유 곧 순전한 나드 한 옥합을 가지고 와서 그 옥합을 깨뜨려 예수의 머리에 부으니(3)
- 예수께서 이르시되 가만 두라 너희가 어찌하여 그를 괴롭게 하느냐 그가 내게 좋은 일을 하였느니라...(6-8)
- 제자들이 나가 성내로 들어가서 예수께서 하시던 말씀대로 만나 유월절 음식을 준비하니라(16), (22-24), (29-36), (51), (62), (72)

메시야의 원래의 의미는 '기름부음을 받은 자'입니다. 이스라엘에서는 왕, 제사장, 선지자의 경우 기름부음을 받았습니다. 예수님을 사랑하는 마음으로 향유옥합을 깨뜨린 여인이 행한 일은 곧 예수님을 메시아로 선포하는 의미를 갖게 됩니다. 예수님은 여인의 행한 일은 복음과 함께 전파될 것이라고 말씀하십니다.(9절) 이어지는 유월절 만찬에서 예수님은 제자들과 떡과 잔을 나누십니다. 떡과 잔은 메시아의 사역을 함축하고 있습니다.

새벽미명에 늘 기도하시던 예수님은 겟세마네 동산에서 그의 공생애 중 가장 처절한 기도를 드리십니다. 예수님은 하나님의 뜻을 이미 알고 계십니다. 그러나 그 뜻을 이루

는 길을 정말 험난했기에, 땀방울이 핏방울이 될 정도의 기도를 드리십니다. 우리도 그렇습니다. 무엇이 옳은지 안다고 그대로 행해지지 않습니다. 말씀대로 행하기 위해 많은 기도, 때론 처절한 기도가 필요합니다.

욥기 10장 : 처절한 상황 중에 주님의 주권을 따르는 헌신

- 내가 하나님께 아뢰오리니 나를 정죄하지 마시옵고 무슨 까닭으로 나와 더불어 변론하시는지 내게 알게 하옵소서(2)
- 나의 허물을 찾으시며 나의 죄를 들추어내시나이까...(6-9)
- 피부와 살을 내게 입히시며 뼈와 힘줄로 나를 엮으시고...(11-15)
- 주께서 나를 태에서 나오게 하셨음은 어찌함이니이까 그렇지 아니하셨더라면 내가 기운이 끊어져 아무 눈에도 보이지 아니하였을 것이라(18), (20-21)

이해할 수 없는 극심한 고난 가운데 있는 욥은 하나님께 질문을 합니다. '왜 나와 변론하시는지'(2절), '왜 나의 허물을 찾으시고 죄를 들추어 내시는지'(6절), '나를 빚으시고 만드신 하나님이 왜 이제 멸하려 하시는지'(8,9절). 괴로운 욥은 죽기 전에 잠시라도 평안케 해 주시길 바라고 있습니다.(20절) 우리는 인생의 문제에 쉽게 답을 하려는 것을 조심해야 합니다. 특히 신앙의 연장자일수록 더욱 그렇습니다. 욥의 친구들을 보면 고통당하는 욥에 대하여 자신의 생각을 강요합니다. 이러한 태도가 필요합니다. "즐거워하는 자들과 함께 즐거워하고 우는 자들과 함께 울라"(롬12:15)

로마서 14장 : 강한 자와 연약한 자가 비판하지 않는 헌신

- 믿음이 연약한 자를 너희가 받되 그의 의견을 비판하지 말라...(1-3)
- 우리가 살아도 주를 위하여 살고 죽어도 주를 위하여 죽나니 그러므로 사나 죽으나 우리가 주의 것이로다...(8-10)
- 그런즉 우리가 다시는 서로 비판하지 말고 도리어 부딪칠 것이나 거칠 것을 형제 앞에 두지 아니하도록 주의하라(13)
- 하나님의 나라는 먹는 것과 마시는 것이 아니요 오직 성령 안에 있는 의와 평강과 희락이라...(17-19)
- 네게 있는 믿음을 하나님 앞에서 스스로 가지고 있으라 자기가 옳다 하는 바로 자기를 정죄하지 아니하는 자는 복이 있도다...(22-23)

14장은 믿음이 강한 자는 약한 자가 성숙한 자가 되도록 사랑의 의무를 지라는 내용입니다. 우리는 화평을 추구해야 하며, 덕을 세우는 일에 힘써야 합니다.(19절) 믿음이 강한 자는 약한 자를 위해 자신의 특권을 기꺼이 포기할 수 있어야 하고, 믿음이 약한 자는 강한 자를 존경하는 관계가 되는 것이 신앙공동체의 아름다운 모습입니다.

예수님처럼 약한 자를 위해 기꺼이 사랑의 의무를 질 수 있으며, 함께 즐거워하고 함께 울어 줄 수 있는 사람이 되게 하옵소서. 주님의 뜻을 알지만 주저함이 생길 때, 겟세마네 동산의 기도를 기억하며 순종의 길을 가게 하옵소서.

2/12

본문 창세기 45장 | 마가복음 15장 | 욥기 11장 | 로마서 15장
주제 마침

삶의 고난도 사명도 때가 되면 다 끝난다. 위로에 대한 기대도 높아지려고 했던 교만도 다 끝난다. 그러므로 하나님의 사람은 오직 성서적인 삶을 추구할 뿐이다.

창세기 45장 : 야곱의 인생의 아픔이 요셉을 통해 마침

- 요셉이 그 형들에게 이르되 나는 요셉이라 내 아버지께서 아직 살아 계시니이까 형들이 그 앞에서 놀라서 대답하지 못하더라(3)
- 당신들이 나를 이 곳에 팔았다고 해서 근심하지 마소서 한탄하지 마소서 하나님이 생명을 구원하시려고 나를 당신들보다 먼저 보내셨나이다(5)
- 하나님이 큰 구원으로 당신들의 생명을 보존하고 당신들의 후손을 세상에 두시려고 나를 당신들보다 먼저 보내셨나니...(7-11)
- 자기 아우 베냐민의 목을 안고 우니 베냐민도 요셉의 목을 안고 우니라(14), (16), (19), (22-24)

형들에게 자신이 누구인지를 밝힌 요셉은 두려워 떨고 있는 형들에게 "근심하지 마소서 한탄하지 마소서 하나님이 생명을 구원하시려고 나를 당신들보다 먼저 보내셨나이다"(5절)라는 고백을 합니다. 현재까지의 자신의 인생에 대하여, 고대근동지역에서 일어난 역사적 사건들에 대하여 이 짧은 문장보다 더 잘 정리된 글은 없습니다. 지금까지 되어진 모든 일들의 배경에는 하나님이 계셨습니다. 그는 팔려온 것이 아닌 보냄을 받은 것입니다. 깨어진 가족 간의 회복이 일어나게 되었고, 요셉의 생존 소식은 곧 가나안 땅에 있는 야곱에게까지 전해지게 됩니다.

마가복음 15장 : 예수의 대속의 고난이 십자가를 통해 마침

- 빌라도가 묻되 네가 유대인의 왕이냐 예수께서 대답하여 이르시되 네 말이 옳도다 하시매(2)
- 예수께서 다시 아무 말씀으로도 대답하지 아니하시니 빌라도가 놀랍게 여기더라...(5-7)
- 그러나 대제사장들이 무리를 충동하여 도리어 바라바를 놓아 달라 하게 하니(11)
- 그들이 다시 소리 지르되 그를 십자가에 못 박게 하소서...(13-15)
- 갈대로 그의 머리를 치며 침을 뱉으며 꿇어 절하더라(19), (21-24), (30-34), (37-39), (43)

겟세마네에서 체포되신 후 십자가에서 그 생명을 다하시기까지 예수님은 마지막까지 참으시며 어떤 저항도 하지 않으셨습니다. 빌라도는 예수님의 죄 없음을 알고도 자신의 입지에 악영향이 미칠까봐 두려운 나머지 자신의 양심을 속이고 무리들의 요구를 들어주어 예수님에게 사형을 언도합니다. 예수님이 십자가에 못 박혀 운명하시기까지 전 과정을 지켜본 백부장은 "진실로 하나님의 아들이었도다"(39절)라는 고백을 하게 됩니다. 죄인을 대신해 죽임을 당하신 예수님에게서 보통의 죄수에게서 볼 수 없는 여러 증거들을 본 것입니다. 예수님의 시신을 달라는 아리마대 요셉의 요청으로 인하여 빌라도는 예수님의 죽음을 한 번 더 확인하게 됩니다.(44,45절) 빌라도는 장사를 위해 예수님의 시신을 내어 주게 되고, 아리마대 요셉은 예수님의 시신을 거두어 장례를 치르게 됩니다.

욥기 11장 : 친구를 통해 위로받지 못한 욥의 기대의 마침

- 나아마 사람 소발이 대답하여 이르되...(1-4)
- 네가 하나님의 오묘함을 어찌 능히 측량하며 전능자를 어찌 능히 완전히 알겠느냐...(7-9)
- 하나님은 허망한 사람을 아시나니 악한 일은 상관하지 않으시는 듯하나 다 보시느니라(11)
- 만일 네가 마음을 바로 정하고 주를 향하여 손을 들 때에...(13-18)

욥의 세 친구 중 소발이 논쟁에 참여합니다. 소발 역시 욥의 고난은 하나님의 징벌 때문이며, 하나님은 공의로우시기 때문에 틀림없이 현재 상황에 대한 모든 책임은 욥에게 있다는 입장입니다.(10,11절) 물론 죄로 인한 징벌로 고난을 당하는 경우가 있습니다만 내가 아는 지식으로 눈에 보이는 현상을 분석하는 것에 대하여 매우 조심해야 합니다. 우리는 하나님을 다 모릅니다. 내가 하나님을 아는 지식으로 다른 사람의 인생에 대하여 논하는 것에 대해 상당한 주의가 필요하겠죠?

로마서 15장 : 교회의 하나됨을 위하여 이기심의 악을 마침

- 믿음이 강한 우리는 마땅히 믿음이 약한 자의 약점을 담당하고 자기를 기쁘게 하지 아니할 것이라...(1-3)
- 이제 인내와 위로의 하나님이 너희로 그리스도 예수를 본받아 서로 뜻이 같게 하여 주사...(5-7)
- 소망의 하나님이 모든 기쁨과 평강을 믿음 안에서 너희에게 충만하게 하사 성령의 능력으로 소망이 넘치게 하시기를 원하노라(13)
- 이 은혜는 곧 나로 이방인을 위하여 그리스도 예수의 일꾼이 되어 하나님의 복음의 제사장 직분을 하게 하사 이방인을 제물로 드리는 것이 성령 안에서 거룩하게 되어 받으실 만하게 하려 하심이라...(16-20)

"그리스도께서 우리를 받아 하나님께 영광을 돌리심과 같이 너희도 서로 받으라"(7절) 바울은 유대 그리스도인과 이방 그리스도인이 서로 용납하고 받아들이기를 원했습니다. 바울은 이방인을 위한 예수님의 일꾼이 되었지만(16절), 한편으론 예루살렘에 가고자 했습니다.(25절) 동족이 구원 받을 수만 있다면 자신의 이름이 생명책에서 지워지더라도 바랐던 사람이 바로 바울입니다. 아브라함도 "천하 만민이 그를 통해 복을 받게 된다"(창12:3)는 약속의 말씀을 받았습니다. 강한 자와 연약한 자, 유대인과 이방인은 그리스도의 공동체안에서 하나가 될 수 있습니다. 그러기 위해서는 자기부인과 포기의 본을 보이신 예수님의 길을 따라가야 합니다.

요셉 가족의 하나 됨, 교회의 하나 됨은 누군가의 자기 부인과 희생의 결과입니다. 가정과 교회가 하나 되게 하시고, 교회 공동체 안에서 서로 용납하게 하옵소서.

2/13

본문 창세기 46장 | 마가복음 16장 | 욥기 12장 | 로마서 16장
주제 새 삶

인생 가운데 새로운 변화를 경험하고 새 삶을 살아가는 것은 놀라운 축복이다. 하나님은 여러 사건을 통해 일상에서 이 일을 행하신다.

창세기 46장 : 고센이란 낯선 곳에서 새 삶을 시작하는 야곱

- 이스라엘이 모든 소유를 이끌고 떠나 브엘세바에 이르러 그의 아버지 이삭의 하나님께 희생 제사를 드리니...(1-4)
- 야곱과 함께 애굽에 들어간 자는 야곱의 며느리들 외에 육십육 명이니 이는 다 야곱의 몸에서 태어난 자이며...(26-27)
- 요셉이 그의 수레를 갖추고 고센으로 올라가서 그의 아버지 이스라엘을 맞으며 그에게 보이고 그의 목을 어긋맞춰 안고 얼마 동안 울매..(29-30), (33-34)

요셉의 생존소식을 들은 야곱은 믿을 수가 없었지만, 자신을 태울 화려한 수레를 보는 순간 믿을 수밖에 없었습니다.(45:27) 그의 일가를 붙들어 주시리라는 하나님의 약속의 말씀으로 인해 야곱은 모든 식구들을 데리고 이집트로 가게 됩니다. 23년 만에 야곱과 요셉은 재회합니다. 목축업을 가증히 여기는 이집트인들로 인해 야곱 일가는 이집트인과 상당한 거리를 두고 고센 땅에 정착하게 됩니다. 이는 고유의 신앙과 문화를 지켜나가는데 매우 좋은 조건입니다.

마가복음 16장 : 부활을 목격하고 새 삶을 시작하는 제자들

- 눈을 들어본즉 벌써 돌이 굴려져 있는데 그 돌이 심히 크더라...(4-7)
- 예수께서 안식 후 첫날 이른 아침에 살아나신 후 전에 일곱 귀신을 쫓아내어 주신 막달라 마리아에게 먼저 보이시니...(9-10)
- 그 후에 그들 중 두 사람이 걸어서 시골로 갈 때에 예수께서 다른 모양으로 그들에게 나타나시니(12)
- 그 후에 열한 제자가 음식 먹을 때에 예수께서 그들에게 나타나사 그들의 믿음 없는 것과 마음이 완악한 것을 꾸짖으시니 이는 자기가 살아난 것을 본 자들의 말을 믿지 아니함일러라...(14-18), (20)

3명의 충성스런 여성 제자들이 예수님의 부활을 목격하고 증언하는 중요한 역할을 담당합니다. 1세기의 여성은 지위가 매우 낮았고, 증인으로서 인정을 받지 못했으며, 특히 당시 종교적인 역할과 기능에서 철저히 배제되어 있었습니다. 그럼에도 불구하고 여성에 의해 부활의 소식이 전해졌다고 하는 것은 부활이 결코 조작일 수 없으며, 있는 그대로의 사실이 기록된 것임을 반증하는 것입니다. 부활하신 주님이 우리에게 주신 명령입니다. "너희는 온 천하에 다니며 만민에게 복음을 전하라"(15절)

욥기 12장 : 소발의 충고를 듣고 신앙적 새 삶을 꿈꾸는 욥

- 너희만 참으로 백성이로구나 너희가 죽으면 지혜도 죽겠구나...(2-4)
- 강도의 장막은 형통하고 하나님을 진노하게 하는 자는 평안하니 하나님이 그의 손에 후히 주심이니라(6)
- 지혜와 권능이 하나님께 있고 계략과 명철도 그에게 속하였나니...(13-17)
- 어두운 가운데에서 은밀한 것을 드러내시며 죽음의 그늘을 광명한 데로 나오게...(22-25)

하나님의 징벌로 지금의 고난이 온 것이 분명하니 지금이라도 회개하라고 종용하는 소발의 말에 대하여 욥이 대답합니다. 자신들이 아는 지식을 절대적인 것으로 여겨 강요하는 친구들에게 대해 욥은 "너희가 죽으면 지혜도 죽겠구나"(2절)라고 말합니다. '선한 자가 복을 받고, 악한 자가 벌을 받는다'는 전통적인 관점이 욥에게는 맞지 않습니다. 오히려 '악한 자가 번영하고, 의로운 자가 고난을 받는다'가 맞습니다. 요셉과 욥은 닮은 점이 있습니다. 이유를 알 수 없는 고난을 받았고, 후에는 더욱 큰 영광을 누렸다는 것입니다. 예수님 역시 죄를 짓지 않았음에도 불구하고 말로 형용할 수 없는 극한의 고난과 죽음을 겪으셨으며, 후에는 부활의 영광을 얻으셨습니다.

로마서 16장 : 바울로 인해 복음 안에서 새 삶을 사는 성도

- 내가 겐그레아 교회의 일꾼으로 있는 우리 자매 뵈뵈를 너희에게 추천하노니...(1-5)
- 내 친척이요 나와 함께 갇혔던 안드로니고와 유니아에게 문안하라 그들은 사도들에게 존중히 여겨지고 또한 나보다 먼저 그리스도 안에 있는 자라(7)
- 그리스도 안에서 인정함을 받은 아벨레에게 문안하라 아리스도불로의 권속에게 문안하라(10)
- 주 안에서 택하심을 입은 루포와 그의 어머니에게 문안하라 그의 어머니는 곧 내 어머니니라(13), (16-20), (25-27)

2천년 전 여성은 철저히 남성에게 종속된 위치에 있었습니다. 그러나 바울의 동역자들이 등장하는 16장을 보면 여성들이 남성에게 종속된 위치에 있는 것이 아니라 중요한 위치를 차지하고 있습니다. 그녀들은 바울을 돕는 존경스러운 일꾼들이며, 교회공동체의 소중한 사람들입니다. 뵈뵈, 브리스가, 마리아, 유니아 등이 중요하게 언급됩니다. 교회는 놀라운 공동체입니다. 성별에 따라 차별하지 않았던 그리스도의 공동체는 모든 차이(민족, 성별, 나이, 사회적 위치)를 극복하며 동역함으로서, 복음이 세상을 어떻게 변혁시키는지 스스로를 증명해 냈습니다. 십자가복음은 모든 차이와 차별을 극복할 수 있는 능력입니다. 그리스도 안에서 하나 되지 못할 이유는 없습니다.

요셉을 통해 하나님은 하나님의 사람들을 어떻게 붙드시는지를 보여 주셨습니다. 한 마리의 참새도 귀히 여기시고 먹이시는 주님! 내 인생이 하나님의 손에 붙들려 있음을 고백합니다. 부활의 증인들이 전해준 십자가 복음을 귀히 여기고, 복음전파의 사명을 받았으니 그 사명을 다하기 위해 살아가게 하옵소서. 여러 가지 어려움으로 위축되어 있는 이 땅의 교회들을 긍휼히 여기시고, 내가 속한 공동체가 세상이 감당 못할 믿음의 공동체, 서로의 차이를 극복하며 복음의 진정성을 잘 드러내는 공동체가 되게 하옵소서.

2/14

본문 창세기 47장 | 누가복음 1장 1-38절 | 욥기 13장 | 고린도전서 1장
주제 **고생** (苦生, 어렵고 고된 일을 겪음)

주를 믿고 살아가는 하나님의 백성은 인생의 여정 속에서 이유를 알 수 없는 많은 고생을 경험한다. 하지만 고생을 견뎌냄으로써 하나님의 도구가 되며 후대의 영혼들에게 교훈적인 메시지가 된다.

창세기 47장 : 험악한 인생을 살아온 147년의 야곱의 고생

- 바로가 요셉의 형들에게 묻되 너희 생업이 무엇이냐 그들이 바로에게 대답하되 종들은 목자이온데 우리와 선조가 다 그러하니이다 하고...(3-4)
- 애굽 땅이 네 앞에 있으니 땅의 좋은 곳에 네 아버지와 네 형들이 거주하게 하되 그들이 고센 땅에 거주하고 그들 중에 능력 있는 자가 있거든 그들로 내 가축을 관리하게 하라(6)
- 바로가 야곱에게 묻되 네 나이가 얼마냐...(8-9)
- 기근이 더욱 심하여 사방에 먹을 것이 없고 애굽 땅과...(13-17), (20), (22-25)

요셉의 입지가 탄탄했기에 바로는 요셉이 요청한 지역에서 야곱일가가 살도록 하락했는데(4절), 야곱일가는 이집트 왕궁의 가축까지 관리하게 됩니다.(6절) 기근은 점점 더 심해져서 이집트의 백성들은 그들의 소유인 토지를 팔아서 양식을 구하게 되므로 이집트의 토지제도, 조세제도(1/5을 세금)가 새롭게 정착됩니다. 대기근으로 인한 어려운 시기임에도 불구하고 요셉으로 인하여 특별대우를 받아 부족함 없이 노년을 보낸 야곱이지만, 죽기 전에 자신의 시신을 꼭 조상의 묘지(가나안땅)에 묻어달라고 부탁합니다.(30절) 아무리 당장의 현실이 좋아 보여도, 하나님이 주신 약속의 땅은 가나안임을 잊지 않았던 것입니다.

누가복음 1장 1~38절 : 흠없이 살아온 엘리사벳의 자식없음의 고생

- 그 모든 일을 근원부터 자세히 미루어 살핀 나도 데오빌로 각하에게 차례대로 써 보내는 것이 좋은 줄 알았노니...(3-7)
- 천사가 그에게 이르되 사가랴여 무서워하지 말라 너의 간구함이 들린지라 네 아내 엘리사벳이 네게 아들을 낳아 주리니 그 이름을 요한이라 하라...(13-17)
- 천사가 대답하여 이르되 나는 하나님 앞에 서 있는 가브리엘이라 이 좋은 소식을 전하여 네게 말하라고 보내심을 받았노라(19), (24-38), (41-43)

세례요한과 예수님의 탄생 모두 하나님의 개입이 아니면 설명하기 어렵습니다. 제사장 사가랴와 엘리사벳은 그 옛날 아브라함과 사라처럼 나이가 많아 임신이 불가능했습니다. 천사 가브리엘이 사가랴에게 수태고지를 했을 때 사가랴는 불가능한 현실로 인하여 믿지 못합니다.(18절) 그는 세례요한의 출생 때까지 말을 못하게 되었습니다. 마리아의 임신은 더욱 불가능합니다. 약혼한 상태이지만, 남자를 가까이 하지 않았기 때문입니다. 그럼에도 불구하고 가브리엘의 수태고지에 대하여 "주의 여종이이오니 말씀대로

내게 이루어지이다"라며 순종의 마음으로 받아들입니다.(38절) 분명한 하나님의 말씀이라면 계산 및 판단하지 않고 있는 그대로 받아들이는 것이 믿음입니다.

욥기 13장 : 벗의 정죄와 하나님의 침묵에 대한 욥의 고생

- 나의 눈이 이것을 다 보았고 나의 귀가 이것을 듣고 깨달았느니라...(1-4)
- 너희가 하나님의 낯을 따르려느냐 그를 위하여 변론하려느냐...(8-13)
- 너희들은 내 말을 분명히 들으라 내가 너희 귀에 알려 줄 것이 있느니라(17)
- 오직 내게 이 두 가지 일을 행하지 마옵소서 그리하시면 내가 주의 얼굴을 피하여 숨지 아니하오리니...(20-24)
- 나는 썩은 물건의 낡아짐 같으며 좀 먹은 의복 같으니이다(28)

악과 고통의 문제는 생각보다 복잡합니다. '죄를 지었으니 고통이 찾아왔다(형벌을 받았다)'라는 단순한 구도로 풀리지 않습니다. 무질서하게 보이는 세상사 역시 하나님의 주권 아래 있습니다. 욥은 그것을 알았기에 하나님과 변론하고자 합니다.(3절) 내게 묻는 말에 제발 대답해 달라고, 자신에게 죄가 있다면 알게 하시고, 숨어 계시지 말고 말씀해 달라고, 왜 나를 원수처럼 여기시냐고 묻습니다.(20~28절) 욥의 친구들은 그를 위로하지 못했고, 욥의 입장에서는 그들 모두 쓸모없는 친구들입니다.(4절)

고린도전서 1장 : 교회 내의 파벌과 분쟁에 따른 바울의 고생

- 이는 너희가 그 안에서 모든 일 곧 모든 언변과 모든 지식에 풍족하므로...(5-8)
- 형제들아 내가 우리 주 예수 그리스도의 이름으로 너희를 권하노니 모두가 같은 말을 하고 너희 가운데 분쟁이 없이 같은 마음과 같은 뜻으로 온전히 합하라(10)
- 내가 이것을 말하거니와 너희가 각각 이르되 나는 바울에게, 나는 아볼로에게, 나는 게바에게, 나는 그리스도에게 속한 자라 한다는 것이니...(12-13)
- 그리스도께서 나를 보내심은 세례를 베풀게 하려 하심이 아니요 …말의 지혜로 하지 아니함은 그리스도의 십자가가 헛되지 않게 하려 함이라(17), (21-25)

바울은 이 편지의 수신자에 대해 "그리스도 예수 안에서 거룩하여지고" "성도라 부르심을 받은 자들"이라고 표현합니다.(2절) '거룩'과 '성도'는 같은 단어에서 파생되어 나온 단어입니다. 성도는 하나님의 부르심으로 구별된 거룩한 백성입니다. 그런데 고린도 교회는 많은 문제가 있었습니다. 여러 파당으로 나뉘어 있었습니다.(12절) 누구에게서 세례를 받았느냐?는 중요하지 않습니다. 그들은 자신들이 추종하는 선생님이 아닌 예수 그리스도를 자랑하는 자여야 합니다. "십자가에 못 박히신 그리스도는 유대인에게는 거리끼는 것이요, 헬라인에게는 미련한 것이지만 부르심을 입은 자들에게는 하나님의 (구원의) 지혜"입니다.(23,24절)

이집트에서 편안한 노년을 보내면서도 야곱이 약속의 땅을 잊지 않은 것처럼, 이 땅에 사는 동안 내가 돌아갈 본향이 있음을 잊지 않게 하옵소서. 그리스도의 십자가가 나의 자랑이 되게 하시고, 하나님의 말씀을 잘 믿는 복을 허락하여 주옵소서. 오늘도 하나님이 주권적으로 온 세상을 통치하고 계심을 믿습니다.

2/15

본문 창세기 48장 | 누가복음 1장 39-80절 | 욥기 14장 | 고린도전서 2장
주제 미래 (未來, 앞으로 올 날이나 때)

하나님은 과거의 죄를 다 기억하시고 또한 현재의 언행심사도 다 아신다. 그 것에 근거하여 미래를 설계, 수정, 보완하심을 알아야 한다.

창세기 48장 : 축복안수를 받은 므낫세와 에브라임의 미래

- 어떤 사람이 야곱에게 말하되 네 아들 요셉이 네게 왔다 하매 이스라엘이 힘을 내어 침상에 앉아...(2-5)
- 요셉이 그의 아버지에게 아뢰되 이는 하나님이 여기서 내게 주신 아들들이니이다 아버지가 이르되 그들을 데리고 내 앞으로 나아오라 내가 그들에게 축복하리라...(9-11)
- 이스라엘이 오른손을 펴서 차남 에브라임의 머리에 얹고 왼손을 펴서 므낫세의 머리에 얹으니 므낫세는 장자라도 팔을 엇바꾸어 얹었더라...(14-19), (22)

요셉의 두 아들에 대한 특별한 축복의식이 진행됩니다. 우선 야곱은 요셉의 두 아들인 므낫세와 에브라임을 양자로 맞아들입니다. 므낫세와 에브라임은 자신의 아버지 형제의 항렬로 인정받게 되었습니다. 그로 인해 이스라엘 12지파에 요셉지파가 아닌 므낫세와 에브라임 지파로 각각 따로 세워지게 되었습니다. 그리고 야곱은 차자인 에브라임이 더 크게 번성할 것을 선언합니다. 나름대로 살 길을 찾아 머리를 굴리며 살았던 야곱은 얍복강에서 하나님과의 만남 이후 이스라엘로 이름이 바뀌었습니다. 그는 이제 자신의 인생을 두고서 "나의 출생으로부터 지금까지 나를 기르신 하나님"(15절)을 고백합니다. 현재까지 그의 인생은 하나님의 특별한 선택과 동행의 결과입니다. 우리 역시 마찬가지로 오늘에 이르기까지 하나님의 특별한 선택과 동행하심이 있었습니다.

누가복음 1장 39-80절 : 사가랴와 엘리사벳의 아들 요한의 미래

- 엘리사벳이 마리아가 문안함을 들으매 아이가 복중에서 뛰노는지라 엘리사벳이 성령의 충만함을 받아...(41-43)
- 마리아가 이르되 내 영혼이 주를 찬양하며...(46-48)
- 엘리사벳이 해산할 기한이 차서 아들을 낳으니(57)
- 그가 서판을 달라 하여 그 이름을 요한이라 쓰매 다 놀랍게 여기더라...(63-64)
- 그 부친 사가랴가 성령의 충만함을 받아 예언하여 이르되(67), (76-80)

천사 가브리엘의 고지 이후 마리아는 엘리사벳을 방문하여 그녀의 임신을 확인하게 됩니다. 마리아는 임신 초기라 육안으로 확인할 수 없는 상태이나 엘리사벳은 임신 6개월이 넘었기 때문에 상당히 배가 불렀을 것입니다.(1:36) 그런데 마리아의 방문에 엘리사벳의 뱃속에 있는 세례요한이 기뻐 뜁니다. 마리아의 뱃속엔 눈에 보이지도 않을 아주 작은 태아가 있었겠지만 메시아의 방문에 요한도 기뻐하고, 엘리사벳도 성령 충만하여

복된 선포를 하게 됩니다.(42~45절) 마침내 메시아의 사역을 소개할 선지자 요한이 먼저 탄생하게 됩니다.(57절)

욥기 14장 : 하나님의 침묵으로 욥이 느끼는 부정적 미래

- 나무는 희망이 있나니 찍힐지라도 다시 움이 나서 연한 가지가 끊이지 아니하며...(7-10)
- 주는 나를 스올에 감추시며 주의 진노를 돌이키실 때까지 나를 숨기시고 나를 위하여 규례를 정하시고 나를 기억하옵소서...(13-15)
- 물은 돌을 닳게 하고 넘치는 물은 땅의 티끌을 씻어버리나이다 이와 같이 주께서는 사람의 희망을 끊으시나이다...(19-22)

욥은 자신의 처지에 대해 한탄합니다. 지극히 짧은 인생을 사는 가운데 현재의 고난은 너무 감당하기 어렵고, 두 번 사는 인생도 아닙니다. 또한 인간은 본질적으로 부정하여서 깨끗한 것이 나올 수 없는 존재입니다.(4절) "나무는 찍힐지라도 다시 움이 나지만"(7절) 찍힌 나무는 다시 소생하지만 죽은 사람은 그의 육신이 다시 살아나지 않습니다. 이렇게 보잘 것 없는 자신을 하나님이 눈여겨 보고 심판하시겠다는 것을 도저히 이해할 수 없습니다.(3절) 욥은 하나님께 다소간의 안식을 얻을 수 있도록 감시의 눈길을 거두어 달라고 요청합니다.(6절) 그의 이러한 한탄은 곧 그의 기도입니다. 원망이 담긴 듯한 그의 기도 속에 자신의 인생에 대한 정확한 고백도 담겨있습니다. "그의 날을 정하셨고 그의 달 수도 주께 있으므로 그의 규례를 정하여 넘어가지 못하게 하셨사온즉"(5절) 인생의 주체는 하나님이며, 자신은 그에 따라 살아가는 수동적 존재일 뿐입니다.

고린도전서 2장 : 주의 마음을 가진 자의 능력과 감추인 미래

- 내가 너희 중에서 예수 그리스도와 그가 십자가에 못 박히신 것 외에는 아무 것도 알지 아니하기로 작정하였음이라(2)
- 내 말과 내 전도함이 설득력 있는 지혜의 말로 하지 아니하고 다만 성령의 나타나심과 능력으로 하여...(4-8)
- 오직 하나님이 성령으로 이것을 우리에게 보이셨으니 성령은 모든 것 곧 하나님의 깊은 것까지도 통달하시느니라...(10-13), (15-16)

바울은 십자가에 못 박힌 그리스도에 대하여 하나님의 구원의 능력이요 지혜라고 말했습니다.(1:24) 그리고 이것은 하나님이 우리의 영광을 위하여 만세 전부터 미리 정하신 것입니다.(7절) 사람들이 생각하지 못했던 방법으로 하나님은 구원하신 것입니다. 그리고 이 사실을 세상의 지혜로는 알 수가 없습니다. "우리가 세상의 영을 받지 아니하고 오직 하나님으로부터 온 영을 받았으니 이는 우리로 하여금 하나님께서 우리에게 은혜로 주신 것들을 알게 하려 하심이라"(12절)

내 삶은 하나님의 섭리 아래 있습니다. 하나님의 영을 주사, 구원의 지혜인 십자가 복음을 알게 하신 은혜에 감사드립니다. 엘리사벳처럼 성령 충만하여져서 하나님이 행하시는 일을 알게 하시고, 고난 가운데 있다면 하나님의 뜻이 분명해 질 때까지 끝까지 인내하며 승리하게 하옵소서.

2/16

본문 창세기 49장 | 누가복음 2장 | 욥기 15장 | 고린도전서 3장

주제 **선포** (宣布, 세상에 널리 알림)

하나님은 종을 통해 우리에게 기쁜 소식을 선포하신다. 또한 사역자도 성도와 세상을 향해 좋은 소식과 바른 교훈을 선포한다. 하지만 선포할 때 항상 나의 견해를 주장하는 것이 아닌가를 수시로 살펴야 한다.

창세기 49장 : 임종 즈음 열 두 아들에게 축복을 선포하는 야곱

- 야곱이 그 아들들을 불러 이르되 너희는 모이라 너희가 후일에 당할 일을 내가 너희에게 이르리라(1)
- 르우벤아 너는 내 장자요 내 능력이요 내 기력의 시작이라 위풍이 월등하고...(3-5)
- 그 노여움이 혹독하니 저주를 받을 것이요 분기가 맹렬하니 저주를 받을 것이라 내가 그들을 야곱 중에서 나누며...(7-8), (10), (13-14), (16-17), (19-22), (27-29), (31)

죽음을 앞둔 아버지(야곱)가 행한 중요한 일은 다음 세대를 하나님의 약속과 연결시켜 주는 것입니다. 48장의 요셉의 두 아들에 관한 축복의 선언에 이어서 49장은 그의 아들들에 대한 유언이자 예언의 말씀을 선포합니다. 특별히 유다(8~12절)와 요셉(22~26절)에 관한 내용이 풍성합니다. 예언대로 그들의 후손이 각각 남유다왕국과 북이스라엘왕국의 주도적인 지파가 됩니다. 그리고 야곱은 자신의 장례에 관한 부탁(29~33절)을 합니다. 그는 "헷 사람 에그론의 밭에 있는 굴에 우리 선조와 함께 장사하라"(29절)고 분명하게 지시합니다. 그가 언급한 장소는 하나님이 주신 약속의 땅 가나안에 있으며 그의 조부 아브라함이 헷 사람에게서 구매한 것입니다. 화려하고 부족함이 없는 이집트에서 노년을 보내고 있지만, 야곱은 이집트에 마음을 두지 않습니다. 우리가 이 땅에서 해야 할 중요한 과업이자 마지막 미션은 우리의 다음 세대와 하나님을 이어주는 것임을 잊지 마시기 바랍니다.

누가복음 2장 : 목자들에게 구주 예수 탄생을 선포하는 천사

- 그 때에 가이사 아구스도가 영을 내려 천하로 다 호적하라 하였으니(1)
- 요셉도 다윗의 집 족속이므로 갈릴리 나사렛 동네에서 유대를 향하여 베들레헴이라 하는 다윗의 동네로...(4-7)
- 천사가 이르되 무서워하지 말라 보라 내가 온 백성에게 미칠 큰 기쁨의 좋은 소식을 너희에게 전하노라...(10-11)
- 지극히 높은 곳에서는 하나님께 영광이요 땅에서는 하나님이 기뻐하신 사람들 중에 평화로다 하니라(14), (21-25), (28), (34-38), (41), (46)

예수님의 탄생에 대하여 천사들은 "지극히 높은 곳에서는 하나님께 영광이요 땅에서는 하나님이 기뻐하신 사람들 중에 평화"라고 노래합니다.(14절) 이 땅에 오신 예수님은 우리와 하나님과의 깨어진 관계를 회복하여 평화를 이루고, 우리가 하나님의 영광을 선포

하는 존재가 되게 하셨습니다. 아기 예수님을 보게 된 시므온은 놀라운 선언을 합니다. 예수님에 대하여 어떻게 반응하냐에 따라서 패하거나 흥하게 되며, 예수님은 비방의 표적으로 세움받았다는 것입니다.(34절) 십자가의 길을 가는 동안 예수님은 많은 반대와 비난, 조롱, 저주에 노출될 것입니다. 그의 선언대로 예수님은 우리를 위해 비방의 표적이 되셨습니다.

욥기 15장 : 욥에게 자신의 가치관을 선포하는 엘리바스

- 참으로 네가 하나님 경외하는 일을 그만두어 하나님 앞에 묵도하기를 그치게 하는구나...(4-6)
- 네가 아는 것을 우리가 알지 못하는 것이 무엇이냐 네가 깨달은 것을 우리가 소유하지 못한 것이 무엇이냐...(9-13)
- 하물며 악을 저지르기를 물 마심 같이 하는 가증하고 부패한 사람을 용납하시겠느냐...(16-18)
- 이는 그의 손을 들어 하나님을 대적하며 교만하여 전능자에게 힘을 과시하였음이니라...(25-26)

엘리바스는 또 한번 욥의 마음을 격동시킵니다. 그는 '하나님을 잘 믿으면 복을 받고, 하나님의 말씀을 거역하면 벌을 받는다'는 한 가지 원리에 욥의 인생을 대입하여, 이토록 큰 벌을 받는다는 것은 큰 죄를 지었을 것이라는 생각을 욥에게 또 한번 강요합니다. 하나님은 만복의 근원이십니다. 복의 주체이자, 주권자이십니다. 에서와 야곱은 쌍둥이였지만 그들이 태어나기도 전에 하나님은 야곱을 축복의 계보로 정해 놓으셨으며, 유다 역시 길거리의 창녀를 찾는 부도덕한 자였으나 야곱을 잇는 축복의 계보가 되었습니다. 우리가 이해하는 원리대로 세상 모든 것이 풀리지 않습니다. 하나님의 주권, 하나님의 의지로 인하여 복과 저주가 결정됩니다.

고린도전서 3장 : 성도에게 위치, 사역, 존재를 선포하는 바울

- 형제들아 내가 신령한 자들을 대함과 같이 너희에게 말할 수 없어서 육신에 속한 자 곧 그리스도 안에서 어린 아이들을 대함과 같이 하노라...(1-3)
- 나는 심었고 아볼로는 물을 주었으되 오직 하나님께서 자라나게 하셨나니...(6-9)
- 이 닦아 둔 것 외에 능히 다른 터를 닦아 둘 자가 없으니...(11-13), (16-17), (21-23)

고린도 교회는 특정 사역자들의 이름을 내세우며 분열하고 있었습니다. 바울은 사역자들의 수고를 인정하되, 결국 자라게 하시는 분은 하나님이시기에 하나님을 높여야 하며, 사역자들은 각각 하나님이 주신 사명을 감당할 뿐임을 부각시킵니다.(3~9절) 성도는 하나님의 성전입니다. 하나님의 성령이 내주하시기 때문입니다. 그러므로 성도 개인이든 교회 공동체이든 거룩하고 아름답게 유지되어야 합니다. 특히 공동체로서의 교회는 그리스도 안에서 하나 됨을 지켜 나가야 합니다.(16,17절)

연약한 아기인 예수님을 향해 시므온은 '비방의 표적'이 되실 분이라고 선포합니다. 죄가 없으시지만 나를 대신하여 비방과 비난을 들으셔야 했으며, 고난과 죽음의 길을 가셔야 했던 예수님을 사랑합니다. 이제 나는 하나님의 영이신 성령님이 내주하시는 하나님의 성전이 되었습니다. 거룩하고 아름다운 존재가 되게 하옵소서.

2/17

본문 창세기 50장 | 누가복음 3장 | 욥기 16-17장 | 고린도전서 4장

주제 행위 (行爲, 사람이 의지를 가지고 행하는 언행)

인간은 죄악 속에서 산다. 그 죄를 씻는 길은 말에 있는 것이 아니라 행동에 있다. 믿는 자는 행위로 믿음을 증명하고 속죄함에 이른다.

창세기 50장 : 요셉은 덕스러운 행위로 평화를 이룸

- 사십 일이 걸렸으니 향으로 처리하는 데는 이 날수가 걸림이며 애굽 사람들은 칠십 일 동안 그를 위하여 곡하였더라(3)
- 바로가 이르되 그가 네게 시킨 맹세대로 올라가서 네 아버지를 장사하라...(6-9)
- 요셉의 형제들이 그들의 아버지가 죽었음을 보고 말하되 요셉이 혹시 우리를 미워하여 우리가 그에게 행한 모든 악을 다 갚지나 아니할까 하고...(15-17)
- 요셉이 그들에게 이르되 두려워하지 마소서 내가 하나님을 대신하리이까...(19-22), (24)

죽기 전 야곱이 남긴 유언대로 요셉은 가나안땅에서 아버지 야곱의 장례를 치룹니다. 아버지가 죽자 형들은 보호막이 사라졌다고 생각해서, 요셉에게 생명을 구걸합니다. 이미 요셉은 형들에게 자신을 공개한 순간 "당신이 나를 판 것이 아니라 하나님이 생명을 구원하시려고 나를 이집트로 보내셨으니 근심하지 말라"고 말한 바 있습니다.(45:5) 다시 한번 요셉은 "당신들은 나를 해하려 하였으나 하나님이 그것을 선으로 바꾸셔서 많은 생명을 구원하게 하셨으니 두려워하지 말라"고 형들을 위로합니다.(20,21절)

누가복음 3장 : 죄인은 회개에 합당한 행위로 열매를 맺음

- 안나스와 가야바가 대제사장으로 있을 때에 하나님의 말씀이 빈 들에서 사가랴의 아들 요한에게 임한지라...(2-3)
- 요한이 세례 받으러 나아오는 무리에게 이르되 독사의 자식들아 누가 너희에게 일러 장차 올 진노를 피하라 하더냐...(7-8)
- 대답하여 이르되 옷 두 벌 있는 자는 옷 없는 자에게 나눠 줄 것이요 먹을 것이 있는 자도 그렇게 할 것이니라 하고(11)
- 요한이 모든 사람에게 대답하여 이르되 나는 물로 너희에게 세례를 베풀거니와 나보다 능력이 많으신 이가 오시나니 나는 그의 신발끈을 풀기도 감당하지 못하겠노라 그는 성령과 불로 너희에게 세례를 베푸실 것이요...(16-17), (21-22), (23)

세례요한은 메시아의 본격적인 사역에 앞서 이스라엘 가운데 회개의 세례를 전파합니다. 회개의 증거는 삶 가운데 구체적으로 나타나야 합니다.(7~14절) 예수님도 세례 요한으로부터 회개의 세례를 받습니다. 그는 죄가 없으시지만 죄인을 대표하여 죄인을 위한 세례를 받으십니다. "그는 근본 하나님과 본체시나 하나님과 동등됨을 취할 것으로 여기지 아니하시고 오히려 자기를 비워 종의 형체를 가지사 사람들과 같이 되셨고"(빌

2:6,7) 이어서 예수님의 계보가 등장합니다. 그는 참 하나님이시며(22절), 참 인간입니다.(23절)

욥기 16-17장 : 욥은 정결이라는 행위로 신앙을 지킴

- 욥이 대답하여 이르되(16:1)
- 나도 너희처럼 말할 수 있나니 가령 너희 마음이 내 마음 자리에 있다 하자 나도 그럴 듯한 말로 너희를 치며 너희를 향하여 머리를 흔들 수 있느니라...(16:4-6)
- 무리들은 나를 향하여 입을 크게 벌리며 나를 모욕하여 뺨을 치며 함께 모여 나를 대적하는구나(16:10)
- 내가 평안하더니 그가 나를 꺾으시며 내 목을 잡아 나를 부서뜨리시며 나를 세워 과녁을 삼으시고...(16:12-13), (16:17), (16:19-21), (17:9), (17:14-15)

'죄를 지은만큼 무거운 형벌을 받는 게 맞다'는 엘리바스의 말에 대한 욥의 답변입니다. 욥은 판단이 아닌 위로가 필요합니다. 만약 자신이 친구들 입장이었다면 먼저 위로할 것이라고 말합니다.(16:5) 엘리바스의 조언은 욥에게 또 다른 재난과도 같습니다.(16:2) 욥은 자신이 겪는 부당한 고통에 대하여 하나님께 자신의 진정성을 호소합니다.(16:19~21) 친구들로 인해 욥은 더욱 심한 고통을 받게 됩니다. 때론 내가 속한 공동체로부터 상처를 받게 됩니다. 이때 욥의 대처는 3절입니다. "나에게 담보물을 주소서 나의 손을 잡아 줄 자가 누구리이까?" 즉, 하나님이여 나를 위해 담보가 되어 주소서!

고린도전서 4장 : 일꾼은 충성이라는 행위로 본을 보임

- 사람이 마땅히 우리를 그리스도의 일꾼이요 하나님의 비밀을 맡은 자로 여길지어다...(1-2)
- 그러므로 때가 이르기 전 곧 주께서 오시기까지 아무 것도 판단하지 말라 그가 어둠에 감추인 것들을 드러내고 마음의 뜻을 나타내시리니 그 때에 각 사람에게 하나님으로부터 칭찬이 있으리라...(5-6)
- 내가 생각하건대 하나님이 사도인 우리를 죽이기로 작정된 자 같이 끄트머리에 두셨으매 우리는 세계 곧 천사와 사람에게 구경거리가 되었노라...(9-13), (15-16), (20-21)

그리스도의 일꾼은 하나님의 비밀을 맡은 자입니다.(1절) 세상 일이 아니라 하나님의 비밀, 즉 복음을 맡은 자는 충성(주인의 뜻을 알고, 그 뜻에 충실하게 일하는 것)해야 합니다.(2절) 고린도 성도들은 스스로를 지혜롭고, 강하고, 영광스런 존재로 생각했습니다.(6~8절) 그러나 바울은 그들의 교만을 책망하며, 참된 그리스도의 삶을 고난과 낮아짐, 비천함으로 묘사합니다.(9~13절) 그는 양식을 벌기 위해 직접 노동을 했고, 신체적 핍박을 받았습니다.(고후11:23~29) 세상에 대하여는 미련한 자가 되었습니다.(고전3:18) "자랑하는 자는 오직 주안에서 자랑해야 합니다."(고전1:31)

죄 없으신 예수님이 세례를 받은 것은 죄인인 나를 구원하기 위한 과정이었습니다. 복음의 비밀을 알게 하셨으니, 복음을 위한 충성된 일꾼으로 살아가게 하옵소서.

2/18

본문 출애굽기 1장 | 누가복음 4장 | 욥기 18장 | 고린도전서 5장

주제 권세 (權勢, 권력과 세력을 아울러 이르는 말)

영과 육, 그리고 믿는 자와 믿지 않는 자를 다스리는 권세는 하나님께 있으며 주의 허락하심에 따라 그의 종들에게 부어 주신다.

출애굽기 1장 : 영아살해 중 생명을 지키시는 하나님의 권세

- 요셉과 그의 모든 형제와 그 시대의 사람은 다 죽었고...(6-11)
- 어려운 노동으로 그들의 생활을 괴롭게 하니 곧 흙 이기기와 벽돌 굽기와 농사의 여러 가지 일이라 그 시키는 일이 모두 엄하였더라...(14-17)
- 하나님이 그 산파들에게 은혜를 베푸시니 그 백성은 번성하고 매우 강해지니라...(20-21)

야곱 일가는 생육하고 번성하여 민족을 이루게 됩니다. 그 사이 이집트는 왕조가 바뀌었습니다. 새로운 왕조는 급속히 불어나는 히브리민족에 대하여 경계하며, 그들의 수를 조절하기 위한 억제정책을 펴게 되는데, 효과가 없자 점점 그 강도를 높이다가 급기야는 남아 살해 명령을 내리기에 이릅니다. 하나님의 백성들에 대한 강한 핍박과 고난은 하나님이 일으키는 새 역사의 때가 오고 있음을 예고합니다.

누가복음 4장 : 마귀와 질병을 물리치시는 예수님의 권세

- 예수께서 성령의 충만함을 입어 요단 강에서 돌아오사 광야에서 사십 일 동안 성령에게 이끌리시며...(1-6)
- 마귀가 모든 시험을 다 한 후에 얼마 동안 떠나니라(13)
- 예수께서 그 자라나신 곳 나사렛에 이르사 안식일에 늘 하시던 대로 회당에 들어가사 성경을 읽으려고 서시매(16)
- 이에 예수께서 그들에게 말씀하시되 이 글이 오늘 너희 귀에 응하였느니라 하시니...(21-22)
- 내가 참으로 너희에게 이르노니 엘리야 시대에 하늘이 삼 년 육 개월간 닫히어 온 땅에 큰 흉년이 들었을 때에 이스라엘에 많은 과부가 있었으되...(25-27), (32), (36), (38-39), (43)

예수님은 광야에서의 시험을 이기십니다. 우리는 1절의 "성령의 충만함을 입어"와 14절의 "성령의 능력으로"에 대해 주목해야 합니다. 성령의 능력이 아니고서는 주님을 위해 살아갈 수 없습니다. 우리가 날마다 구해야 하는 것은 성령의 임재, 성령의 충만함입니다.

앞서 시므온은 아기 예수님에 대하여 "이스라엘 중 많은 사람을 패하거나 흥하게 할 것"을 예언하였습니다.(2:34) 예수님에 대한 고향 나사렛 사람들의 태도는 안타깝게도 배척이었습니다. 예수님을 거부하는 나사렛을 떠나 가버나움으로 오신 예수님은 이곳에서 많은 병자를 고치십니다. 귀신을 내어 쫓고, 열병을 치유하시고, 온갖 병자들을 고치심으로 당신이 이 땅에 온 목적이 사람들을 사탄의 속박에서 건지고, 병을 고치며, 온

전케 하기 위함임을 나타내십니다.

욥기 18장 : 빌닷이 악인 욥에게 설명하는 심판의 권세

- 어찌하여 우리를 짐승으로 여기며 부정하게 보느냐...(3-8)
- 그의 힘은 기근으로 말미암아 쇠하고 그 곁에는 재앙이 기다릴 것이며...(12-13)
- 그에게 속하지 않은 자가 그의 장막에 거하리니 유황이 그의 처소에 뿌려질 것이며...(15-17)
- 그는 그의 백성 가운데 후손도 없고 후예도 없을 것이며 그가 거하던 곳에는 남은 자가 한 사람도 없을 것이라(19)
- 참으로 불의한 자의 집이 이러하고 하나님을 알지 못하는 자의 처소도 이러하니라(21)

빌닷의 두 번째 말입니다. 빌닷은 엘리바스의 말을 상당부분 되풀이 합니다. 욥이 무죄를 주장한다고 땅이 버림을 받거나(황무지가 되거나) 바위가 갑자기 옮겨지는 것은 아니라고 말합니다.(4절) 빌닷이 이렇게 말하는 이유는 욥의 무죄 주장이 창조질서(보상의 교리, 권선징악)를 바꾸려는 것과도 같은 오만함에서 비롯된 것이라는 생각을 하고 있기 때문입니다. 끝내 회개 하지 않는다면, 악인이나 다름없는 욥은 불행한 최후가 예정되어 있다고 주장합니다.(5~6절) 빌닷은 악인이 겪을 고통(12~13절 기근과 질병, 14절 불치병, 15절 추방, 16절 가뭄, 17절 세상에서 명성이 사라짐, 18절 공동체 안에서 자리가 없어짐, 19절 무자녀)을 언급하며, 욥의 회개를 강요합니다. 욥의 고통을 악인이 겪는 고통과 동일시 하는 것입니다. 그는 욥의 상황을 잘못 이해하고 있습니다.

고린도전서 5장 : 교회 안에 있는 범죄한 형제를 치리하는 권세

- 너희 중에 심지어 음행이 있다 함을 들으니 그런 음행은 이방인 중에서도 없는 것이라 누가 그 아버지의 아내를 취하였다 하는도다(1)
- 내가 실로 몸으로는 떠나 있으나 영으로는 함께 있어서 거기 있는 것 같이 이런 일 행한 자를 이미 판단하였노라...(3-5)
- 너희는 누룩 없는 자인데 새 덩어리가 되기 위하여 묵은 누룩을 내버리라 우리의 유월절 양 곧 그리스도께서 희생되셨느니라...(7-8)
- 이 말은 이 세상의 음행하는 자들이나 탐하는 자들이나 속여 빼앗는 자들이나 우상 숭배하는 자들을 도무지 사귀지 말라 하는 것이 아니니 만일 그리하려면 너희가 세상 밖으로...(10-11)

고린도교회에 음행이 있었습니다. 더군다나 이는 이방인 중에도 없는 음행이 이었습니다.(1절) 그것은 근친상간의 문제였고, 교회 공동체는 이 사건을 통한히 여기지 않았고, 권징을 하지 않았습니다. 바울은 음행한 사람들에 대해 조치하지 않는 고린도교회를 책망합니다. 이런 것을 방치하면 교회에 악영향을 끼치게 됩니다. 개인이든 공동체이든 누룩을 제거해야 합니다. 성도에게 음행, 탐욕, 우상숭배, 모욕, 술취함, 속여 빼앗는 것은 합당치 않습니다.(11절)

음행과 더러움과 탐욕이 내 마음과 삶을 지배하지 못하게 하시고 예수님이 성령의 충만함을 입어 시험에서 이기신 것처럼 날마다 말씀과 성령으로 충만하게 하옵소서. 신앙의 이름으로 타인에게 폭력을 행사하지 않도록 겸손한 마음을 주시옵소서.

2/19

본문 출애굽기 2장 | 누가복음 5장 | 욥기 19장 | 고린도전서 6장
주제 도움

고해같은 세상을 살아갈 때 믿는 자는 하나님의 도움을 받는다. 따라서 주 예수 안에서 한 형제가 된 성도는 서로 도우며 살아가야 한다.

출애굽기 2장 : 영아살해 중에 모세를 살리는 세 여자의 도움

- 레위 가족 중 한 사람이 가서 레위 여자에게 장가 들어...(1-3)
- … 그가 그를 불쌍히 여겨 이르되 이는 히브리 사람의 아기로다(6)
- 바로의 딸이 그에게 이르되 이 아기를 데려다가 나를 위하여 젖을 먹이라...(9-12)
- 그가 이르되 누가 너를 우리를 다스리는 자와 재판관으로 삼았느냐...(14-15), (17), (19), (23)

고대 근동지역의 대기근 해결을 위해 조용히 요셉을 준비시키셨던 하나님은 이번에는 출애굽 역사를 위해 한 사람을 준비시킵니다. 몰래 기르다가 세 달 만에 갈대상자에 담겨 나일강에 띄워진 모세는 이집트 공주에 의해 발견되어 왕궁에서 자라게 됩니다. 게다가 모세를 젖 먹여 키운 유모는 다름 아닌 그의 친모였습니다. 성인이 된 모세는 동족을 때리던 이집트인을 죽이게 되고, 그로 인해 미디안광야로 도망가게 됩니다. 이스라엘 백성들을 향한 파라오의 정책은 더욱 혹독하게 변해갔고, 그들의 탄식과 부르짖음은 극에 달했습니다. 하나님은 아브라함과 이삭과 야곱과 세운 언약을 잊지 않으셨습니다.(24절)

누가복음 5장 : 제자와 환자를 변화시키는 예수님의 도움

- 말씀을 마치시고 시몬에게 이르시되 깊은 데로 가서 그물을 내려 고기를 잡으라.. (4-6)
- 시몬 베드로가 이를 보고 예수의 무릎 아래에 엎드려 이르되 주여 나를 떠나소서…(8)
- 그들이 배들을 육지에 대고 모든 것을 버려 두고 예수를 따르니라...(11-13)
- 무리 때문에 메고 들어갈 길을 얻지 못한지라...(19-20), (22-24), (27), (31-32), (36-38)

예수님은 베드로를 부르십니다. 예수님의 말씀대로 순종했더니 많은 물고기가 잡혔습니다. 이 기적을 경험하면서, 예수님의 존재에 대한 눈이 뜨여지게 됩니다. 자신은 죄인이기에 거룩하신 주님과 함께 할 수 없다고 고백합니다.(8절) 그러나 예수님은 죄인을 부르러 오셨습니다.(32절) 자신을 죄인이라고 고백한 사람을 예수님은 절대로 떠나지 않으십니다. 레위도 부르십니다.(27절) 세리는 영적, 도덕적으로 더럽고 부정한 죄인입니다. 예수님은 레위와 식탁교제를 나누셨는데, 이는 죄용서와 더불어 그를 하나님의 나라의 일원으로 받아주신다는 의미입니다. 레위(마태)는 제자가 되었습니다.
죄인을 부르신 예수님은 가정과 사회, 신앙공동체로부터 철저히 분리되어 살아야 했던 나병환자와 중풍병자의 병을 고치심으로 육신의 회복은 물론 가정과 사회로 환원이 가능하게 하셨습니다. 모든 약한 것들을 고치시는 예수님이십니다.

욥기 19장 : 하나님만이 자신의 도움이라는 욥의 고백

- 욥이 대답하여 이르되…(1-4)
- 그가 내 길을 막아 지나가지 못하게 하시고 내 앞길에 어둠을 두셨으며…(8-11)
- 나의 형제들이 나를 멀리 떠나게 하시니 나를 아는 모든 사람이 내게 낯선 사람이 되었구나(13)
- 내 아내도 내 숨결을 싫어하며 내 허리의 자식들도 나를 가련하게.. (17-18), (20-21), (25-27)

욥은 친구들로부터 버림받았다는 느낌을 갖고 있습니다.(1~3절) 또한 욥은 자신의 무죄함과 억울함을 여러 차례 하나님께 호소했음에도 불구하고 하나님이 여전히 침묵하심으로 정의가 사라진 듯한 상황을 만드셨다고 하나님께 불편한 감정을 호소합니다.(6~7절) 하나님이 자신의 영광을 거두어 가시고, 자신의 희망을 빼앗으셨다고도 말합니다.(8~10절) 욥은 자신의 대속자(고엘, 기업무를 자)가 자신의 정당함을 입증해 줄 것이라는 희망을 붙들고 있습니다. 그래서 죽음 이후에도 하나님을 보게 될 것이라고 말합니다.(25~27절) 이 구절은 우리의 영원한 대속자 되시며, 그로 말미암아 은혜의 보좌 앞에 우리를 세워주실 예수 그리스도와 연결됩니다.

고린도전서 6장 : 성도 간에 도움이 되어야 함을 가르치는 바울

- 너희 중에 누가 다른 이와 더불어 다툼이 있는데 구태여 불의한 자들 앞에서 고발하고…(1-2)
- 내가 너희를 부끄럽게 하려 하여 이 말을 하노니 너희 가운데 그 형제간의 일을…(5-7)
- 불의한 자가 하나님의 나라를 유업으로 받지 못할 줄을 알지 못하느냐 미혹을 받지 말라 음행하는 자나 우상 숭배하는 자나 간음하는 자나…(9-10), (12), (17), (19-20)

성도가 성도를 대상으로 한 소송이나 교회 안에서의 문제를 사회법에 호소하는 것이 빈번한 오늘날 이 본문을 주목해야 합니다. 오늘날의 교회가 지탄을 받는 이유 중 하나가 자정능력을 상실한 교회의 모습 때문입니다. 바울은 법정 소송 보다는 '성도'라는 거룩한 신분과 형제 사랑에 초점을 맞춥니다. 법정 다툼보다는 교회안의 지혜자의 권고에 의해 조정되고 문제가 해결되는 방안이 좋은데, 본문을 보면 오늘날의 교회가 얼마나 교회의 본래의 모습에서 벗어나 있는지를 알게 됩니다.

이 당시 문화로는 창녀를 찾는 것은 그리 큰 문제가 되지 않았습니다. 그러나 성도는 자신이 그리스도와 연합한 존재임을 알아야 합니다. 구원은 영과 몸을 포함한 전 인격적인 것입니다. 그리스도와 연합한 몸은 거룩한 하나님의 성전이며, 마지막 날에 영원히 썩지 않을 몸으로 변모할 것입니다. 성도의 몸은 그리스도의 지체이기에 우리는 먹는 것, 입는 것, 보는 것, 가는 곳, 일상, 휴식 등 전반적인 것에 거리낌이 없어야 합니다. "내가 문이니 나로 말미암아 들어가면 구원을 받고 또는 들어가며 나오며 꼴을 얻으리라"(요10:9) 문화인이 되겠다는 핑계로 그리스도를 떠나는 일이 없어야 합니다.

노아와 맺은 무지개 언약, 아브라함과 맺은 언약, 이스라엘 백성과 맺은 시내산 언약에 이르기까지 이 모든 언약에 대하여 하나님은 신실하셨습니다. 그리고 때가 되어 예수 그리스도를 보내심으로 십자가 언약을 완성하셨습니다. 내 주와 맺은 언약에 대하여 나도 신실함으로 응답하게 하옵소서.

2/20

본문 출애굽기 3장 | 누가복음 6장 | 욥기 20장 | 고린도전서 7장

주제 **견해** (見解, 사물이나 현상을 바라보는 생각이나 입장)

사람은 생각하는 존재다. 하나님의 속성을 닮은 것이다. 생각의 산물은 견해다. 주관적, 신앙적, 섭리적 견해가 세상에 영향을 준다.

출애굽기 3장 : 학대받는 이스라엘 자손에 대한 하나님의 견해

- 모세가 그의 장인 미디안 제사장 이드로의 양 떼를 치더니 그 떼를 광야 서쪽으로 인도하여 하나님의 산 호렙에 이르매...(1-2)
- 여호와께서 그가 보려고 돌이켜 오는 것을 보신지라 하나님이 떨기나무 가운데서 그를 불러 이르시되 모세야 모세야 하시매 그가 이르되 내가 여기 있나이다(4), (7-10), (14), (17-18), (21-22)

출애굽기 2장의 마지막 내용은 '하나님이 언약을 기억하셨고, 이스라엘 자손을 돌보셨고 기억하셨다'입니다.(24,25절) 모세를 부르시는 것은 바로 하나님이 언약을 기억하사 이스라엘을 돌보시기 위함입니다. 이집트 사람을 죽인 모세가 미디안광야로 도피한 후 약 40여년의 시간을 지났습니다. 타지 않는 떨기나무를 보고 다가온 모세에게 하나님의 음성이 들립니다. '파라오에게 가서 내 백성을 구하라'는 하나님의 말씀에 대해 모세는 '자신이 누구이기에 가며, 어떻게 이스라엘 자손을 인도해 낼 수 있느냐?'는 반응을 보입니다.(11절) 소명을 거부하는 모세에게 하나님이 해주시는 확실한 보증은 "내가 반드시 너와 함께 있으리라"입니다.(12절) 즉, 임마누엘의 약속입니다. 성경의 역사는 언약을 지키시는 하나님이 불순종과 죄를 일삼는 이스라엘 백성과 끝까지 함께 하신 이야기이며, 이 역사의 하이라이트는 예수님의 십자가의 고난과 죽음입니다. 예수님의 또 다른 이름이 바로 임마누엘입니다. "그의 이름은 임마누엘이라 하리라 하셨으니 이를 번역한즉 하나님이 우리와 함께 계시다 함이라"(마1:23)

누가복음 6장 : 안식일과 생활태도에 대한 예수님의 견해

- 안식일에 예수께서 밀밭 사이로 지나가실새 제자들이 이삭을 잘라 손으로 비비어...(1-2)
- 또 이르시되 인자는 안식일의 주인이니라 하시더라(5)
- 서기관과 바리새인들이 예수를 고발할 증거를 찾으려 하여 안식일에 병을 고치시는가...(7-10)
- 예수께서 그들과 함께 내려오사 평지에 서시니 그 제자의 많은 무리와 예수의 말씀도 듣고 병 고침을 받으려고 유대 사방과 예루살렘과 두로와 시돈의 해안으로부터 온 많은 백성도 있더라(17), (20-22), (24-25), (27-30), (32), (35), (42)

유대인들은 '안식일을 지키라'는 십계명의 제4계명을 위해 많은 세부적인 규정을 만들어 냈습니다. 그래서 안식일 준수 계명이 율법주의, 형식주의로 변질되었습니다. 안식일의 주인은 예수님이며, 안식일은 생명을 살리기 위한 날입니다. 안식일 논쟁으로 서기관과 바리새인들이 예수님에 대하여 노기가 가득할 때, 예수님은 밤이 새도록 기도

하십니다.(11,12절) 그리고 그 기도의 결실이 바로 12제자의 선택입니다. 예수님은 메시아로서의 길을 기도하시며 한걸음씩 가셨습니다. 27절부터는 원수 사랑을 강조하십니다.(27~38절) 원수에 대한 선대, 자신의 것을 포기, 황금률, 자비, 비판 및 정죄하지 않기 등의 구체적인 실천사항을 제시합니다.

욥기 20장 : 고난당하는 자 욥에 대한 소발의 주관적 견해

- 내가 나를 부끄럽게 하는 책망을 들었으므로 나의 슬기로운 마음이 나로 하여금 대답하게 하는구나...(3-7)
- 그의 아들들은 가난한 자에게 은혜를 구하겠고 그도 얻은 재물을 자기 손으로 도로 줄 것이며(10)
- 그가 재물을 삼켰을지라도 토할 것은 하나님이 그의 배에서 도로 나오게 하심이니(15), (18-19), (22-23), (27-29)

소발의 두 번째이자 마지막 발언입니다. 소발은 욥의 이전 발언(19:28~29)이 자신과 친구들을 모욕했다고 생각하여 초조함과 분노를 감추지 못한 채 발언을 합니다.(1~3절) 소발은 욥이 악인이 받아 마땅한 운명을 겪고 있다고 생각합니다. 소발은 고난 받기 이전에 욥이 누렸던 부요함과 행복에 대하여 '악인의 자랑과 즐거움은 잠깐'(5절)이라고 표현함으로서, 욥을 악인으로 규정합니다. 소발은 악인에게 참된 만족과 평안이 없으며(20~22절), 맹렬한 진노가 임할 것이며(23절), 다양한 징계의 수단을 피하지 못할 것입니다.(24~25절) 소발은 회개를 촉구하지도 않습니다. 욥에게는 아무런 희망이 없고, 하나님의 진노가 결정되어 있을 뿐입니다.(28~29절)

고린도전서 7장 : 결혼과 독신에 대한 바울의 신앙적 견해

- 남편은 그 아내에 대한 의무를 다하고 아내도 그 남편에게 그렇게 할지라(3)
- 서로 분방하지 말라 다만 기도할 틈을 얻기 위하여 합의상 얼마 동안은 하되 다시 합하라 이는 너희가 절제 못함으로 말미암아 사탄이 너희를 시험하지 못하게 하려 함이라(5)
- 나는 모든 사람이 나와 같기를 원하노라 그러나 각각 하나님께 받은 자기의 은사가 있으니 이 사람은 이러하고 저 사람은 저러하니라...(7-11), (14), (16-17), (19), (22-24), (28), (31), (35), (38-40)

남편과 아내는 서로에 대한 의무를 다해야 합니다.(3절) 본문의 내용이 결혼하는 것이 정욕으로 인해 어쩔 수 없이 하게 되는 것처럼 비치기도 합니다. 바울이 독신을 권하는 이유는 주께서 머지 않아 재림하실 것이라고 생각해서입니다. 주께서 곧 오시니 주를 위해, 복음전파를 위해 더욱 충성을 다하기를 권면한 것입니다. 그럼에도 독신을 일반화하지 않았습니다. 가족 구원을 위한 거룩한 삶도 당부합니다.(10~14절) 독신이 은사(gift)라면, 결혼도 은사(gift)입니다.

언약을 지키시며, 오늘도 나를 돌보시는 임마누엘의 하나님을 찬양합니다. 노기가 가득하여 자신을 죽이려는 자들을 뒤로 하고 밤새 기도하셨던 예수님을 본받기 원합니다. 하나님이 주신 은사대로 성실하게 살아가게 하시되, 배우자를 더욱 귀히 여기게 하옵소서.

2/21

본문 출애굽기 4장 | 누가복음 7장 | 욥기 21장 | 고린도전서 8장

주제 능력 (能力, 어떤 일을 해낼 수 있는 힘)

사람이 살아있는 것은 힘 때문이다. 이 모든 힘은 능력이다. 지적인 능력, 성품의 능력, 신앙의 능력, 은사의 능력이 우리를 온전한 그리스도인으로 만들어 주며 또한 위대한 사역자로 살아가게 한다.

출애굽기 4장 : 사명감당을 위해 주신 기적을 일으키는 능력

- 모세가 대답하여 이르되 그러나 그들이 나를 믿지 아니하며 내 말을 듣지 아니하고 이르기를 여호와께서 네게 나타나지 아니하셨다 하리이다(1)
- 여호와께서 이르시되 그것을 땅에 던지라 하시매 곧 땅에 던지니 그것이 뱀이 된지라 모세가 뱀 앞에서 피하매(3)
- 이는 그들에게 그들의 조상의 하나님 곧 아브라함의 하나님, 이삭의 하나님, 야곱의 하나님 여호와가 네게 나타난 줄을 믿게 하려 함이라 하시고...(5-6), (9-12), (17), (19), (21-23), (28-31)

하나님과 모세의 씨름에서 하나님이 이기셨습니다. 모세는 그가 도망쳐 나온 이집트로 돌아가 파라오를 만나야 하는 어려운 사명을 감당하기로 합니다. 하나님은 모세와 함께 하신다는 확실한 증표를 보여 주셨습니다. 그를 도울 아론을 하나님은 준비시킵니다. 언약백성의 증표인 할례를 받지 않았던 모세는 급하게 할례를 행한 후 이집트로 들어갑니다. 하나님은 이스라엘 백성을 구해 내는 일은 금방 되지 않을 것이라고 말씀하십니다. "그가 백성을 보내 주지 아니하리니"(21절) 그러나 구원의 과정 속에서 여호와 하나님이 누구신지 온 천하에 드러내실 것입니다.

누가복음 7장 : 죽음을 생명으로 바꾸는 진실한 믿음의 능력

- 어떤 백부장의 사랑하는 종이 병들어 죽게 되었더니...(2-3)
- 예수께서 함께 가실새 이에 그 집이 멀지 아니하여 백부장이 벗들을 보내어 이르되 주여 수고하시지 마옵소서 내 집에 들어오심을 나는 감당하지 못하겠나이다(6)
- 나도 남의 수하에 든 사람이요 내 아래에도 병사가 있으니 이더러 가라 하면 가고 저더러 오라 하면 오고 내 종더러 이것을 하라...(8-9), (11-15), (19), (22), (26-28), (37-38), (41-48)

상관인 자신의 명령을 부하들이 바로 받들어 행하듯, 예수님이 명령만 하시면 바로 이루어질 것이라는 믿음을 보인 백부장은 칭찬을 듣습니다.(9절) 나인성 과부의 아들을 살리신 예수님을 보고 사람들은 "하나님이 자기 백성을 돌보셨다"고 말합니다.(16절) 이 장면은 구약시대 엘리야가 사렙다 과부의 아들을 살린 장면을 떠오르게 합니다.(왕상 17장) 마침 사람들은 그를 향해 "큰 선지자"라고 부르기도 합니다.(16절) 옥에 갇힌 세례 요한은 '예수님이 메시아인 것이 맞는지'를 진지하게 질문합니다. 그의 질문은 정당합니다. 메시아가 맞다면 세상 나라를 물리치고, 하나님 나라를 세울 텐데 아직 그럴 기미가 보이지 않았기 때문입니다. 예수님은 그의 사후, 십자가의 고난과 부활을 통해 하나님의

나라를 이루게 됩니다. 한 바리새인의 초청에 그 집을 방문한 예수님은 예고 없이 그 집을 찾아와 자신에게 향유를 붓는 여인을 만나게 됩니다. 집주인인 바리새인은 그 여인이 자신이 준비한 잔치를 망쳤다고 생각했을 것입니다. 그러나 예수님과 함께 한 잔치를 망친 사람은 예수님의 사랑과 용서에 감격하며 향유를 부은 여인이 아니라, 예수님을 자신의 집에는 초대했으나 자신의 마음에는 초대하지 않은 바리새인입니다.

욥기 21장 : 포기하지 않고 견디며 설명하는 변론의 능력

- 어찌하여 악인이 생존하고 장수하며 세력이 강하냐...(7-11)
- 그러할지라도 그들은 하나님께 말하기를 우리를 떠나소서 우리가 주의 도리 알기를 바라지 아니하나이다... (14-16)
- 이 둘이 매 한 가지로 흙 속에 눕고 그들 위에 구더기가 덮이는구나...(26-27)
- 그런데도 너희는 나를 헛되이 위로하려느냐 너희 대답은 거짓일 뿐이니라(34)

욥이 반박합니다. 악인이 처벌을 받기는커녕, 도리어 의인이 누려야 할 형통을 누린다고 주장합니다. "어찌하여 악인이 생존하고 장수하며 세력이 강하냐"(7절) 욥은 자신의 원망은 사람을 향한 것이 아니기에, 조급하지 않을 수 없다고 말합니다.(4절) 욥은 자신이 겪는 상황에 대해 하나님이 설명해 주시길 바라고 있습니다. 욥이 보기에는 인간의 행동과 그 결과 사이의 상관관계에 있어서 설명할 수 없는 부분이 분명히 있습니다.(23~26절) 절규와도 같은 간절한 욥의 호소에는 귀를 기울이지 않고, 자신의 기준으로 판단하고 회개를 강요하는 친구들의 위로는 헛된 위로일 뿐입니다.(34절)

고린도전서 8장 : 약한 양심을 지켜주는 덕스러운 지식의 능력

- 우상의 제물에 대하여는 우리가 다 지식이 있는 줄을 아나 지식은 교만하게 하며 사랑은 덕을 세우나니...(1-3)
- 비록 하늘에나 땅에나 신이라 불리는 자가 있어 많은 신과 많은 주가 있으나...(5-7)
- 그런즉 너희의 자유가 믿음이 약한 자들에게 걸려 넘어지게 하는 것이 되지 않도록 조심하라...(9-10)
- 이같이 너희가 형제에게 죄를 지어 그 약한 양심을 상하게 하는 것이 곧 그리스도에게 죄를 짓는 것이니라.. (12-13)

지식을 어떻게 사용하느냐에 따라 교만이 될 수도 있고, 사랑의 도구가 될 수도 있습니다. 지식위에 사랑이 있어야 덕을 세울 수 있습니다. 바울은 우상에 바쳐졌던 제물(고기)을 먹는 문제에 있어서 그리스도인의 자유를 인정합니다. 그러나 자유에 따라 행동할 때에는 믿음이 약한 자들을 배려해야 함을 가르칩니다. 지식 + 사랑 = 유익(덕)

출애굽 역사는 이스라엘 백성을 건지시는 하나님의 완벽한 계획의 실현입니다. 자기 백성을 끝까지 포기하지 않으시는 하나님의 사랑의 절정을 십자가에서 보게 됩니다. 그리스도의 놀라운 사랑을 힘입었으니 사랑하며 살게 하시고, 고통당하는 자의 위로자가 되게 하옵소서. 지식에 사랑을 더하게 하사 지식을 자랑하고자 하는 교만을 내려놓고, 교회의 덕이 되며 성도에게 유익을 주는 삶을 살게 하옵소서.

2/22

본문 출애굽기 5장 | 누가복음 8장 | 욥기 22장 | 고린도전서 9장
주제 **순종** (順從, 다른 사람이나 윗사람의 말과 의견을 순순히 따름)

인간에게 있어서 가장 아름다운 모습 중에 하나는 순종이다. 희생을 동반한 순종은 열매를 만들어내기 때문이다. 믿음의 영웅들은 주님과 절대가치 앞에 순종하는 것을 두려워하거나 부끄러워하지 않았다.

출애굽기 5장 : 모세와 아론이 애굽왕 바로 앞에 나간 순종

- 그 후에 모세와 아론이 바로에게 가서 이르되 이스라엘의 하나님 여호와께서 이렇게 말씀하시기를 내 백성을 보내라 그러면 그들이 광야에서 내 앞에 절기를 지킬 것이니라 하셨나이다(1)
- 그들이 이르되 히브리인의 하나님이 우리에게 나타나셨은즉 우리가 광야로 사흘길쯤 가서 우리 하나님 여호와께 제사를 드리려 하오니 가도록 허락하소서 여호와께서 전염병이나 칼로 우리를 치실까 두려워하나이다(3)
- 바로가 그 날에 백성의 감독들과 기록원들에게 명령하여 이르되...(6-8), (14), (19-21), (23)

드디어 모세와 파라오가 만납니다. 모세는 '이스라엘의 하나님이 그의 백성을 보내라 하신다'고 전합니다. 이에 대한 반응은 "여호와가 누구이기에 .. 나는 여호와를 알지 못하니"(2절) 였습니다. '어디서 들어본 적도 없는 신의 이름을 거론하며 말도 안 되는 요구를 하느냐'는 것입니다. 이스라엘 백성의 노역은 더욱 강화되었습니다. 더 혹독해진 상황으로 인해 모세는 염려하지만 하나님은 "이제 내가 바로에게 하는 일을 네가 보리라"(6:1)고 말씀하십니다.

누가복음 8장 : 광풍과 귀신과 죽음이 예수의 명령에 순종

- 그 후에 예수께서 각 성과 마을에 두루 다니시며 하나님의 나라를 선포하시며 그 복음을 전하실새 열두 제자가 함께 하였고...(1-3)
- 이 비유는 이러하니라 씨는 하나님의 말씀이요...(11-16)
- 예수께서 대답하여 이르시되 내 어머니와 내 동생들은 곧 하나님의 말씀을 듣고 행하는 이 사람들이라 하시니라(21)
- 행선할 때에 예수께서 잠이 드셨더니 마침 광풍이 호수로 내리치매 배에 물이 가득하게 되어 위태한지라...(23-24), (27-30), (37-39), (41-44), (50), (54-55)

씨 뿌리는 자의 비유가 등장합니다. 씨가 하나님의 말씀이라면(11절), 하나님의 말씀을 선포하고 가르치는 예수님은 씨를 뿌리는 자가 됩니다. 사탄은 우리에게서 그 씨를 제거하거나 자라지 못하도록 역사합니다. 예수님의 참된 가족은 말씀을 듣고 행하는 자입니다.(21절) 거라사인 땅의 군대귀신 축출사건은 하나님 나라의 승리와 사탄의 패배를 선명하게 보여줍니다. 그러나 군대귀신에게 사로잡혔던 사람에게는 하나님 나라의 승리가 나타났지만, 나머지 사람들은 돼지 치는 사람들의 말을 듣고 예수님을 배척함으로서 여전히 사탄의 나라의 속박에서 벗어나지 못하고 있습니다. 사탄의 나라의 최종적인 모

습은 죽음과 깊은 연관이 있습니다. 죽음은 그들의 가장 큰 무기입니다. 예수님은 죽어 가던 야이로의 딸과 혈루증 앓는 여인을 죽음의 속박에서 건져내십니다.

욥기 22장 : 벗의 악평에도 침묵하시는 하나님에게 순종

- 사람이 어찌 하나님께 유익하게 하겠느냐 지혜로운 자도 자기에게 유익할 따름이니라...(2-7)
- 너는 과부를 빈손으로 돌려보내며 고아의 팔을 꺾는구나(9)
- 그러나 네 말은 하나님이 무엇을 아시며 흑암 중에서 어찌 심판하실 수 있으랴...(13-14)
- 너는 하나님과 화목하고 평안하라 그리하면 복이 네게 임하리라...(21-25)
- 사람들이 너를 낮추거든 너는 교만했노라고 말하라 하나님은 겸손한 자를 구원하시리라(29)

욥과 세 친구는 좁혀지지 않는 서로의 생각을 확인할 뿐입니다. 그들은 아예 욥이 죄를 범한 자임을 선언합니다. "네 죄악이 끝이 없느니라"(4절) 그리고 욥이 저지른 것으로 여겨지는 죄의 목록을 나열합니다.(6~9절) 욥의 불행은 이러한 죄에 대한 대가라고 결론을 내립니다.(10~11절) 엘리바스는 다시 한번 회개를 촉구합니다.(21절) 또한 욥의 문제는 하나님보다 재물을 더 신뢰하는 데 있다고 말합니다. "네 보화를 티끌로 여기고 오빌의 금을 계곡의 돌로 여기라"(24절) 욥이 처한 상황에 대한 진단이 잘못되다 보니, 해결책이 나오지 않습니다. 잘못 씌워진 프레임이 얼마나 우리의 생각을 고착시키는지 알아야 하며, 타인을 함부로 정죄하지 않도록 유의해야 합니다.

고린도전서 9장 : 모든 사람을 구원하기 위해 복음에 순종

- 다른 이들도 너희에게 이런 권리를 가졌거든 하물며 우리일까보냐 그러나 우리가 이 권리를 쓰지 아니하고 범사에 참는 것은 그리스도의 복음에 아무 장애가 없게 하려 함이로다...(12-16)
- 그런즉 내 상이 무엇이냐 내가 복음을 전할 때에 값없이 전하고 복음으로 말미암아 내게 있는 권리를 다 쓰지 아니하는 이것이로다...(18-19)
- 내가 복음을 위하여 모든 것을 행함은 복음에 참여하고자 함이라...(23-27)

바울은 8장에서 그리스도인에게 자유가 있지만, 믿음이 약한 자를 돕고 덕을 세우기 위해서 자유를 제한할 수 있어야 한다고 말했습니다. 그리고 9장에서 성도를 위해 자유와 권리를 포기한 사람의 예를 드는데, 바로 바울 자신입니다. 바울이 자유와 권리를 포기함으로 유익을 얻는 사람들은 바로 고린도교회 성도들입니다. 바울은 고린도교회로부터 재정 지원을 받을 권리가 있었지만, 재정지원을 요청하지 않았고 값없이 복음을 위해 수고했습니다.(12절) 운동장에서 다 같이 달릴지라도 상을 받는 사람은 한 사람입니다.(24절) 세상의 상보다 더 값진 것은 영원한 하나님 나라에서 빛나게 될 복음을 위한 섬김과 희생입니다.

주님의 뜻이 이 땅 가운데 이루어지는 과정은 쉽지 않지만, 반드시 이루어짐을 확신합니다. 죽음의 권세를 이기시고, 생명의 역사를 이루신 예수님을 찬양합니다. 십자가 복음의 귀함을 알기에 복음이 전파될 수만 있다면 이를 위한 섬김과 희생을 기쁨으로 여길 수 있는 믿음의 사람 되게 하옵소서.

2/23

본문 출애굽기 6장 | 누가복음 9장 | 욥기 23장 | 고린도전서 10장
주제 무지 (無知, 아는 것이나 지식이 없음)

인간은 모든 것을 알 수 없다. 특히 신앙의 세계에 대한 것은 더욱 무지하다. 하나님의 백성과 자녀라 할지라도 어찌 하나님의 섭리와 역사하심을 다 알 수 있으랴! 결국 무지는 죄와 그 결과로 멸망을 낳는다.

출애굽기 6장 : 하나님의 계획에 대한 이스라엘 자손과 바로의 무지

- 가나안 땅 곧 그들이 거류하는 땅을 그들에게 주기로 그들과 언약하였더니...(4-7)
- 모세가 이와 같이 이스라엘 자손에게 전하나 그들이 마음의 상함과 가혹한 노역으로 말미암아 모세의 말을 듣지 아니하였더라(9)
- 모세가 여호와 앞에 아뢰어 이르되 이스라엘 자손도 내 말을 듣지 아니하였거든 바로가 어찌 들으리이까 나는 입이 둔한 자니이다(12), (20), (26-27), (29-30)

하나님은 다시 한번 모세에게 그의 사명이 무엇인지 말씀하십니다.(11절) 이스라엘이 누구에게 속해 있는지 파라오와 이집트 백성들을 알게 될 것입니다. 이스라엘 백성들은 언약을 지키사 구원하시는 하나님을 보게 될 것입니다. "나는 애굽 사람의 무거운 짐 밑에서 너희를 빼낸 너희의 하나님 여호와인 줄 너희가 알지라"(7절)

누가복음 9장 : 예수의 메시야되심에 대한 제자들과 헤롯의 무지

- 예수께서 열두 제자를 불러 모으사 모든 귀신을 제어하며 병을 고치는 능력과 권위를...(1-3)
- 어떤 사람은 엘리야가 나타났다고도 하며 어떤 사람은 옛 선지자 한 사람이...(8-9)
- 예수께서 이르시되 너희가 먹을 것을 주라 하시니 여짜오되 우리에게 떡 다섯 개와 물고기 두 마리밖에 없으니 이 모든 사람을 위하여 먹을 것을 사지 아니하고서는 할 수 없사옵나이다 하니...(13-17), (20), (23-24), (26), (31), (41-43), (48), (50), (53-56), (58), (62)

9장에는 4가지 기사(오병이어의 기적, 베드로의 신앙고백, 변화산 사건, 간질병 걸린 아이의 치유)가 등장합니다. 모두 예수님이 누구이신지를 잘 보여줍니다. 오병이어의 기적을 통해 모든 백성에게 구원의 양식을 풍성하게 먹이시는 구원자의 모습을 보게 됩니다. 이 사건은 초대교회에서 그대로 재현됩니다. "이는 남자가 한 오천명 됨이러라"(14절) "말씀을 들은 사람 중에 믿는 자가 많으니 남자의 수가 약 오천이나 되었더라"(행4:4) 베드로의 신앙고백을 들으신 예수님은 당신이 가야할 고난과 죽음의 길에 대해 말씀하십니다.(27절) 메시아로서 가야할 길입니다. 예수님은 고난과 죽음의 길을 지나 영광스러운 부활을 하시게 될 것을 변화산 사건을 통해 미리 예고하십니다.(29절) 예수님은 이미 제자들에게 권능을 주셨습니다. "제자들이 나가 각 마을에 두루 다니며 곳곳에 복음을 전하며 병을 고치더라"(6절) 그러나 이번에는 실패하였습니다.(40절) 예수님은 "믿음이 없고 패역한 세대"라고 책망하시는데, 이는 두 번에 걸친 고난과 죽음 예고(22절, 44절)에도 불구하고 여전히 그들은 '누가 큰 자인지?'에 대한 논쟁을 벌이며 권력욕을 버리지

못하고 있었기 때문입니다.

욥기 23장 : 하나님의 주권적인 다스리심에 대한 욥의 무지

- 욥이 대답하여 이르되...(1-6)
- 그러나 내가 가는 길을 그가 아시나니 그가 나를 단련하신 후에는 내가 순금 같이 되어...(10-13)
- 그러므로 내가 그 앞에서 떨며 지각을 얻어 그를 두려워하리라...(15-17)

22장의 엘리바스의 말에 대한 욥의 대답이지만, 하나님이나 친구들을 언급하지 않고 마치 독백을 하듯이 말을 이어갑니다. 그가 얼마나 깊은 외로움과 견디기 힘든 고통가운데 있는지 알 수 있습니다. 욥은 자신의 상황에 대한 하나님의 말씀을 듣고 싶지만, 하나님은 여전히 침묵하고 계십니다.(2~4절) 욥은 하나님이 뒤로 물러선 채 자신을 괴롭혀서 굴복시키는 분이 아님을 확신합니다. 오히려 하나님은 자신의 억울함에 귀를 기울여 주실 것이라고 생각합니다.(6절) 자신은 속이는 것이 없기 때문에 하나님은 정직한 자의 말을 들어 주실 것이라 생각합니다.(7절) 하나님을 만나고자 하는 자신의 열망과는 달리 하나님은 여전히 숨어 계십니다.(8~9절) 그렇지만 자신에 관한 모든 것을 하나님은 알고 계심을 굳게 믿고 있습니다. "나의 길 오직 그가 아시나니"(10절)

고린도전서 10장 : 하나님의 인도하심과 은혜에 대한 선민의 무지

- 형제들아 나는 너희가 알지 못하기를 원하지 아니하노니 우리 조상들이 다 구름 아래에 있고 바다 가운데로 지나며...(1-6)
- 그들에게 일어난 이런 일은 본보기가 되고 또한 말세를 만난 우리를 깨우치기 위하여...(11-13)
- 우리가 축복하는 바 축복의 잔은 그리스도의 피에 참여함이 아니며 우리가 떼는 떡은 그리스도의 몸에 참여함이 아니냐...(16-17), (20-21), (23-25), (29-31), (33)

이스라엘의 실패는 오늘날에도 반복될 수 있습니다. 성도는 우상숭배자가 되지 말아야 합니다.(14절) 먹고 마시며 뛰노는 무절제와 쾌락을 주의해야 하고(7절), 음행 역시 성도를 유혹합니다.((8절) 하나님의 신실하심을 신뢰하며, 시험하거나 원망하지 말아야 합니다.(9,10절) 13절의 시험은 1차적으로 성도가 우상숭배를 피함으로서 다가오는 고난과 핍박을 의미합니다.

성찬은 성도들의 연합이라는 의미가 있습니다.(17절) 성도는 그리스도와 연합함은 물론, 다른 지체들과도 연합된 존재입니다. 그러므로 지체의 유익을 구하고 덕을 세우는 것이 마땅합니다. "먹든지 마시든지 무엇을 하든지 다 하나님의 영광을 위하여 하라 자신의 유익을 구하지 아니하고 많은 사람의 유익을 구하여 그들로 구원을 받게 하라"(31,33절)

하나님의 일하심이 당장 보이지 않아도 나는 하나님을 신뢰합니다. 신앙의 본질과 상관없는 것으로 인생을 낭비하지 않게 하시고 하나님과의 관계를 위협하는 내, 외적인 우상들을 버리기 원하오니 나의 마음을 정결하게 하옵소서. 나의 유익보다 그리스도로 인하여 맺어진 형제, 자매들의 유익을 구하는 성숙한 주의 백성 되게 하옵소서.

2/24

본문 출애굽기 7장 | 누가복음 10장 | 욥기 24장 | 고린도전서 11장
주제 **역사** (役事, 하나님이 일을 행하여 이룸)

하나님이 일하시니 예수님도 일하신다. 따라서 그의 제자인 우리도 일한다. 이와 같은 역사를 통해 하나님의 나라는 흥왕하고 왕성해진다.

출애굽기 7장 : 바로 앞에서 기적을 행하게 하시는 하나님의 역사

- 여호와께서 모세에게 이르시되 볼지어다 내가 너를 바로에게 신 같이 되게 하였은즉 네 형 아론은 네 대언자가 되리니(1)
- 내가 바로의 마음을 완악하게 하고 내 표징과 내 이적을 애굽 땅에서 많이 행할 것이나...(3-5)
- 모세와 아론이 바로에게 가서 여호와께서 명령하신 대로 행하여 아론이 바로와 그의 신하 앞에 지팡이를 던지니 뱀이 된지라(10), (12), (14), (17-19), (22-24)

"여호와가 누구이기에 내가 그의 목소리를 듣고 이스라엘을 보내겠느냐"(5:2)라고 말했던 파라오에게 하나님은 당신이 누구인지를 나타내기 시작합니다. 하나님은 모세에게 다시 한번 용기를 주셔서 파라오앞에 서게 하십니다.(1~5절) 이집트의 젖줄과도 같은 나일강이 피로 변합니다. 수많은 이스라엘 남자 아기들이 죽어간 그 장소를 하나님이 심판하십니다. 이집트인의 생명의 근원이나 다름없는 나일강은 7일간 죽음의 강이 되었습니다.(25절)

누가복음 10장 : 70인에게 영적 권능의 사역을 주신 예수님의 역사

- 그 후에 주께서 따로 칠십 인을 세우사 친히 가시려는 각 동네와 각 지역으로 둘씩 앞서 보내시며...(1-3)
- 어느 집에 들어가든지 먼저 말하되 이 집이 평안할지어다 하라...(5-6)
- 거기 있는 병자들을 고치고 또 말하기를 하나님의 나라가 너희에게 가까이 왔다 하라...(9-12)
- 너희 말을 듣는 자는 곧 내 말을 듣는 것이요 너희를 저버리는 자는 곧 나를 저버리는 것이요 나를 저버리는 자는 나 보내신 이를 저버리는 것이라 … 칠십 인이 기뻐하며 돌아와 이르되 주여 주의 이름이면 귀신들도 우리에게 항복하더이다(16-17), (19), (22-28), (36-37), (39-40)

예수님은 12제자의 6배에 가까운 70제자를 세워 파송하십니다. 전도여행 가운데 여러 가지를 금한 이유는(4절) 무엇으로든지 복음 전파에 방해가 되지 않게 하라는 뜻입니다. 전도여행 후 돌아온 70제자들은 기쁨이 충만하였습니다. 그러나 예수님과 제자들의 기쁨의 이유가 달랐습니다. "너희 이름이 하늘에 기록된 것으로 기뻐하라"(20절) 우리 역시 이것으로 인하여 기뻐해야 합니다. 그리스도인은 아무리 어려운 형편에 처해진다 해도, 자신의 이름이 하늘에 기록된 것으로 인하여 기뻐할 수 있는 존재입니다. 이 기쁨을 빼앗을 자 없습니다. 참된 거룩함은 전심으로 이웃을 사랑하는 것이며(29~37절), 말씀을 듣는 가장 좋은 편을 택한 마리아를 통해, 그것은 무엇으로도 대체할 수 없는 소중한 것

임을 알게 됩니다.(42절)

욥기 24장 : 종국에는 악인을 심판하시는 하나님의 역사

- 어떤 사람은 땅의 경계표를 옮기며 양 떼를 빼앗아 기르며...(2-4)
- 어떤 사람은 고아를 어머니의 품에서 빼앗으며 가난한 자의 옷을 볼모 잡으므로...(9-11)
- 사람을 죽이는 자는 밝을 때에 일어나서 학대 받는 자나 가난한 자를 죽이고 밤에는 도둑 같이 되며...(14-18), (22-25)

욥은 가난한 자들이 악인에 의해 무자비하게 압제당하는 현실을 폭로합니다.(2~4절) 지금 당장은 아니더라도 하나님이 악인의 심판에 대한 시기를 정해 놓으면 좋은데, 그렇지 않은 현실을 말합니다.(1절) '악인의 형통과 의인의 고난'이라는 전통적인 교리와는 정반대의 현실을 욥이 고발하는 것입니다. 욥은 범죄자들이 하나님의 심판을 받아 망하게 되길 열망합니다.(18~24절) 욥은 극심한 고통가운데 있지만, 하나님께서 반드시 악인들을 심판해 주시길 요청합니다. 놀라운 것은 비록 고통가운데 있는 욥이지만, 여전히 하나님에 대하여 냉소적 태도를 보이지 않는다는 것입니다.

고린도전서 11장 : 예법을 통해 교회 안에 질서를 세우는 바울의 역사

- 내가 그리스도를 본받는 자가 된 것 같이 너희는 나를 본받는 자가 되라...(1-5)
- 또 남자가 여자를 위하여 지음을 받지 아니하고 여자가 남자를 위하여 지음을 받은 것이니(9)
- 그러나 주 안에는 남자 없이 여자만 있지 않고...(11-12), (17), (20-27), (33-34)

고린도교회에서 여자가 예배 때 머리를 가려야 하는가의 문제가 대두되었습니다. 이 내용은 오늘날의 관점으로 보아서는 안되는 부분입니다. 이것은 복음의 본질적인 문제는 아니었으나, 교회의 하나됨과 건강한 성장과 관련된 이슈였습니다. 바울은 창조질서의 측면, 남녀의 상호 존중과 평등, 본성과 관례 등 다양한 측면을 고려해 당시의 상황에서는 너울을 쓰는 것이 합당하다고 결론을 내립니다. 자신의 입장에서 불편한 어느 한쪽 측면만 지속적으로 이야기하며, 교회 공동체를 혼란에 빠지게 하는 모습을 우리는 지양해야 합니다. 바울처럼 다양한 측면을 고려하여 지혜롭게, 교회에 덕이 되게 결론을 내리는 성숙함이 필요합니다. 바울은 여자가 기도하고 예언하는 것을 금하지 않았습니다. 다만 다른 사람을 부끄럽지 않게, 덕을 세우는 방식을 따라서 행하도록 가르칩니다. 예수님의 고난과 죽으심을 기념하는 주의 만찬으로 인해 교회가 더욱 연합해야 하나, 오히려 분쟁과 부끄러움에 빠졌습니다.(17~26절) 빈궁한 자를 부끄럽게 하거나 약한 자들이 소외된다면, 주의 만찬을 잘못 행하는 것입니다. 교회에서 약한 자들은 사랑과 격려를 받아야 합니다.

수없이 좌절할 상황에서도 여전히 하나님을 신뢰하는 욥의 신앙을 배우게 하옵소서. 내 이름이 하늘에 기록되어 있다는 사실은 내가 어떤 형편에 처해 있어도 감사할 수 있는 일체의 비결임을 고백합니다. 내게 사랑의 마음과 지혜를 주사 교회 공동체에 덕이 되며, 건강하게 교회를 세워갈 수 있는 복된 존재가 되게 하옵소서.

2/25

본문 출애굽기 8장 | 누가복음 11장 | 욥기 25-26장 | 고린도전서 12장

주제 은사 (恩賜, 하나님이 주시는 재능)

은사는 힘이다. 세상을 이기고 주의 일을 하며 교회를 세우는 놀라운 선물이다. 또한 믿는 자에게 주어진 은사는 하나님의 뜻 안에서 때로는 심판적인 형태로, 때로는 구원적인 형태로 사용되어진다.

출애굽기 8장 : 바로와 애굽에 재앙을 내린 모세의 초자연적인 은사

- 여호와께서 모세에게 이르시되 너는 바로에게 가서 그에게 이르기를 여호와의 말씀에 내 백성을 보내라 그들이 나를 섬길 것이니라...(1-2)
- 아론이 애굽 물들 위에 그의 손을 내밀매 개구리가 올라와서 애굽 땅에 덮이니...(6-9)
- 사람들이 모아 무더기로 쌓으니 땅에서 악취가 나더라...(14-16)
- 요술사가 바로에게 말하되 이는 하나님의 권능이니이다 하였으나 바로의 마음이 완악하게 되어 그들의 말을 듣지 아니하였으니 여호와의 말씀과 같더라(19), (21-22), (25-28), (32)

10가지 재앙 중 2~4번째 재앙인 개구리, 이, 파리 재앙이 등장합니다. 온 나라가 개구리로 뒤덮였으며, 개구리 시체 썩는 냄새로 진동합니다. 견디지 못한 파라오는 이스라엘 백성을 보내기로 약속했으며 재앙이 그친 후에 다시 완악해 졌습니다. 하나님이 말씀하신 대로입니다. "바로가 너희의 말을 듣지 아니할 터인즉"(7:4) 개구리에 이어 이와 파리가 온 나라에 가득합니다. 파리 재앙부터는 하나님이 이스라엘 백성들이 거주하는 고센 땅은 구별하여 재앙이 임하지 않게 하십니다.(22절) 재앙이 누구로부터 임하는지를 확실히 보여주십니다. 개구리, 이, 파리는 이집트인들이 섬기던 신과도 관련이 있습니다. 완악한 파라오에 대한 심판이자, 우상에 대한 심판입니다.

누가복음 11장 : 바리새인과 율법교사에게 화를 전하는 말씀의 은사

- 예수께서 이르시되 너희는 기도할 때에 이렇게 하라 아버지여 이름이 거룩히 여김을 받으시오며 나라가 임하시오며...(2-4)
- 내가 너희에게 말하노니 비록 벗 됨으로 인하여서는 일어나서 주지 아니할지라도 그 간청함을 인하여 일어나 그 요구대로 주리라...(8-9)
- 너희가 악할지라도 좋은 것을 자식에게 줄 줄 알거든 하물며 너희 하늘 아버지께서 구하는 자에게 성령을 주시지 않겠느냐...(13-15), (20), (23-26), (28-29), (34), (38-39), (42), (52)

지성이면 감천이라는 생각으로 열심히 기도하는 것보다 더 중요한 것은 '기도의 대상은 누구이며, 무엇을 구할 것인가?'입니다. 주기도문은 하나님아버지께 드리는 자녀의 기도입니다. 우리의 아버지가 되시는 하나님은 자녀들에게 좋은 것을 주시는데, 그 중에 가장 좋은 것은 바로 당신의 영인 성령입니다.(13절) 우리가 하나님께 받은 가장 좋은 선물이 바로 성령님이신 것을 기억하시고, 성령님을 기뻐하시고, 날마다 찬양하십시오. 귀신을 쫓으시는 예수님으로 인해 바알세불 논쟁이 생겼습니다. 귀신의 쫓겨남은 사탄의

나라가 무너지고, 하나님의 나라가 임한 증거입니다.(20절) 요나는 니느웨 사람들의 운명을 결정하는 표적이었습니다. 마찬가지로 예수님에 대한 반응은 이 세대의 운명을 결정하는 표적이 될 것입니다.(29~32절) 본질이 형식에 매여 정죄를 일삼는 바리새인들은 예수님의 허점을 찾기 위해 부단히 애를 쓰고 있습니다. 그들은 평지인지 무덤인지 육안으로는 구별이 잘 되지 않는 '평토장한 무덤' 같은 자들입니다.(44절)

욥기 25-26장 : 빌닷의 선입견에도 하나님을 찬양하는 욥의 지적인 은사

- 하나님은 주권과 위엄을 가지셨고 높은 곳에서 화평을 베푸시느니라...(25:2-6)
- 네가 힘 없는 자를 참 잘도 도와 주는구나 기력 없는 팔을 참 잘도 구원하여 주는구나 지혜 없는 자를 참 잘도 가르치는구나 큰 지식을 참 잘도 자랑하는구나(26:2-3)
- 그는 북쪽을 허공에 펴시며 땅을 아무것도 없는 곳에 매다시며...(26:7-10), (27:14)

욥의 말에 대하여 빌닷은 아주 짧게 대답합니다. 사람은 하나님 앞에 의로울 수 없다는 것입니다.(25장) 이에 대하여 욥은 빌닷을 비난합니다. 그는 고통에 시달리는 욥에게 전혀 도움을 주지 못했으며, 새롭게 가르쳐 준 것도 없습니다.(26:1~4) 5절에서 14절까지 욥은 죄와 고통의 문제가 아닌 우주 만물의 창조자이신 하나님께 초점을 맞춥니다. 하나님은 위대한 창조주이시며, 스올(지옥의 구약적 개념)과 멸망도 꿰뚫어 보시는 분입니다.(26:6) 6절 말씀의 의미는 그렇기 때문에 욥의 고난을 아신다는 것입니다. 욥은 비록 허무한 처지에 놓여 있을지라도 자신을 아시는 하나님께 소망을 두고 있습니다. 하나님은 혼돈을 제압하시고, 다시 질서를 회복하시는 분입니다.(26:11~14) 그렇기에 욥은 자신에게 찾아온 혼돈도 하나님이 제압하시고, 다시 회복시켜 주실 것을 소망하고 있습니다.

고린도전서 12장 : 한 성령이 각 지체에게 나눠주신 신령한 은사

- 너희도 알거니와 너희가 이방인으로 있을 때에 말 못하는 우상에게로 끄는 그대로...(2-3)
- 각 사람에게 성령을 나타내심은 유익하게 하려 하심이라...(7-12)
- 만일 발이 이르되 나는 손이 아니니 몸에 붙지 아니하였다 할지라도 이로써 몸에 붙지 아니한 것이 아니요...(15-18), (21-23), (26-28), (31)

성령으로 아니하고는 누구든지 예수를 주라 시인할 수 없습니다.(3절) 성령님은 예수님이 십자가에서 이루신 구원에 대해 고백하게 하시고, 믿음으로 살아가는 성도들에게 교회 공동체를 섬길 수 있도록 다양한 은사를 주십니다.(4~7절) 교회는 한 몸입니다. 그리스도께서 나뉠 수 없는 것처럼 교회는 본질적으로 나누어질 수 없습니다.(12절) 성도들은 한 성령으로 세례를 받은 한 몸입니다. 세상은 철저한 개인주의, 이기주의로 나가더라도, 우리는 이 개념을 굳건히 지켜 나가야 합니다. 우리의 지체들을 귀하게 여기며, 더욱 사랑해야 합니다.

인생의 혼란이 찾아와도 나는 변함없으신 하나님을 신뢰합니다. 오셔서 다스려 주시고, 회복시켜 주옵소서. 성령님이 나를 찾아오셔서 그리스도를 주로 고백하게 하셨습니다. 동일한 신앙고백을 드리는 지체들을 주셨으니 그들을 사랑으로 섬기게 하옵소서.

2/26

본문 출애굽기 9장 | 누가복음 12장 | 욥기 27장 | 고린도전서 13장
주제 **최후** (最後, 일이나 순서의 맨 끝)

한번 죽는 것은 사람에게 정한 이치다. 그 최후에는 심판이 있다. 그러므로 항상 그리스도 안에서 후회 없는 삶을 살아야 한다.

출애굽기 9장 : 계속되는 세 가지 재앙을 경험한 바로의 최후

- 여호와께서 모세에게 이르시되 바로에게 들어가서 그에게 이르라 히브리 사람의 하나님 여호와께서 말씀하시기를 내 백성을 보내라 그들이 나를 섬길 것이니라...(1-4)
- 바로가 사람을 보내어 본즉 이스라엘의 가축은 하나도 죽지 아니하였더라 그러나 바로의 마음이 완강하여 백성을 보내지 아니하니라...(7-9)
- 요술사들도 악성 종기로 말미암아 모세 앞에 서지 못하니 악성 종기가 요술사들로부터 애굽 모든 사람에게 생겼음이라 그러나 여호와께서 바로의 마음을 완악하게 하셨으므로 그들의 말을 듣지 아니하였으니 여호와께서 모세에게 말씀하심과 같더라...(11-12), (15-19), (24), (26-28), (31-32), (34-35)

돌림병(가축의 죽음), 피부병(악성종기), 우박 등의 재앙이 계속 이어집니다. 반면, 이스라엘 백성들이 사는 땅 고센은 모든 재앙에서 면제가 됩니다. 초기에 모세가 일으키는 기적을 비슷하게나마 따라했던 이집트의 요술사들도 피부병에 걸립니다. 우박이 가축과 사람들과 농작물위에 떨어져 큰 피해를 입습니다. 이제 이집트 백성들 중에 여호와를 두려워하는 자들이 생겨납니다.(20절)

누가복음 12장 : 물질과 세상을 쫓아가는 악한 자들의 최후

- 그 동안에 무리 수만 명이 모여 서로 밟힐 만큼 되었더니 예수께서 먼저 제자들에게 말씀하여 이르시되 바리새인들의 누룩 곧 외식을 주의하라(1)
- 마땅히 두려워할 자를 내가 너희에게 보이리니 곧 죽인 후에 또한 지옥에 던져 넣는 권세 있는 그를 두려워하라 내가 참으로 너희에게 이르노니 그를 두려워하라...(5-9)
- 마땅히 할 말을 성령이 곧 그 때에 너희에게 가르치시리라 하시니라(12)
- 그들에게 이르시되 삼가 모든 탐심을 물리치라 사람의 생명이 그 소유의 넉넉한 데 있지 아니하니라 하시고(15), (19-25), (30-31), (34-36), (38), (42-44), (48-50)

반대자들 앞에서 하나님과 예수님을 인정하는 사람은 '하나님을 두려워하는 자'입니다.(8절) 우리는 마땅히 두려워할 자를 두려워해야 합니다.(4절) 성령의 역사를 고의적으로 방해한 죄는 용서받을 수 없습니다.(10절) 많은 재물에 취해 자신의 현주소를 잃어버린 '어리석은 부자'에게서 탐심의 위험을 보게 됩니다. "모든 탐심을 물리치라 사람의 생명이 그 소유의 넉넉한 데 있지 아니하니라"(15절) 많은 사람들이 먹고 마시는 문제에 매여 삽니다. 만족을 모르고 더 많은 것을 얻고자 합니다. 하나님 나라의 백성들은 하나님

이 이러한 것들을 채워주실 것을 믿고 하나님 나라를 추구하며 살아가야 합니다. "다만 너희는 그의 나라를 구하라 그리하면 이런 것들을 너희에게 더하시리라"(31절) 하나님 나라를 추구하는 것은 주의 재림 때까지 계속되어야 합니다.(41~48절) 세상은 예수님의 대속의 죽음을 믿는 자와 믿지 않는 자로 나누어지게 될 것입니다.(49~53절) 우리는 시대를 잘 분별해야 합니다.

욥기 27장 : 하나님의 숨결과 온전함을 잃은 악인의 최후

- 욥이 또 풍자하여 이르되...(1-6)
- 하나님의 솜씨를 내가 너희에게 가르칠 것이요 전능자에게 있는 것을 내가 숨기지 아니하리라 (11-12)
- 그가 비록 은을 티끌 같이 쌓고 의복을 진흙 같이 준비할지라도...(16-17)
- 하나님은 그를 아끼지 아니하시고 던져 버릴 것이니 그의 손에서 도망치려고 힘쓰리라..(22-23)

자신의 정당함에도 불구하고 고난을 당한다고 생각하기에 욥은 하나님에 대하여 그의 영혼을 괴롭히는 전능자라고 표현합니다.(2절) 그러나 욥은 불의를 말하지 않고, 거짓을 말하지 않으며, 죽기까지 자신의 온전함을 버리지 않을 것이라고 고백합니다.(4,5절) 고난이나 어려운 순간이 의와 정직을 포기하는 결과로 이어지지 않게 해야 합니다. 우리의 삶이 심하게 요동칠 때가 오더라도 될 대로 되라는 식의 태도를 철저히 지양해야 합니다. 욥은 소발이 했던 말(20:29)을 그대로 받아서 악인이 받을 벌에 대하여 말합니다.(13~23절) 이는 사실상 소발이 했던 말의 반복이라 할 수 있습니다.

고린도전서 13장 : 사랑없는 말, 능력, 구제를 행한 자들의 최후

- 내가 사람의 방언과 천사의 말을 할지라도 사랑이 없으면 소리 나는 구리와 울리는 꽹과리가 되고...(1-8)
- 온전한 것이 올 때에는 부분적으로 하던 것이 폐하리라...(10-11)
- 그런즉 믿음, 소망, 사랑, 이 세 가지는 항상 있을 것인데 그 중의 제일은 사랑이라(13)

우리는 한 성령으로 세례를 받아 한 몸이 되었습니다.(12:13) 성령님은 한 몸 공동체인 교회를 이루기 위해 다양한 은사를 주십니다. 은사는 철저히 교회에 덕이 되어야 합니다. 모든 은사 중 가장 큰 은사가 있습니다.(12:31) 이 은사로 말미암아 교회공동체가 더욱 견고하게 세워져 갑니다. 바로 사랑입니다. 모든 좋은 은사들은 결국 사랑을 위한 은사여야 하고, 교회에서의 모든 봉사와 교육은 사랑과 연결되어야 합니다. 사랑이 없으면 아무 것도 아니요, 아무 유익이 없습니다.(2,3절) 사랑없이 행하는 모든 것들은 허탄한 자랑이 될 뿐입니다. 제일은 사랑입니다.(13절) 사랑하기를 포기한 대상이 있습니까? 가장 사모해야 할 은사를 포기한 것입니다. 주님께 은혜를 구하십시오.

극한의 고통과 영적 혼란 속에서도 신앙인의 정체성을 포기하지 않겠다는 욥의 다짐이 곧 나의 다짐이 되게 하옵소서. 어디에서나 하나님과 예수 그리스도를 시인하게 하시고, 탐욕을 경계하며, 하나님 나라를 추구하는 삶을 살게 하옵소서. 가장 큰 은사인 사랑의 은사를 구합니다. 사랑하기를 포기한 형제, 자매가 있다면 다시금 사랑으로 섬길 수 있게 하옵소서.

2/27

본문 출애굽기 10장 | 누가복음 13장 | 욥기 28장 | 고린도전서 14장
주제 차이 (差異, 서로 어긋나거나 다름)

인간과 사건, 하나님과 자연법칙, 은사와 상식을 이해하는 데에는 사람마다 차이가 있다. 차이는 경우에 따라 옳고 그름이 될 수도 있고 다양성이 될 수도 있다. 중요한 것은 차이가 구원을 훼방할 때이다.

출애굽기 10장 : 하나님이 다스리시는 대상에 대한 은혜의 차이

- 여호와께서 모세에게 이르시되 바로에게로 들어가라 내가 그의 마음과 그의 신하들의 마음을 완강하게 함은 나의 표징을 그들 중에 보이기 위함이며...(1-2)
- 네가 만일 내 백성 보내기를 거절하면 내일 내가 메뚜기를 네 경내에 들어가게 하리니...(4-5)
- 바로의 신하들이 그에게 말하되 어느 때까지 이 사람이 우리의 함정이 되리이까 그 사람들을 보내어 그들의 하나님 여호와를 섬기게 하소서 왕은 아직도 애굽이 망한 줄을 알지 못하시나이까 하고(7), (9), (11-12), (15-17), (21-26), (28)

메뚜기 떼가 우박 재앙에서 살아 남은 모든 작물들을 먹어 치웁니다. 한때, 요셉으로 인해 7년 대기근도 거뜬히 넘긴 이집트였지만 지금은 심각한 식량문제가 발생했습니다. 신하들이 파라오를 설득하지만, 여전히 그는 고집을 부립니다. 어른들만 예배하러 갔다가 오라며 모두가 함께 가야한다는 모세의 제안을 사실상 거부합니다.(10,11절) 하나님의 인내도 점점 한계점에 다다르고 있습니다. 이제 9번째 재앙이 임하는데, 흑암으로 3일간 아무것도 보이지 않게 됩니다. 직접 사람이 죽지는 않았겠지만 엄청난 두려움과 공포가 온 이집트 백성들의 마음을 사로잡았습니다. 특히 태양은 이집트에서 가장 높은 신으로 숭배되었기 때문에, 그들의 최고신이 심판을 받은 꼴이 되었습니다. 그럼에도 파라오는 여전히 완강합니다.

누가복음 13장 : 생활 속의 사건에 대한 관점과 이해의 차이

- 그 때 마침 두어 사람이 와서 빌라도가 어떤 갈릴리 사람들의 피를 그들의 제물에 섞은 일로 예수께 아뢰니...(1-4)
- 포도원지기에게 이르되 내가 삼 년을 와서 이 무화과나무에서 열매를 구하되 얻지 못하니 찍어버리라 어찌 땅만 버리게 하겠느냐...(7-13)
- 그러면 열여덟 해 동안 사탄에게 매인 바 된 이 아브라함의 딸을 안식일에 이 매임에서 푸는 것이 합당하지 아니하냐...(16-19), (23-24), (26-27), (29-30), (32), (34)

예수님은 두 가지 재앙을 언급하시면서 사람들에게 회개를 촉구하십니다.(1~5절) 무화과나무의 비유는 하나님이 회개할 기회를 충분히 주신다는 것을 말합니다.(6~9절) 안식일에 18년간 병으로 고통받은 한 여인을 고치신 사건으로 인해 회당장은 분노합니다.(14절) 이에 예수님은 안식일에 가축을 풀어내어 물을 먹이지 않느냐고 질문합니다. 안식일에 짐승도 줄을 풀어 물을 먹게 하는데, 질병에 매인 여인을 해방시키는 것은 합당한 것입니다.(15,16절) 그리스도를 제대로 따르려면 좁은 문으로 들어가야 합니다. 이 문은 생명으로 연결되어 있기에 우리는 반드시 들어가야 합니다. 때가 되면 주인이 그 문을 닫을 것입니다.(24,25절)

욥기 28장 : 하나님과 자연법칙에 대해 깨닫는 지혜의 차이

- 사람은 어둠을 뚫고 모든 것을 끝까지 탐지하여 어둠과 죽음의 그늘에 있는 광석도 탐지하되...(3-4)
- 사람이 굳은 바위에 손을 대고 산을 뿌리까지 뒤엎으며...(9-13)
- 그런즉 지혜는 어디서 오며 명철이 머무는 곳은 어디인고(20)
- 하나님이 그 길을 아시며 있는 곳을 아시나니...(23-26), (28)

계속 욥이 말합니다. 인간의 어떠한 연구로도 참된 지혜를 찾지 못합니다.(1~11절) 인간이 당시로는 대단한 기술인 광물질을 캐는 정교한 기술을 가졌다 해도 지혜를 찾을 수 없습니다. 세상을 운영하시며, 모든 것을 알고 설명할 수 있는 참된 지혜는 하나님만이 갖고 계신 신비입니다. 지혜는 자연계와 인간계에서 발견할 수 없으며(12~14절), 재물 역시 지혜를 얻는데 무익합니다.(15~19절) 살아있건 죽어 있건 어느 누구도 지혜를 자기 힘으로 얻을 수 없습니다.(20~22절) 오직 하나님만이 지혜의 길과 자리를 아십니다.(23~26절) 그러므로 하나님을 경외하는 삶이야말로 참된 지혜와 명철입니다.(28~29절) "여호와를 경외하는 것이 지혜의 근본이요 거룩하신 자를 아는 것이 명철이니라"(잠9:10)

고린도전서 14장 : 교회에 덕을 세우기 위해 사용하는 은사의 차이

- 사랑을 추구하며 신령한 것들을 사모하되 특별히 예언을 하려고 하라...(1-4)
- 그런즉 형제들아 내가 너희에게 나아가서 방언으로 말하고 계시나 지식이나 예언이나 가르치는 것으로 말하지 아니하면 너희에게 무엇이 유익하리요(6)
- 이와 같이 너희도 혀로써 알아 듣기 쉬운 말을 하지 아니하면 그 말하는 것을 어찌 알리요 이는 허공에다 말하는 것이라(9), (12), (15), (18-20), (22-26), (31-33), (39-40)

은사는 교회에 유익을 주고, 덕을 세우기 위해 필요합니다. 우리는 신령한 은사를 사모해야 합니다. 은사를 꼭 신비한 어떤 능력으로 생각할 필요는 없습니다. 은사는 다양하며, 성령님은 교회의 유익을 위해 다양한 은사를 주십니다. 예언도 방언도 철저히 교회 공동체의 유익이라는 목적에 부합하게 사용되어져야 합니다. 간혹 성령님이 주신 은사를 과시용으로 쓰는 사람들이 있습니다. 마치 자신이 신령한 것처럼 보이기 위함입니다. 은사를 뜻하는 영어 단어가 gift입니다. '은사'라는 단어 자체가 하나님이 주신 선물이라는 뜻임을 기억하십시오. 예언하는 자도 교회의 유익을 위해 자신을 통제할 수 있어야 합니다. 하나님은 질서의 하나님이시며, 화평의 하나님이십니다.(33절)

이해되지 않는 일들이 많은 세상이지만 나는 하나님의 지혜와 경륜을 신뢰합니다. 그리스도를 따르는 길이 좁은 길, 좁은 문으로 가는 길이라 해도 그 길로만 가게 하옵소서. 주께 받은 은사와 열심을 가지고 교회 공동체를 세워가게 하시고, 오직 그리스도만을 나타내며 높이게 하옵소서. 교만으로 넘어지지 않게 하옵소서.

2/28

본문 출애굽기 11장, 12장 1-20절 | 누가복음 14장 | 욥기 29장 | 고린도전서 15장
주제 **생명** (生命, 유기체가 태어나서 죽을 때까지의 살아 있는 상태)

생명은 소중한 것이다. 그렇지만 이 땅의 생명은 유한하다. 그러므로 주 안에서 주어진 참된 새 생명을 얻어야 한다.

출애굽기 11장, 12장 1-20절 : 장자진멸 재앙 속에서 건진 이스라엘의 생명

- 여호와께서 모세에게 이르시기를 내가 이제 한 가지 재앙을 바로와 애굽에 내린 후에야 그가 너희를 여기서 내보내리라 그가 너희를 내보낼 때에는 여기서 반드시 다 쫓아내리니...(11:1,2)
- 애굽 땅에 있는 모든 처음 난 것은 왕위에 앉아 있는 바로의 장자로부터 맷돌 뒤에 있는 몸종의 장자와 모든 가축의 처음 난 것까지 죽으리니...(11:5~7), (11:9), (12:2,3), (12:5~12), (12:15~19)

이제 한 가지 재앙이 남았습니다.(11:1) 10번째 재앙은 이전과 확연히 다릅니다. 재앙의 강도가 이전과는 비교할 수 없을 것이며, 파라오는 더 이상의 저항을 포기하고 이스라엘 백성들을 내보내게 될 것입니다.(11:1~6) 10번째 재앙이 이전과 다른 점은 또 하나 있습니다. 9번째 재앙까지는 이스라엘 백성들이 사는 고센땅은 재앙에서 자동으로 면제받았지만, 이번에는 이스라엘 백성들이 재앙을 대비해 미리 준비해야 해야 했습니다. 죽음의 사자가 어린양의 피가 묻어 있는 집은 넘어갈 것입니다. 어린양의 희생이 필요했습니다. "그 피가 너희가 사는 집에 있어서 너희를 위하여 표적이 될지라"(12:13) 먼 훗날, 메시야 예수님이 가는 길을 예비했던 세례요한은 이렇게 선포합니다. "보라 세상 죄를 지고 가는 하나님의 어린양이로다"(요1:29) 십자가에서 죽으시고 부활하신 어린양 예수 그리스도의 피를 붙드는 자를 죽음의 권세는 결코 이기지 못합니다.

누가복음 14장 : 자기 십자가를 지고 따른 제자들의 새 생명

- 예수께서 대답하여 율법교사들과 바리새인들에게 이르시되 안식일에 병 고쳐 주는 것이 합당하냐 아니하냐(3)
- 또 그들에게 이르시되 너희 중에 누가 그 아들이나 소가 우물에 빠졌으면 안식일에라도 곧 끌어내지 않겠느냐 하시니(5), (10-11), (13-14), (16-20), (23), (26-28), (31), (33)

예수님은 안식일에도 치유사역을 계속하셨습니다. 대적자들은 안식일이라도 자신의 가축이 위기에 빠진다면 구해낼 것이 뻔 한 데도, 질병에 시달리는 사람을 고쳐주신 예수님에 대해 계속 시비를 걸고자 합니다.(1~6절) 자신을 높이는 자는 낮아지고, 자신을 낮추는 자는 높아질 것입니다.(7~11절) 보상을 위한 섬김은 무익합니다. 도리어 갚을 수 없는 자들에게 베풀면, 하나님이 복을 주십니다. 사실 예수님은 우리가 그 무엇으로도 갚을 수 없고, 보상할 수 없는 은혜(구원)를 베풀어 주셨습니다.(12~14절) 하나님나라에서 떡을 먹는 자는 복이 있습니다.(15절) 예수님은 우리를 하나님나라의 만찬에 초대해 주신 분입니다. 예수님의 제자가 되는 길은 포기와 희생이 따릅니다. "무릇 내게 오는 자가

자기 부모와 처자와 형제와 자매와 더욱이 자기 목숨까지 미워하지 아니하면 능히 내 제자가 되지 못하고"(26절) 이 말씀은 혈연관계나 가정을 부정하는 의미가 아닙니다. 제자는 포기하는 헌신이 따른다는 것과 하나님을 사랑하는 것이 먼저임을, 즉 우선순위의 문제를 말하는 것입니다.(25~35절)

욥기 29장 : 역경 속에서 신앙으로 이겨낸 욥의 참 생명

- 욥이 풍자하여 이르되...(1-7)
- 귀가 들은즉 나를 축복하고 눈이 본즉 나를 증언하였나니...(11-18), (22-23)

욥은 하나님과의 의로운 관계와 하나님께 받은 복이 재앙을 만나기 전처럼 회복되기를 희망합니다.(1~6절) 또한 재앙을 만나기 전 그가 속한 지역공동체에서 관리들과 귀족들, 젊은이들에게 존경받았던 상황을 언급합니다.(7~10절) 그가 존경받았던 것은 정직하고 의로운 삶을 살았기 때문입니다.(11~14절) 과거를 회상하며 욥은 자신의 경건하고 의로운 삶을 소개합니다. 사회적 약자에게 자비와 긍휼을 베풀고, 불의한 압제자들을 물리쳤습니다.(15~17절) 그는 장수하다가 행복한 죽음을 맞이할 것을 기대했었습니다. 율법에 순종하는 자가 장수의 축복을 받는다는 것이 구약의 개념이기 때문에 이러한 기대감은 그의 순종하는 삶을 말하고자 함입니다.(18~20절) 그는 공동체 안에서 영향력이 있었던 지위에 있었음을 다시 언급합니다. 그의 가르침을 주변사람들은 소중하게 생각했습니다. 그의 바른 삶에 기인한 것입니다.(21~25절)

고린도전서 15장 : 죽음을 통해 새롭게 얻게 되는 부활의 생명

- 너희가 만일 내가 전한 그 말을 굳게 지키고 헛되이 믿지 아니하였으면 그로 말미암아 구원을 받으리라...(2-4)
- 그러나 내가 나 된 것은 하나님의 은혜로 된 것이니 내게 주신 그의 은혜가 헛되지 아니하여 내가 모든 사도보다…(10), (12-20), (27), (29-32), (36-38), (42-49), (51-52), (58)

부활은 교회의 핵심메시지입니다. 가룟 유다를 대신할 제자를 뽑은 이유를 봐도 그렇습니다. "우리와 더불어 예수께서 부활하심을 증언할 사람이 되게 하여야 하리라"(행1:22) 부활의 증인을 선출한 것입니다. 그리스도의 죽으심과 부활은 (구약)성경대로 이루어진 역사적 사실입니다. 바울은 예수님의 부활에 대하여 "성경대로 그리스도께서 우리 죄를 위하여 죽으시고 장사 지낸 바 되셨다가 성경대로 사흘 만에 다시 살아나사"(3,4절)라고 선포합니다. 그리스도의 죽으심과 부활하심은 성경에 이미 기록된 대로 그대로 되어진 것일 뿐이라는 겁니다. 그리스도의 부활은 곧 나의 부활입니다. 그러므로 우리는 힘있게 선포할 수 있습니다. "사망아 너의 승리가 어디 있느냐 사망아 너의 쏘는 것이 어디 있느냐 .. 우리에게 승리를 주시는 하나님께 감사하노니"(55~57절) 죽음에서의 승리가 참된 승리입니다.

어린양 예수 그리스도의 피가 나를 죽음에서 건졌습니다. 영광의 부활이 내 것이 되었습니다. 나를 천국 만찬에 초대해 주신 죽음을 이기시고 부활하신 예수 그리스도는 영원히 찬양받으소서. 복음의 진리를 붙잡고 살아가되, 결코 흔들리지 않게 하옵소서.

March

3월

3/1

본문 출애굽기 12장 21-51절 | 누가복음 15장 | 욥기 30장 | 고린도전서 16장
주제 구원 (救援, 인류를 고통과 죄악과 죽음에서 구하는 일)

성경의 역사는, 욕심 있는 자들에 의해 멸망의 구렁텅이로 빠진 영혼들을 하나님이 예수와 참된 제자들을 통해 구원해 가시는 활동사이다.

출애굽기 12장 21~51절 : 430년의 종살이로부터 건져 주시는 구원

- 우슬초 묶음을 가져다가 그릇에 담은 피에 적셔서 그 피를 문 인방과 좌우 설주에 뿌리고 아침까지 한 사람도 자기 집 문 밖에 나가지 말라...(22,23)
- 이 후에 너희의 자녀가 묻기를 이 예식이 무슨 뜻이냐 하거든...(26,27)
- 그 밤에 바로와 그 모든 신하와 모든 애굽 사람이 일어나고 애굽에 큰 부르짖음이 있었으니 이는 그 나라에 죽임을 당하지 아니한 집이 하나도 없었음이었더라(30)
- 애굽 사람들은 말하기를 우리가 다 죽은 자가 되도다 하고 그 백성을 재촉하여 그 땅에서 속히 내보내려 하므로...(33~38)
- 사백삼십 년이 끝나는 그 날에 여호와의 군대가 다 애굽 땅에서 나왔은즉...(41,42), (48,49)

하나님은 10번째 재앙을 실행하시기 전에 대대로 유월절 규례를 지키라고 말씀하십니다.(24~27절) 죽음의 재앙에서 건지신 역사를 유월절이라는 절기를 통해 기념하라는 것입니다. 죽음의 사자가 이집트를 방문한 그날 밤, 어린양의 피가 없는 모든 집에서는 장자가 죽었습니다. 심지어 가축의 처음 난 것까지 죽게 됩니다. 파라오는 항복을 선언하고, 즉각 출애굽을 허락합니다. 아브라함과 이삭, 야곱과 맺은 언약을 기억하신 하나님이(2:24) 마침내 자기 백성을 건지신 것입니다. 유월절을 영어로 'the Passover'라고 합니다. '죽음의 사자가 어린양의 피를 보고 그냥 넘어갔다'는 의미입니다.

누가복음 15장 : 세리와 죄인들과 탕자를 용서하시는 구원

- 모든 세리와 죄인들이 말씀을 들으러 가까이 나아오니...(1~4)
- 내가 너희에게 이르노니 이와 같이 죄인 한 사람이 회개하면 하늘에서는 회개할 것 없는 의인 아흔아홉으로 말미암아 기뻐하는 것보다 더하리라...(7,8)
- 또 이르시되 어떤 사람에게 두 아들이 있는데...(11~14)
- 이에 스스로 돌이켜 이르되 내 아버지에게는 양식이 풍족한 품꾼이 얼마나 많은가 나는 여기서 주려 죽는구나...(17~24), (27~29), (31,32)

죄인과 세리와 가까이 하는 것에 대하여 불평하는 바리새인과 서기관들을 향해 예수님은 3가지 비유를 차례로 말씀하십니다. 잃은 양의 비유(3~7절), 잃은 드라크마의 비유(8~10절), 그리고 탕자의 비유(11~32절)입니다. 죄인 하나가 돌아오면 하나님께 큰 기쁨이 됩니다. 예수님은 3가지 비유를 통해서 하나님의 마음을 품고, 이 기쁨에 동참해야 함을 촉구하십니다. 특히 탕자의 비유는 하나님의 아버지의 마음을 잘 보여주며, 첫째 아들의 말과 행동을 통해 서기관과 바리새인들의 모습이 어떠한지도 잘 나타내주고 있습니다. 아버지가 준 재산을 다 탕진하고 거지가 되어 돌아오는 둘째 아들을 진심으로 기뻐하며 달려가서 그를 끌어안고,

입을 맞추는 아버지의 모습에서 우리는 잃어 버린 자에 대한 하나님 아버지의 마음을 읽을 수 있습니다. 우리는 하나님 아버지와 같은 마음이어야 합니다.

욥기 30장 : 욥을 모든 것으로부터 버림받게 하신 후 정한 때에 구원

- 그러나 이제는 나보다 젊은 자들이 나를 비웃는구나 그들의 아비들은 내가 보기에 내 양 떼를 지키는 개 중에도 둘 만하지 못한 자들이니라...(1~4)
- 그들은 본래 미련한 자의 자식이요 이름 없는 자들의 자식으로서 고토에서 쫓겨난 자들이니라...(8~13)
- 순식간에 공포가 나를 에워싸고 그들이 내 품위를 바람 같이 날려 버리니 나의 구원은 구름 같이 지나가 버렸구나...(15~17), (20), (23~25), (30,31)

29장에서 과거의 형통했던 삶을 추억했던 욥은 30장에 와서 현실의 고통에 대한 탄식을 하게 됩니다. 과거에 존경받았던 것과 달리 지금은 사회에서 버림받고 철저히 멸시의 대상이 되었다고 말합니다.(1~15절) 불량하고 비열한 자들이 그를 멸시하고 있으며(1~8절) 자신은 비천하고 궁핍한 자들에게 긍휼을 베풀었음에도 도리어 조롱과 멸시를 받고 있다고 말합니다.(9~15절) 더 나아가 자신을 원수처럼 대하는 하나님의 모습(16~23절)과 그로 인한 욥의 정신적 신체적 고통(24~31절)을 원망과 불평이 가득한 언어로 표현하고 있습니다. 이러한 표현은 하나님에 대한 불신이라기 보다, 기도응답이 지연되고 하나님으로부터 외면당하는 듯한 현재의 상황에 대해 묘사입니다.

고린도전서 16장 : 연보를 통해 바울과 다른 교회를 세워가는 구원

- 성도를 위하는 연보에 관하여는 내가 갈라디아 교회들에게 명한 것 같이 너희도 그렇게 하라...(1~4)
- 내가 오순절까지 에베소에 머물러 함은...(8~10)
- 깨어 믿음에 굳게 서서 남자답게 강건하라...(13~17)
- 만일 누구든지 주를 사랑하지 아니하면 저주를 받을지어다 우리 주여 오시옵소서(22)

유대지역에 큰 흉년이 들어서 예루살렘교회는 경제적으로 어려움에 처해 있었습니다.(행 11:28) 이에 예루살렘교회의 가난한 성도를 위하여 연보(헌금)를 하게 되었는데, 바울은 몇 가지 가르침을 줍니다.(2절) 각 사람이 수입에 따라 매 주일 모아 둘 것을 권면합니다. 이는 즉흥적으로 하지 말고, 미리 준비하되 소수 몇 명 보다는 모두가 참여하는 연보가 되게 하라는 의미입니다. 마지막으로 바울은 고린도 성도들에게 믿음을 지킬 것을 권면하고(13절), 복음을 위한 수고를 당부합니다.(15~18절) 교회는 그리스도의 몸이며, 우리는 지체입니다. 지체간의 친밀감은 교회를 더욱 견고하게 만들어 줍니다. 지체간의 아름다운 교제가 있는 우리 교회가 되기를 소망합니다.(19,20절)

죽음의 권세, 지옥의 권세가 결코 나를 이기지 못함은 어린양 예수 그리스도의 보혈이 내게 영원한 승리를 주셨기 때문입니다. 죽음으로부터 영원한 생명을 얻은 기쁨이 있기에 내 마음은 잃어버린 자를 향하게 됩니다. 하나님의 기쁨에 동참하는 자가 되게 하옵소서. 지체간의 친밀감이 날마다 더하여지는 교회가 되게 하시며, 자원하는 마음, 감사의 마음으로 하나님께 받은 물질을 하나님께 드리게 하옵소서. 하나님은 내게 언제나 옳으신 분이십니다.

3/2

본문 출애굽기 13장 | 누가복음 16장 | 욥기 31장 | 고린도후서 1장

주제 **대가** (代價, 어떤 일에 들인 노력이나 희생에 대해 받는 값)

믿음으로 구원을 얻는 자는 반드시 그 구원을 완성하기 위해 행함 즉 생활이 뒷받침 되어야 한다. 그것은 의무가 아니라 구원받은 자의 권리요 영적 정체성의 합당한 표현이다.

출애굽기 13장 : 구원받은 이스라엘 자손이 지불해야할 대가

- 이스라엘 자손 중에서 사람이나 짐승을 막론하고 태에서 처음 난 모든 것은 다 거룩히 구별하여 내게 돌리라 이는 내 것이니라 하시니라(2)
- 여호와께서 너를 인도하여 가나안 사람과 헷 사람과 아모리 사람과 히위 사람과 여부스 사람의 땅 곧 네게 주시려고 네 조상들에게 맹세하신 바 젖과 꿀이 흐르는 땅에 이르게 하시거든 너는 이 달에 이 예식을 지켜...(5,6), (9,10), (12), (14,15), (17), (21,22)

10번째 죽음의 재앙에서 건짐 받은 것을 이스라엘은 영원히 기억하고 기념하라는 의미로 하나님은 두 가지를 말씀하십니다. 첫째, 모든 처음 난 것은 하나님의 소유입니다. 그래서 하나님은 이런 명령을 내리십니다. "이스라엘 자손 중 모든 처음 태어난 자 대신에 레위인을 취하고 또 그들의 가축 대신에 레위인의 가축을 취하라 레위인은 내 것이라 나는 여호와니라"(민3:45) 그래서 레위인이 이스라엘 전체 지파를 대신해서 성막에서 봉사하는 지파가 된 것입니다. 둘째, 무교절을 지키라. 무교절은 유월절 이후 칠일동안 진행됩니다. 출애굽 역사를 재현하는 절기입니다. 여러분이 처음 신앙고백한 그 때를 꼭 기억하십시오. 자녀들에게 전해 주십시오. 어떻게 예수님을 만났는지를. 하나님은 출애굽한 이스라엘 백성들을 불기둥과 구름기둥으로 인도하십니다.

누가복음 16장 : 청지기나 부자가 구원받기 위해 지불해야할 대가

- 또한 제자들에게 이르시되 어떤 부자에게 청지기가 있는데 그가 주인의 소유를 낭비한다는 말이 그 주인에게 들린지라...(1~10)
- 집 하인이 두 주인을 섬길 수 없나니 혹 이를 미워하고 저를 사랑하거나 혹 이를 중히 여기고 저를 경히 여길 것임이니라...(13~15), (19~26), (31)

주인이 소유를 낭비해 해고당할 위기에 놓인 청지기는 그 날이 오기 전 재빨리 주인에게 빚진 자들의 빚을 탕감해 줍니다. 해고당한 이후를 대비한 것인데 비록 그의 행위자체는 옳지 않으나 미래를 준비하는 그 지혜로움에 대하여는 칭찬을 듣게 됩니다. 우리는 하나님과 재물을 겸하여 섬길 수 없다고 하신 예수님의 말씀을 늘 기억해야 합니다.(13절) 돈과 재물은 하나님이 주시는 것이므로 하나님과 재물을 동시에 섬길 수 있다고 생각하는 바리새인들은 예수님의 말씀에 대해 냉소적인 반응을 보이는데, 예수님은 율법과 선지자는 세례 요한 때까지이지만, 여전히 율법이 유효하다고 말씀하십니다.(16,17절) 18절에서 갑자기 간음을 언급하시는 이유는 돈을 사랑하는 것은 재물문제가 아니라 간음의 문제이기 때문입니다. 돈을 사랑하는 것은 영적 간음입니다. 예수님은 '부자와 거지 나사로 이야기'를 들려 주심으로서,

18절의 진리를 한번 더 입증하십니다.

욥기 31장 : 욥이 바른 신앙을 지키기 위해 지불한 대가

- 내가 내 눈과 약속하였나니 어찌 처녀에게 주목하랴...(1,2)
- 그가 내 길을 살피지 아니하시느냐 내 걸음을 다 세지 아니하시느냐...(4~6)
- 만일 남종이나 여종이 나와 더불어 쟁론할 때에...(13~17), (19~25), (28~30), (35)

욥은 자신이 올바른 길에서 떠났다면, 자신의 소유를 타인이 취하고, 자신의 소출이 뿌리째 뽑히는 게 마땅하다고 주장하면서 자신의 무죄를 확신합니다.(7~8절) 욥은 친구들이 의혹을 제기했던 여러 가지 죄에 대해 부정합니다. 구체적인 목록은 다음과 같습니다. 육체적인 정욕(1절), 허위와 속임수(5~6절), 간음(9~10절), 약자를 압제하는 행동(13~23절), 재물에 대한 과도한 욕심(24~25절), 우상숭배(26~28절). 반면 욥은 그를 미워하는 자들까지 돌보았고(29~30절), 자신의 장막에서 수고하는 이들과 찾아 온 이들에 대해 관대했으며(31~32절), 죄를 감추지 않았습니다.(33~34절) 욥은 자신의 무죄주장(소송)에 대한 판단을 최종적으로 하나님께 맡깁니다.(35~37절) 그는 한번 더 자신이 하나님이 주신 땅에 대한 청지기적 사명을 잘 감당했다고 말합니다.(38~40절)

고린도후서 1장 : 성도를 위해 사도와 제자가 지불해야할 대가

- 찬송하리로다 그는 우리 주 예수 그리스도의 하나님이시요 자비의 아버지시요 모든 위로의 하나님이시며...(3~6)
- 형제들아 우리가 아시아에서 당한 환난을 너희가 모르기를 원하지 아니하노니 힘에 겹도록 심한 고난을 당하여 살 소망까지 끊어지고...(8,9)
- 우리가 세상에서 특별히 너희에 대하여 하나님의 거룩함과 진실함으로 행하되 육체의 지혜로 하지 아니하고 하나님의 은혜로 행함은…(12), (14), (16,17), (19,20), (22)

바울은 복음을 전하면서 많은 고난을 겪었습니다. 그러나 그는 그 과정에서 하나님의 위로를 경험했으며, 특별히 고난에 대해 하나님께 감사하고 있습니다. 감사의 내용은 '고난을 당함으로 자신과 같은 처지에 있는 자들을 이해하고 위로할 수 있었다'는 것입니다. "하나님께 받은 위로로써 모든 환난 중에 있는 자들을 능히 위로하게 하시는 이시로다"(4절) 그는 복음 전파를 위해 당한 고난을 '그리스도의 고난'이라고 표현합니다.(5절) 고난을 통해 하나님께 더 가까이 나아가며, 고난 가운데 있는 지체들을 위로할 수 있습니다. 바울의 고린도교회 방문이 계획대로 진행되지 못하여 일부 사람들은 바울의 진실성에 의구심을 가졌지만, 바울은 자신이 임의로 변경한 것이 아니며(12절), 그가 전한 복음은 진실한 것임을 피력합니다.(18절) 성경의 수많은 약속은 예수 그리스도안에서 성취되었습니다.(20절) 예수 그리스도를 통한 하나님의 뜻과 말씀에 대하여 우리는 언제나 '아멘'으로 화답해야 합니다.(20절)

처음으로 주님 앞에 엎드렸던 그 시간은 내 인생에서 가장 소중했던 시간이었습니다. 그리스도 예수 안에서 하나님의 모든 약속은 이루어졌습니다. 재물을 앞에 두고서도 '주 예수보다 더 귀한 것이 없음'을 고백하게 하옵소서. 억울한 상황이 생겼을 때, 하나님의 주권에 모든 것을 내어 맡길 수 있는 믿음을 갖게 하옵소서.

3/3

본문 출애굽기 14장 | 누가복음 17장 | 욥기 32장 | 고린도후서 2장
주제 **동역** (同役, 하나님이 맡기신 일을 같이 함)

하나님은 항상 세상을 향해 일하신다. 그 때마다 일꾼을 찾으신다. 그 일꾼이 온전하든 부족하든, 지혜롭든 연약하든, 노년이든 소년이든 그 그릇에 따라 그 때에 사용하심으로 구속사를 이루어 가신다.

출애굽기 14장 : 하나님은 이스라엘을 구원하기 위해 모세와 동역

- 바로가 이스라엘 자손에 대하여 말하기를 그들이 그 땅에서 멀리 떠나 광야에 갇힌 바 되었다 하리라...(3~7)
- 바로가 가까이 올 때에 이스라엘 자손이 눈을 들어 본즉 애굽 사람들이 자기들 뒤에 이른지라 이스라엘 자손이 심히 두려워하여 여호와께 부르짖고...(10~16)
- 이스라엘 진 앞에 가던 하나님의 사자가 그들의 뒤로 옮겨 가매 구름 기둥도 앞에서 그 뒤로 옮겨...(19~21)
- 새벽에 여호와께서 불과 구름 기둥 가운데서 애굽 군대를 보시고 애굽 군대를 어지럽게 하시며...(24~27)
- 이스라엘이 여호와께서 애굽 사람들에게 행하신 그 큰 능력을 보았으므로 백성이 여호와를 경외하며 여호와와 그의 종 모세를 믿었더라(31)

장자의 죽음을 경험하고도 파라오는 이스라엘 백성에 대한 미련을 버리지 못합니다. 인간은 참으로 어리석습니다. 이스라엘 백성들도 마찬가지입니다. 10번의 재앙에서 구원받은 그들이었지만, 하나님의 신실하심을 신뢰하지 않았습니다.(10~12절) 주의 말씀에 대하여 완고함으로 반응하지 않기를 소망합니다. 홍해를 건너는 동안 이집트 군대가 이스라엘 백성의 후미에 당도했으니 하나님의 사자와 구름기둥이 막아 섰습니다.(19,20절) 추격하는 이집트 군대를 보고 두려움에 빠져 불평했던 이스라엘 백성들은 다시 하나님을 경외하며, 모세를 믿게 되었습니다.(31절)

누가복음 17장 : 용서와 믿음과 감사가 있는 자들과 동역

- 예수께서 제자들에게 이르시되 실족하게 하는 것이 없을 수는 없으나 그렇게 하게 하는 자에게는 화로다...(1~10)
- 예수의 발 아래에 엎드리어 감사하니 그는 사마리아 사람이라...(16~21)
- 노아의 때에 된 것과 같이 인자의 때에도 그러하리라...(26~29)
- 무릇 자기 목숨을 보전하고자 하는 자는 잃을 것이요 잃는 자는 살리리라(33)

성도들 간의 최악의 관계는 실족시키는 것입니다.(1,2절) 범죄한 형제가 있다면 사랑으로 책망하고 바로 잡아 주어야 합니다.(3절) 구원받은 성도는 '무익한 종'의 심정으로 맡겨진 일에 충성해야 합니다.(7~10절) 우리는 우리가 받은 은혜보다 은혜를 주신 분에게 더욱 집중해야 합니다.(11~19절) 하나님 나라는 예수님의 말씀과 사역을 통해 임합니다. 하나님 나라의 본

질은 하나님의 통치입니다. 진정 하나님의 통치를 받고 있다면, 하나님 나라가 임한 것입니다.(20,21절) 이 땅에서의 마지막 날은 예수님이 영광과 위엄가운데 재림하는 날입니다. 본문에는 예수님의 공개적인 재림(22~5절), 재림시 사람들의 삶의 특징(26~29절), 재림을 위한 준비(30~33절), 재림때 나뉠 운명(34~37절)에 대하여 말씀하고 있습니다.

욥기 32장 : 하나님이 욥과 세 벗을 향해 젊은 엘리후와 동역

- 욥이 자신을 의인으로 여기므로 그 세 사람이 말을 그치니...(1~3)
- 내가 말하기를 나이가 많은 자가 말할 것이요 연륜이 많은 자가 지혜를 가르칠 것이라 하였노라...(7~9)
- 내가 자세히 들은즉 당신들 가운데 욥을 꺾어 그의 말에 대답하는 자가 없도다...(12~15)
- 내 속에는 말이 가득하니 내 영이 나를 압박함이니라...(18~22)

욥과 세 친구(엘리바스, 소발, 빌닷)의 대화가 교착상태에 빠지자, 갑자기 엘리후가 등장합니다. 자칭 지혜롭다고 하면서 욥에 대하여 논박하는데 실패한 세 친구를 비난한 엘리후는(11~13절) 그들이 더 이상 말을 하지 못하는 까닭에 젊은 자신이 나선다고 말합니다.(6~9절, 16~17절) 그는 하나님의 의를 위해 소신껏 자신의 견해를 밝히려 합니다.(21~22절)

고린도후서 2장 : 근심케 하는 자를 용서하고 사랑으로 동역

- 내가 이같이 쓴 것은 내가 갈 때에 마땅히 나를 기쁘게 할 자로부터 도리어 근심을 얻을까 염려함이요 또 너희 모두에 대한 나의 기쁨이 너희 모두의 기쁨인 줄 확신함이로라...(3~5)
- 그런즉 너희는 차라리 그를 용서하고 위로할 것이니 그가 너무 많은 근심에 잠길까 두려워하노라...(7~8)
- 너희가 무슨 일에든지 누구를 용서하면 나도 그리하고 내가 만일 용서한 일이 있으면 용서한 그것은 너희를 위하여 그리스도 앞에서 한 것이니(10)
- 항상 우리를 그리스도 안에서 이기게 하시고 우리로 말미암아 각처에서 그리스도를 아는 냄새를 나타내시는 하나님께 감사하노라...(14~16)

이전에 바울이 고린도교회를 방문했을 때, 바울을 대적하는 사람이 있어서 대다수 고린도 성도들을 근심에 빠뜨린 일이 있었습니다. 그 사람에게는 교회에서 적절한 권징이 있었습니다. 그도 또한 회개했기에 바울은 그를 사랑과 용서로 대할 것을 권면합니다.(5~11절) 바울은 복음전도자인 자신을 '그리스도의 향기'라고 말합니다. 하나님이 우리의 향기(복음을 위한 수고)를 받으시며, 세상은 우리의 향기를 통해 하나님의 구원과 생명을 알게 됩니다.(14~16절)

주님! 날마다 말씀 앞에 서게 하심을 감사합니다. 완고한 심령이 되지 않게 하시고, 말씀의 씨앗이 떨어져 열매 맺는 옥토가 되게 하옵소서. 지체들을 실족시키는 자가 되지 않게 하시고 믿음을 더욱 견고히 세워주는 자가 되게 하옵소서. 무익한 종의 심정으로 주께서 맡기신 일을 기쁨으로 감당하게 하시며, 어디서든 향기 나는 그리스도인 되게 하옵소서.

3/4

본문 출애굽기 15장 | 누가복음 18장 | 욥기 33장 | 고린도후서 3장

주제 찬양 (讚揚, 주의 위대함과 아름다움과 훌륭함 따위를 기리고 드높임)

은혜를 입은 자는 하나님을 찬양하지 않을 수가 없다. 그 찬양은 표면적일 수도 있고 내면적일 수도 있다. 더 나아가 지속적으로 찬양하는 자는 미래에도 구원하시는 하나님의 충성된 일꾼일 수밖에 없다.

출애굽기 15장 : 하나님의 구원하심에 대한 모세와 미리암의 찬양

- 이 때에 모세와 이스라엘 자손이 이 노래로 여호와께 노래하니 일렀으되 내가 여호와를 찬송하리니 그는 높고 영화로우심이요 말과 그 탄 자를 바다에 던지셨음이로다...(1~3)
- 여호와여 주의 오른손이 권능으로 영광을 나타내시니이다 여호와여 주의 오른손이 원수를 부수시니이다...(6,7)
- 여호와여 신 중에 주와 같은 자가 누구니이까 주와 같이 거룩함으로 영광스러우며 찬송할 만한 위엄이 있으며 기이한 일을 행하는 자가 누구니이까...(11~13), (16~20), .(23~26)

이스라엘 백성들은 홍해를 건너는 건넜고, 이집트 군대를 홍해에 수장시키는 하나님의 능력을 경험했습니다. 15장은 하나님의 크고 놀라운 구원하심을 노래로 표현합니다. 크게 모세의 승리 찬송(1~18절)과 미리암의 노래(19~21절)로 나눌 수 있습니다. 홍해를 건넌 이스라엘은 승리의 노래를 부르며 힘차게 광야를 걸었지만 사흘간 물을 먹지 못하게 됩니다. 그들은 또 절망합니다.(24절) 사흘 만에 발견한 물은 먹을 수 없었습니다. 구원의 감격과 은혜로 힘차게 출발한 우리 인생길에도 쓴 물이 있습니다. 하나님은 모세로 하여금 한 나무를 던지게 하여 먹을 수 있는 물로 바꾸어 주십니다. "나는 너희를 치료하는 여호와임이라"(26절) 하나님이 가리키는 또 하나의 나무가 있습니다. 바로 십자가입니다. "친히 나무에 달려 그 몸으로 우리 죄를 담당하셨으니"(벧전2:24)

누가복음 18장 : 예수님의 사랑에 대한 과부와 아이와 맹인의 찬양

- 예수께서 그들에게 항상 기도하고 낙심하지 말아야 할 것을 비유로 말씀하여...(1~3)
- 하물며 하나님께서 그 밤낮 부르짖는 택하신 자들의 원한을 풀어 주지 아니하시겠느냐 그들에게 오래 참으시겠느냐...(7~14)
- 예수께서 그 어린 아이들을 불러 가까이 하시고 이르시되 어린 아이들이 내게 오는 것을 용납하고 금하지 말라 하나님의 나라가 이런 자의 것이니라(16), (18), (22~25), (27), (32,33), (38~43)

예수님은 항상 기도하고 낙심하지 말아야 함을 과부의 원한을 번거로움 때문에 풀어 주는 불의한 재판관의 비유를 통해 말씀하십니다.(1~8절) 하물며 하나님은 어떤 분입니까? 불의한 재판관과 달리 자비로우시고, 의로우시며 택한 자의 기도를 들으시는 분입니다. 그러나 자신이 의롭다고 생각하는 자의 기도는 듣지 않으십니다.(9~12절) 애통하며 회개하는 자의 기도를 들으십니다.(13,14절) 제자들은 예수님의 일을 방해한다고 생각해서 아이를 데려온 부모를 책망했으나 예수님은 도리어 '하나님의 나라가 어린아이와 같은 자의 것'이라고 말

씀하십니다.(16절) 자신이 의롭고 잘났다고 생각하는 자가 아니라 부족하다고 생각하는 자에게 하나님은 복을 주십니다. 이어서 하나님 나라와 영생에 관하여 두 가지 내용의 기사가 더 등장합니다. 하나님이 아닌 재물을 섬기는 자였던 부자 관리(18~27절), 베드로의 질문에 대한 예수님의 답변(28~30절)입니다. 세 번째 수난예고를 하신 예수님은(31~34절) 여리고에서 한 맹인을 고치십니다.(35~43절)

욥기 33장 : 범죄한 자가 은혜를 입어 치유된 후 반성하며 찬양

- 하나님의 영이 나를 지으셨고 전능자의 기운이 나를 살리시느니라...(4~7)
- 내가 그대에게 대답하리라 이 말에 그대가 의롭지 못하니...(12~14)
- 그가 사람의 귀를 여시고 경고로써 두렵게 하시니...(16~19)
- 만일 일천 천사 가운데 하나가 그 사람의 중보자로 함께 있어서...(23~30)

엘리후는 '하나님이 자신을 불의하게 공격한다'고 주장하는 욥의 입장을 비판하려 합니다.(9~11절) 먼저 하나님의 불의를 행하실 수 없는 분이며(12절), 하나님이 아무리 욥의 불평에 대해 답변을 안주신다해도 하나님을 원망하거나 그분과 논쟁을 벌이려 해서는 안 된다고 말합니다.(13절) 엘리후는 하나님이 매우 다양한 방식으로 사람들에게 말씀하시고 자신의 뜻을 알려 주신다고 말하면서 하나님의 침묵을 못마땅해 하는 욥의 불평에 문제가 있음을 지적합니다.(14~28절) 그는 다시 한번 자신의 말에 귀를 기울이라고 촉구합니다.(29~33절)

고린도후서 3장 : 그리스도의 편지와 함께 큰 영광에 참여하는 바울의 찬양

- 너희는 우리의 편지라 우리 마음에 썼고 뭇 사람이 알고 읽는 바라...(2,3)
- 그가 또한 우리를 새 언약의 일꾼 되기에 만족하게 하셨으니 율법 조문으로 하지 아니하고 오직 영으로 함이니 율법 조문은 죽이는 것이요 영은 살리는 것이니라...(6~9)
- 주는 영이시니 주의 영이 계신 곳에는 자유가 있느니라...(17,18)

바울의 대적자들은 바울의 사도직을 의심했습니다. 그들은 바울을 향해 추천서도 없는 거짓 사도라고 비난했습니다. 바울은 자신이 전한 복음을 통해 예수님을 영접한 고린도교회 성도들이 바로 자신의 사도직을 증명하는 추천서라고 말합니다.(2절) 고린도교회 성도들은 구원의 실체가 되시는 예수님께 집중하지 못하고 여전히 율법에 매여 있는 바울의 대적자(율법주의자)들을 경계하고, 구원은 오직 새 언약(그리스도의 은혜의 복음)으로 말미암은 것임을 명심해야 합니다.(6절) 바울은 바로 그 복음을 전하는 사도입니다. 율법을 받은 모세의 얼굴에도 영광의 광채가 있었으나, 그리스도는 율법의 한계를 뛰어넘어 율법을 완성하셨습니다. 구원의 실체, 영광의 실체이신 그리스도가 계심으로 더 이상 율법에 집착하지 말아야 합니다.(7~11절) 율법의 광채는 그리스도가 오실 때까지만 유효합니다.(14절) 그리스도 안에 참된 자유가 있습니다.(17절)

하나님은 다양하게 말씀하시며, 다양한 방법으로 일하십니다. 나는 하나님이 행하시는 방법을 항상 신뢰합니다. 하나님은 인간의 근원적인 문제를 십자가를 통해 치유하셨습니다. 자비롭고 은혜로우신 아버지 하나님이 계시기에 항상 기도하며 낙심하지 않게 하옵소서. 복음을 위한 수고가 참된 성도임을 증거합니다. 할 수 있는 모든 것을 다하여 복음증거의 사명 감당하게 하옵소서.

3/5

본문 출애굽기 16장 | 누가복음 19장 | 욥기 34장 | 고린도후서 4장
주제 주심

하나님은 믿는 자에게 육신의 양식과 영혼의 양식을 주신다. 뿐만 아니라 다른 영혼을 구원하도록 예수의 복음도 주신다.

출애굽기 16장 : 하나님이 양식으로 만나와 메추라기를 주심

- 이스라엘 자손 온 회중이 그 광야에서 모세와 아론을 원망하여...(2~5)
- 모세가 또 이르되 여호와께서 저녁에는 너희에게 고기를 주어 먹이시고 아침에는 떡으로 배불리시리니 이는 여호와께서 자기를 향하여 …우리가 누구냐 너희의 원망은 우리를 향하여 함이 아니요 여호와를 향하여 함이로다(8), (13~16), (19~24), (27~29), (31), (33~35)

홍해를 건넌 후, 승리의 축제를 벌인 이스라엘 백성들은 신 광야에 도착합니다. 마라의 쓴 물로 인해 불평했던 그들은 또 불평합니다.(2절) 자신들의 욕구가 자신들이 원하는 시간에 채워지지 않으면 불평, 원망부터 하는 이 패턴은 광야 40년 내내 반복됩니다. 그러나 하나님을 신뢰하지 않는 그들에게 하나님은 하늘에서 양식을 내려 주십니다. 특히 여섯째 날에는 두 배를 거둘 수 있게 함으로서, 안식일에 쉬게 하시며 하나님께 집중할 수 있도록 훈련시킵니다.(22절) 노예로 오랫동안 살았던 그들에게 안식일은 없었습니다. 안식일은 하나님의 선물입니다.

누가복음 19장 : 하나님이 각 사람에게 예수와 므나를 주심

- 삭개오라 이름하는 자가 있으니 세리장이요 또한 부자라...(2~6)
- 삭개오가 서서 주께 여짜오되 주여 보시옵소서 내 소유의 절반을 가난한 자들에게 주겠사오며 만일 누구의 것을 속여 빼앗은 일이 있으면 네 갑절이나 갚겠나이다...(8~10)
- 이르시되 어떤 귀인이 왕위를 받아가지고 오려고 먼 나라로 갈 때에...(12,13)
- 그 첫째가 나아와 이르되 주인이여 당신의 한 므나로 열 므나를 남겼나이다...(16,17), (20~22), (26), (29~30), (35), (44), (46)

어려서부터 율법을 지켰다고 자신하는 부자 관원의 '재물을 사랑하는 속마음'을 들춰내어 근심하며 떠나가게 만들었던 예수님은 유대인들이 결코 용납할 수 없는 죄인중의 죄인 세리장 삭개오를 환대하며, 그에게 구원을 선포하십니다.(1~10절) 구원은 전적으로 하나님의 은혜로 말미암는 것입니다. 열므나 비유를 통해 예수님의 떠나가심(승천)과 다시 오심(재림) 사이의 부재기간은 청지기 직분을 감당하는 기간임을 알려 주십니다.(11~27절) 예수님은 십자가를 통해 우리를 섬겨 주실 겸손의 왕이십니다. "그는 공의로우시며 구원을 베푸시며 겸손하여서 나귀를 타시나니"(슥9:9) 예수님이 나귀를 타고 예루살렘에 입성하실 때 예수님을 환영하고 찬양하는 사람들이 있었으며(37절) 반대로 이를 심각하게 여기고 문제 삼는 바리새인들도 있었습니다.(39절) 예루살렘을 바라보며 애통해 하신 예수님은(41~44절) 성전을 정화하신 후(45,46절) 성전에서 가르치십니다.(47,48절)

욥기 34장 : 하나님이 이 세상에 정의와 은혜를 주심

- 입이 음식물의 맛을 분별함 같이 귀가 말을 분별하나니...(3~6)
- 그러므로 너희 총명한 자들아 내 말을 들으라 하나님은 악을 행하지 아니하시며 전능자는 결코 불의를 행하지 아니하시고...(10~12)
- 정의를 미워하시는 이시라면 어찌 그대를 다스리시겠느냐 의롭고 전능하신 이를 그대가 정죄하겠느냐...(17~19)
- 그는 사람의 길을 주목하시며 사람의 모든 걸음을 감찰하시나니(21)
- 하나님은 사람을 심판하시기에 오래 생각하실 것이 없으시니...(23,24), (29), (31,32), (35,36)

엘리후는 욥이 지금까지 자신의 무죄를 주장함으로 하나님을 불의하신 분으로 비난했다고 주장합니다.(5,6절) 또한 하나님의 정의를 부정하는 듯한 욥의 태도를 강하게 배척합니다.(10~15절) 그는 하나님의 행동은 완전히 공평하며, 무제한의 권세가 그분께 있다고 말합니다.(16~20절) 인간의 모든 행동을 감찰하시는 하나님이시기에(21,22절) 자신의 억울함을 재판을 요구하는 욥의 주장은 불필요하며(23~25절) 욥에게 하나님이 악한 자들을 공개적으로 멸하신다는 점을 인식하라고 촉구합니다.(26~28절) 그러므로 엘리후는 욥에게 자기 죄를 자백하라고 말합니다.(31~33절) 마지막으로 그는 욥이 자신의 원죄에다가 하나님께 맞서는 죄까지 지었다고 말합니다.(36~37절)

고린도후서 4장 : 하나님이 전파하는 자에게 복음과 직분을 주심

- 그 중에 이 세상의 신이 믿지 아니하는 자들의 마음을 혼미하게 하여 그리스도의 영광의 복음의 광채가 비치지 못하게 함이니 그리스도는 하나님의 형상이니라...(4~11)
- 주 예수를 다시 살리신 이가 예수와 함께 우리도 다시 살리사 너희와 함께 그 앞에 서게 하실 줄을 아노라(14)
- 그러므로 우리가 낙심하지 아니하노니 우리의 겉사람은 낡아지나 우리의 속사람은 날로 새로워지도다...(16~18)

대적자들의 비난이 있었지만 바울은 낙심하지 않습니다.(1절) 그는 복음의 진리를 있는 그대로 정직하게 드러냈습니다.(2절) 그러나 복음은 망하는 자들에게는 가리워져 있습니다.(3절) 들어도 깨닫지 못하는 것입니다. 악한 영이 불신자들의 마음을 혼미하게 하는 것입니다.(4절) 바울은 자신의 몸에 그리스도라는 보배를 담고 있다고 말합니다.(7절) 거듭되는 고난과 핍박 속에서 복음만이 구원의 진리임을 알기에 바울은 기꺼이 고난을 짊어집니다.(8,9절) 심지어 예수님의 죽음을 자기 몸에 짊어지고 있다고 말합니다.(10절) 죽음을 생각할 정도의 엄청난 고난을 겪고 있는 것입니다. 그러나 그리스도의 고난에 동참함으로 그리스도의 생명의 복음이 나타나게 되었습니다. "예수의 생명이 또한 우리 몸에 나타나게 하려 함이라"(10절) , "예수의 생명이 또한 우리 죽을 육체에 나타나게 하려 함이라"(11절)

주님의 날개 그늘 아래에서 우리 영혼은 비로소 쉴 수 있습니다. 내게 영원한 안식을 주신 주님을 찬양합니다. 이 땅에서의 모든 시간은 청지기로서 살아가는 시간임을 기억하게 하시며, 내 삶에 복음으로 인한 고난이 요청되어 질 때, 기꺼이 동참하여 복음의 진리를 나타내게 하옵소서. 예수님의 흔적을 가진 자로 살아가게 하옵소서.

3/6

본문 출애굽기 17장 | 누가복음 20장 | 욥기 35장 | 고린도후서 5장
주제 불만 (不滿, 만족스럽지 않아 언짢거나 불쾌함)

사람은 삶 속에서 불만을 가지고 있다. 육체적이든 지식적이든 사상적이든 영적이든 불만을 가지고 있다. 모든 불만은 하나님과 그의 아들 예수 그리스도를 믿는 참된 신앙 안에서 해답을 찾을 수 있다.

출애굽기 17장 : 물이 없음에 대한 이스라엘 자손들의 불만

- 이스라엘 자손의 온 회중이 여호와의 명령대로 신 광야에서 떠나 그 노정대로 행하여 르비딤에 장막을 쳤으나 백성이 마실 물이 없는지라...(1,2)
- 모세가 여호와께 부르짖어 이르되 내가 이 백성에게 어떻게 하리이까 그들이 조금 있으면 내게 돌을 던지겠나이다...(4~6)
- 그 때에 아말렉이 와서 이스라엘과 르비딤에서 싸우니라...(8,9), (11,12), (14,15)

15장에서 '마라의 쓴 물'로 인하여 백성이 모세를 원망했던 적이 있습니다. 이번에도 물 문제로 인하여 백성들이 모세와 다툽니다.(2절) 이 상황은 하나님의 인도하심을 신뢰하지 못함에서 비롯된 것입니다. 홍해를 건너는 극적인 승리이후 분명히 "백성이 여호와를 경외하며 여호와와 그의 종 모세를 믿었더라"(14:31)라고 했는데 뭔가 원하는 것이 바로 채워지지 않으면 의심하고, 원망하고 다투기까지 합니다. 우리 역시 신앙 여정속에서 하나님의 인도하심에 대하여 신뢰와 의심(회의)을 오가고 있습니다. 결국 하나님의 지시로 모세는 지팡이로 반석을 쳤고, 그 반석에서 모든 백성이 마실 물이 나오게 되었습니다.(6절) 바울은 구약의 이 말씀을 통해 그리스도를 증거합니다. "다 같은 신령한 음료를 마셨으니 이는 그들을 따르는 신령한 반석으로부터 마셨으매 그 반석은 곧 그리스도시라"(고전10:4) 오랜 세월 노예로 살았던 이스라엘 백성들은 전쟁수행 능력이 없습니다. '모세의 기도 손'은 전쟁은 여호와께 속한 것임을 보여 줍니다. 홍해에서 이집트 군대를 수장시킨 하나님은 이번에도 승리케 하셨습니다.

누가복음 20장 - 예수의 비유에 대한 서기관들과 대제사장들의 불만

- 하루는 예수께서 성전에서 백성을 가르치시며 복음을 전하실새 대제사장들과 서기관들이 장로들과 함께 가까이 와서...(1~4)
- 대답하되 어디로부터인지 알지 못하노라 하니...(7~10)
- 포도원 주인이 이르되 어찌할까 내 사랑하는 아들을 보내리니 그들이 혹 그는 존대하리라 하였더니...(13~15)
- 서기관들과 대제사장들이 예수의 이 비유는 자기들을 가리켜 말씀하심인 줄 알고 즉시 잡고자 하되 백성을 두려워하더라...(19~25), (27), (29~36), (41), (44), (46,47)

예수님의 권위를 인정하기 싫은 무리들에게 예수님은 요한의 세례가 출처를 묻습니다. 그 시대 사람들이 선지자로 여기는 세례 요한의 권위를 인정한다면, 그 세례 요한이 메시아로 소개한 예수님의 권위도 인정해야 합니다. 그러나 그들은 완악하여 세례 요한의 권위에 대

해서도 답변하지 않습니다.(1~8절) 예수님은 주인이 보낸 아들마저 죽인 포도원 소작농의 악한 행위를 말씀하시며 대적자들의 현주소를 고발합니다.(9~18절) '가이사의 것은 가이사에게 하나님의 것은 하나님에게'라는 말씀을 통해 세상 통치 질서아래 순응하며 살되, 그보다 더 큰 하나님의 통치에 순종하며 살아야 함을 분명하게 가르치십니다.(19~26절) 하나님은 모세를 부르실 때 "나는 네 조상의 하나님이니 아브라함의 하나님, 이삭의 하나님, 야곱의 하나님이니라"(출3:6)라고 소개하십니다. 하나님은 산 자의 하나님이시기에 아브라함, 이삭, 야곱은 하나님 안에 여전히 살아 있는 존재라는 뜻입니다. 우리 역시 영광의 부활 이후 주의 나라에서 모든 이들과 온전히 연합된 관계, 온전한 사랑의 관계 속에서 영원히 살게 됩니다. 영원을 누리게 됩니다.(27~40절) 마지막으로 예수님은 다윗의 자손이시며 동시에 다윗의 주님이 되시는 신적 존재임을 밝히십니다.(41~47절)

욥기 35장 - 욥의 주장에 대한 엘리후의 불만

- 그대는 하늘을 우러러보라 그대보다 높이 뜬 구름을 바라보라...(5~8)
- 나를 지으신 하나님은 어디 계시냐고 하며 밤에 노래를 주시는 자가 어디 계시냐고 말하는 자가 없구나...(10~16)

하나님이 자신의 의를 인정하신다고 믿는 욥에 대하여 엘리후는 반박합니다. 엘리후는 하나님과 인간 사이의 엄청난 간격이 있음을 인식하라고 합니다.(4,5절) 인간의 행동은 하나님께 아무런 의미가 없다고 말합니다.(6~8절) 하나님은 죄인의 기도에 응답하지 않으시며, 악인에게 무관심 하신다고 말합니다.(9~13절) 즉, 욥이 죄가 있기에 하나님의 응답이 없다는 것입니다. 엘리후는 욥이 하나님 앞에서 매우 뻔뻔함을 보이고 있기에(14절), 그의 기도는 헛된 것이라고 주장합니다.(15,16절)

고린도후서 5장 - 육체의 한계 속에 있는 바울의 선한 불만

- 만일 땅에 있는 우리의 장막 집이 무너지면 하나님께서 지으신 집 곧 손으로 지은 것이 아니요 하늘에 있는 영원한 집이 우리에게 있는 줄 아느니라...(1,2)
- 곧 이것을 우리에게 이루게 하시고 보증으로 성령을 우리에게 주신 이는 하나님이시니라...(5~10)
- 우리가 만일 미쳤어도 하나님을 위한 것이요 정신이 온전하여도...(13~19), (21)

그리스도인은 영원한 집을 사모하며 삽니다.(1,2절) 그리스도를 믿는 자는 영광스런 부활의 몸을 입게 되며, 불신자들은 벌거벗은 신세처럼 될 것입니다.(3절) 믿는 자안에 내주하시는 성령님은 장차 우리가 하늘나라에서 영원히 누릴 복을 보장해 주십니다.(4,5절) 그러므로 우리는 하늘의 상급을 소망하며 우리에게 영원한 나라를 선물로 주신 주님을 기쁘게 하는 자가 되어야 합니다.(6~10절) 그리스도 안에서 새로운 피조물이 된 우리들은(17절) 우리 대신 죽었다가 살아나신 그리스도를 위하여 살아야 합니다.(15절)

나는 상황에 따라 믿음과 의심 사이를 오가고 있지만, 여전히 당신의 선하심을 거두지 않으시는 신실하신 하나님이기에 더욱 의지합니다. 모든 이름위에 뛰어난 예수 그리스도의 권세를 찬양합니다. 예수 그리스도로 말미암아 새로운 피조물이 되었고, 영원한 복을 누리게 되었으니 주께 기쁨을 드리는 인생이 되게 하옵소서.

3/7

본문 출애굽기 18장 | 누가복음 21장 | 욥기 36장 | 고린도후서 6장
주제 지식 (知識, 교육, 경험, 또는 연구를 통해 얻은 체계화된 인식의 총체)

아는 것은 힘이다. 하나님에 대해서, 신앙생활에 대해서, 사명감당에 대해서, 삶의 문제를 풀어가는 것에 대해서 우리는 충분한 지식을 가지고 살아갈 때 죄와 악에 빠지지 않으며 실족하지 않는다.

출애굽기 18장 : 재판 앞에 나온 백성을 다스리는 지식

- 모세의 장인이며 미디안 제사장인 이드로가 하나님이 모세에게와 자기 백성 이스라엘에게 하신 일 곧 여호와께서 이스라엘을 애굽에서 인도하여 내신 모든 일을 들으니라...(1~4)
- 모세가 여호와께서 이스라엘을 위하여 바로와 애굽 사람에게 행하신 모든 일과 길에서 그들이 당한 모든 고난과 여호와께서 그들을 구원하신 일을 다 그 장인에게 말하매...(8~11)
- 모세의 장인이 모세가 백성에게 행하는 모든 일을 보고 이르되 네가 이 백성에게 행하는 이 일이 어찌 됨이냐 어찌하여 네가 홀로 앉아 있고 백성은 아침부터 저녁까지 네 곁에 서 있느냐(14)
- 그들이 일이 있으면 내게로 오나니 내가 그 양쪽을 재판하여 하나님의 율례와 법도를 알게 하나이다(16)
- 너와 또 너와 함께 한 이 백성이 필경 기력이 쇠하리니 이 일이 네게 너무 중함이라 네가 혼자 할 수 없으리라(18), .(21~23)

모세는 장인 이드로를 만나 하나님이 그동안 행하신 일들을 전합니다.(7,8절) 모세는 첫째 아들의 이름을 "내가 타국에서 나그네가 되었다"는 의미로 '게르솜'이라고 지었습니다.(2:22) '게르솜'은 미디안광야로 도피하여 40년을 살게 된 모세 자신의 처지이면서 동시에 이집트에서 노예로 살았던 이스라엘 백성의 처지를 대표하는 단어입니다. 이드로를 통해 그동안 혼자서 많은 일을 하느라 지쳐 있던 모세는 중간 관리자를 선발하여 위임하는 지혜를 얻게 됩니다. 혼자 혹은 소수가 아닌 공동체에 속한 많은 구성원들이 각자의 역할을 감당할 때 교회는 건강한 모임으로 세워지게 됩니다.

누가복음 21장 : 값진 헌금과 멸망의 때를 분별하는 지식

- 또 어떤 가난한 과부가 두 렙돈 넣는 것을 보시고...(2~6)
- 이르시되 미혹을 받지 않도록 주의하라 많은 사람이 내 이름으로 와서 이르되 내가 그라 하며 때가 가까이 왔다 하겠으나 그들을 따르지 말라...(8~12)
- 너희 머리털 하나도 상하지 아니하리라(18)
- 너희가 예루살렘이 군대들에게 에워싸이는 것을 보거든 그 멸망이 가까운 줄을 알라(20)
- 그 날에는 아이 밴 자들과 젖먹이는 자들에게 화가 있으리니 이는 땅에 큰 환난과 이 백성에게 진노가 있겠음이로다...(23~27)
- 이와 같이 너희가 이런 일이 일어나는 것을 보거든 하나님의 나라가 가까이 온 줄을 알라(31)
- 너희는 스스로 조심하라 그렇지 않으면 방탕함과 술취함과 생활의 염려로 마음이 둔하여지고 뜻밖에 그 날이 덫과 같이 너희에게 임하리라...(34~38)

우리는 형식과 외양에 치우치는 것을 항상 조심해야 하며 마음을 다하여 주님을 섬겨야 합니다.(1~4절) 건축기간만 70년이 넘어가며 화려한 외양을 자랑하는 예루살렘 성전은 완공 후 10년도 못 가서 완전히 무너지게 됩니다. 참 성전되시는 예수님은 성전의 붕괴를 예고하십니다. 마지막 때에는 미혹하는 자들이 많아질 것입니다.(5~9절) 성전이 무너지기 전 일어날 여러 가지 일들은 종말의 때에 일어날 일들을 미리 보게 합니다.(10~38절) 특히 세상에 다시 오실 것을 강조하십니다.(27,28절) 우리는 항상 "주께서 다시 오신다"는 사실을 기억하며 깨어 있는 제자의 삶을 살아야 합니다.(29~38절)

욥기 36장 : 하나님의 속성과 능력을 아는 지식

- 나를 잠깐 용납하라 내가 그대에게 보이리니 이는 내가 하나님을 위하여 아직도 할 말이 있음이라...(2~11)
- 하나님은 곤고한 자를 그 곤고에서 구원하시며 학대 당할 즈음에 그의 귀를 여시나니...(15~18)
- 삼가 악으로 치우치지 말라 그대가 환난보다 이것을 택하였느니라(21)
- 그대는 하나님께서 하신 일을 기억하고 높이라 잊지 말지니라 인생이 그의 일을 찬송하였느니라...(24~28)
- 이런 것들로 만민을 심판하시며 음식을 풍성하게 주시느니라...(31~33)

엘리후는 하나님이 인간에게 주시는 고통에는 분명한 목적이 있다고 말합니다.(5~10절) 고통 중에 있다 하더라도 하나님께 배우고 순종하는 자는 형통의 날이 오겠지만, 하나님을 거부하고 불순종하면 망하게 될 것입니다.(11~16절) 엘리후가 보기에 욥은 하나님과의 법정 소송을 고집함으로서 하나님이 원치 않는 곳으로 가려고 합니다. 그래서 참회하는 것 외에 다른 방법으로 대속을 얻을 수 없음을 강조합니다. (17~19절) 엘리후는 욥에게 밤과 악을 사모하지 말고(20,21절) 하나님께 이의를 제기하기 보다는 하나님을 찬양하는 사람들의 자리에 참여하라(24,25절)고 충고합니다.

고린도후서 6장 : 믿는 자의 자기이해와 성별하는 지식

- 우리가 하나님과 함께 일하는 자로서 너희를 권하노니 하나님의 은혜를 헛되이 받지 말라...(1~10)
- 내가 자녀에게 말하듯 하노니 보답하는 것으로 너희도 마음을 넓히라...(13~16)

바울은 자신의 직분이 사람들에게 비방을 받지 않기 위해 늘 자신을 살폈습니다.(3절) 그리스도인은 나의 말과 행동이 복음에 방해가 되지 않는지를 늘 살펴야 합니다. 바울은 '하나님의 일꾼'으로서 인내했으며(4,5절) '깨끗함', '지식', '자비함'등 8가지 덕목으로 사역했습니다.(6,7절) 그리스도인은 아무 것도 아닌 것 같으나 실제로는 모든 것을 가진 자입니다.(8~10절) 우리는 하나님의 언약백성으로서 구별된 삶을 살아야 합니다.(14~18절)

잠시 있다 사라질 나그네 인생을 영생으로 이끌어 주신 주님의 은혜에 무한 감사드립니다. 이유를 알 수 없는 고통이 찾아온다 해도 나는 하나님의 선하심을 의심하지 않습니다. 복음이 나의 말과 행동의 범위를 규정하는 핵심 키워드가 되게 하시며, 언약 백성으로서 구별된 삶을 살아가는 이유가 되게 하옵소서.

3/8

본문 출애굽기 19장 | 누가복음 22장 | 욥기 37장 | 고린도후서 7장

주제 **예비** (豫備, 필요한 때를 위해 미리 준비해 놓음)

하나님은 항상 계획적이시다. 즉흥적으로 행하지 않으신다. 그러므로 성도도 하나님의 예비하심처럼 늘 예비하는 자세로 사역과 삶을 살아야 한다. 그 예비함 중의 하나는 구별과 성별이다.

출애굽기 19장 : 이스라엘 자손이 성결함으로 여호와의 임재를 예비

- 내가 애굽 사람에게 어떻게 행하였음과 내가 어떻게 독수리 날개로 너희를 업어 내게로 인도하였음을 너희가 보았느니라...(4~6)
- 여호와께서 모세에게 이르시되 너는 백성에게로 가서 오늘과 내일 그들을 성결하게 하며 그들에게 옷을 빨게 하고...(10~13)
- 셋째 날 아침에 우레와 번개와 빽빽한 구름이 산 위에 있고 나팔 소리가 매우 크게 들리니 진중에 있는 모든 백성이 다 떨더라(16), (18), (21~24)

출애굽 3개월 만에 시내산에 도착합니다. 하나님의 구원과 신실하심을 경험한 이스라엘이 앞으로 맺어지게 될 언약을 지키며 말씀에 순종하면 하나님의 소유가 되며, 제사장 나라가 될 것입니다.(4~6절) 시내산 언약을 맺기 전 이스라엘 백성들은 성결하게 하는 의식을 행합니다.(9~15절) 은혜와 긍휼이 풍성하신 하나님의 본질은 '거룩'입니다. 인간이 아무리 준비한다 해도 결코 하나님을 대면할 수 없습니다. 그러나 거룩하신 하나님이 이스라엘 백성들을 찾아 오십니다.(20~25절)

누가복음 22장 : 제자들이 객실, 성찬, 기도로 예수님의 유월절을 예비

- 열둘 중의 하나인 가룟인이라 부르는 유다에게 사탄이 들어가니...(3~6)
- 예수께서 베드로와 요한을 보내시며 이르시되 가서 우리를 위하여 유월절을 준비하여 우리로 먹게 하라(8)
- 그 집 주인에게 이르되 선생님이 네게 하는 말씀이 내가 내 제자들과 함께 유월절을 먹을 객실이 어디 있느냐 하시더라 하라(11)
- 이르시되 내가 고난을 받기 전에 너희와 함께 이 유월절 먹기를 원하고 원하였노라(15)
- 이에 잔을 받으사 감사 기도 하시고 이르시되 이것을 갖다가 너희끼리 나누라(17)
- 또 떡을 가져 감사 기도 하시고 떼어 그들에게 주시며 이르시되 이것은 너희를 위하여 주는 내 몸이라 너희가 이를 행하여 나를 기념하라 하시고...(19,20)
- 또 그들 사이에 그 중 누가 크냐 하는 다툼이...(24~27), (30~34), (39~44), (48~51), (61,62)

모든 것이 예수님이 예고하신 대로 진행되고 있습니다. 십자가를 향해 가는 길이 빨라지고 있습니다. 지도자들은 예수님을 죽일 방도를 궁리하고, 유다는 그 지도자들에게 예수님을 넘겨주기로 약조합니다.(1~6절) 예수님은 제자들과 최후의 만찬을 주재하시며 떡과 포도주를 나누시면서, 당신의 십자가 죽음의 의미를 제자들에게 가르치십니다.(14~23절) 누가 크냐에 대한 논쟁을 교정하시고(24~27절), 제자들에게 하나님 나라를 맡기시고(28~30절), 베

드로의 배반과 회복의 예언(31~34절), 영적 싸움을 준비시키십니다.(35~38절) 겟세마네동산에서의 기도와 체포(39~53절), 베드로의 배반과 회개(54~62절), 산헤드린의 재판과정(63~71절)까지 십자가 지시기 전의 급박한 상황들이 전개되고 있습니다.

욥기 37장 : 하나님이 자연의 창조와 다스리심으로 질서를 예비

- 하나님의 음성 곧 그의 입에서 나오는 소리를 똑똑히 들으라(2)
- 하나님은 놀라운 음성을 내시며 우리가 헤아릴 수 없는 큰 일을 행하시느니라...(5~7)
- 하나님의 입김이 얼음을 얼게 하고 물의 너비를 줄어들게 하느니라...(10~14)
- 우리가 그에게 할 말을 그대는 우리에게 가르치라 우리는 아둔하여 아뢰지 못하겠노라...(19,20)
- 북쪽에서는 황금 같은 빛이 나오고 하나님께는 두려운 위엄이 있느니라...(22~24)

엘리후는 욥과 친구들에게 순종하는 마음으로 하나님의 목소리에 귀를 기울이라고 합니다.(1~5절) 하나님은 변화무쌍한 기상 현상도 주관하시는 분입니다.(6~8절) 하나님은 인간을 배제한 채 자신의 계획을 성취하기도 합니다.(9~12절) 하나님은 징계나 긍휼 등 인생에 일어나는 모든 일을 주관하십니다.(13절) 엘리후는 욥이 답변하기 어려운 질문들을 쏟아냅니다.(15~24절) 자연계에서 일어나는 하나님의 활동도 이해하지 못하면서, 어떻게 인간을 다루시는 하나님의 활동을 이해할 수 있느냐는 것입니다. 인간은 하나님의 위엄과 영광을 제대로 볼 수가 없습니다.(21~22절) 정의로우신 하나님은(23절) 인간에게 모든 문제에 대한 답변을 일일이 하실 필요가 없지만, 인간은 누구나 하나님을 마땅히 두려워해야 합니다.(24절)

고린도후서 7장 : 바울과 성도는 하나님의 일꾼으로서 거룩함으로 구원을 예비

- 그런즉 사랑하는 자들아 이 약속을 가진 우리는 하나님을 두려워하는 가운데서 거룩함을 온전히 이루어 육과 영의 온갖 더러운 것에서 자신을 깨끗하게 하자...(1,2)
- 우리가 마게도냐에 이르렀을 때에도 우리 육체가 편하지 못하였고 … 두려움이었노라...(5~7)
- 내가 지금 기뻐함은 너희로 근심하게 한 까닭이 아니요 도리어 너희가 근심함으로 회개함에 이른 까닭이라 너희가 하나님의 뜻대로 근심하게 된 것은 우리에게서 아무 해도 받지 않게 하려 함이라...(9~12)
- 그가 너희 모든 사람들이 두려움과 떪으로 자기를 영접하여 순종한 것을 생각하고 너희를 향하여 그의 심정이 더욱 깊었으니...(15,16)

바울은 고린도교회 성도들을 참다운 목자의 심정으로 대했습니다. 고린도교회 성도들과 자신은 같은 운명공동체라고 고백합니다.(3절) 그래서 사랑으로, 진리로 그들을 대했습니다. 바울의 그 마음이 잘 전달되어 고린도교회 성도들은 바울의 권면을 수용했습니다.(8,9절) 하나님의 뜻대로 하는 근심은 회개에 이르게 하고, 구원에 이르게 합니다.(10절)

하나님의 소유, 거룩한 백성으로 나를 불러 주심에 감사드립니다. 하나님의 구원의 지혜가 마침내 십자가를 통해 온 세상에 선포되었습니다. 십자가를 지신 예수님을 통하여 구원의 지혜가 나에게 임하였습니다. 교회가 주님의 십자가 사랑과 진리로 더욱 견고하게 세워지게 하옵소서.

3/9

본문 출애굽기 20장 | 누가복음 23장 | 욥기 38장 | 고린도후서 8장
주제 관계 (關係, 둘 또는 여러 대상이 서로 연결되어 얽혀 있음)

인간에게 있어서 관계는 생존의 양식이다. 인간은 하나님과 예수님, 그리고 하나님이 창조하신 자연과 교회에 대하여 올바른 관계를 가짐으로 복된 금생과 내생을 살아갈 수 있다.

출애굽기 20장 : 십계명을 통한 하나님과 이스라엘 백성의 관계

- 너는 나 외에는 다른 신들을 네게 두지 말라...(3~17)
- 모세에게 이르되 당신이 우리에게 말씀하소서 우리가 들으리이다 하나님이 우리에게 말씀하시지 말게 하소서 우리가 죽을까 하나이다...(19,20)
- 내게 토단을 쌓고 그 위에 네 양과 소로 네 번제와 화목제를 드리라 내가 내 이름을 기념하게 하는 모든 곳에서 네게 임하여 복을 주리라(24)

시내산에서 하나님은 하나님의 백성이 하나님과의 관계 속에서 살아가는데 근본이 되는 10가지 원칙(십계명)을 말씀하십니다. 우리는 계명을 주신 분이 구원의 하나님인 것을 먼저 기억해야 합니다.(2절) 이어서 십계명을 주신 목적(18~21절)과 제단을 만드는 법(22~26절)에 대해 말씀하십니다.

누가복음 23장 : 십자가의 예수와 선한 강도, 여자, 요셉의 관계

- 헤롯이 예수를 보고 매우 기뻐하니 이는 그의 소문을 들었으므로 보고자 한 지 오래였고 또한 무엇이나 이적 행하심을 볼까 바랐던 연고러라(8)
- 헤롯이 그 군인들과 함께 예수를 업신여기며 희롱하고 빛난 옷을 입혀 빌라도에게 도로 보내니(11)
- 이르되 너희가 이 사람이 백성을 미혹하는 자라 하여 내게 끌고 왔도다 보라 내가 너희 앞에서 심문하였으되 너희가 고발하는 일에 대하여 이 사람에게서 죄를 찾지 못하였고...(14~16)
- 빌라도는 예수를 놓고자 하여 다시 그들에게 말하되...(20~23), (26), (28), (32~34), (39~47), (50~53)

대적자들(대제사장과 무리들)은 예수님의 공생애 내내 종교법(율법)으로 시비를 걸었습니다. 그러나 정작 예수님을 고소한 내용은 정치적인 죄목이었습니다.(2절) 빌라도는 1차적으로 예수님에게 죄가 없다고 선언했으며(4절), 헤롯에게 보냈으나 헤롯은 예수님에 관한 재판에 관심이 없었습니다.(8~12절) 빌라도는 2차 재판에서도 예수님은 무죄라는 입장을 밝힙니다.(14~16절) 그러나 대적자들의 정치공세에 빌라도는 결국 굴복하고 예수님을 넘겨주고 바라바를 석방하기로 결정합니다.(18~25절) 십자가를 지기 위해 끌려가는 가운데에서도 예수님은 "나를 위하여 울지 말고 너희와 너희 자녀를 위해 울라"(28절)고 말씀하시며 마지막까지 자신을 위한 삶이 아닌 백성의 구원을 위한 삶을 보여 주십니다. 예수님 곁의 한 강도는 예수님의 무죄를 선언합니다.(41절) 이것은 예수님이 죄가 없으시기에 죄를 대속하실 수 있는 분임을 선언하는 내용입니다. 죄인인 자신을 대신해 십자가를 지신 예수님이심을 믿었기에, 예수님은 그에게 낙원을 약속하십니다.(43절) 십자가에서의 예수님의 마지막 모습, 휘장의 찢어짐, 백부장의 고백, 장례와 관련하여 일어난 일 등은 예수님의 죽음이 무죄한 의인의 죽음이었음을 보여 줍니다.(44~56절)

욥기 38장 : 창조주 하나님과 우주, 자연만물의 관계

- 그 때에 여호와께서 폭풍우 가운데에서 욥에게 말씀하여 이르시되...(1~5)
- 바다가 그 모태에서 터져 나올 때에 문으로 그것을 가둔 자가 누구냐...(8~10)
- 네가 바다의 샘에 들어갔었느냐 깊은 물 밑으로 걸어 다녀 보았느냐...(16~22)
- 누가 홍수를 위하여 물길을 터 주었으며 우레와 번개 길을 내어 주었느냐...(25~29)
- 너는 별자리들을 각각 제 때에 이끌어 낼 수 있으며 북두성을 다른 별들에게로 이끌어 갈 수 있겠느냐...(32,33), (36,37), (41)

드디어 하나님이 말씀하십니다. 하나님의 답변은 많은 부분 의문문의 형태로 되어 있으며, 창조 세계의 신비와 하나님의 주권에 대한 말씀입니다. 하나님은 자신의 계획에 대한 욥의 무지(1~3절)를 말씀하신 후 '세상을 창조하실 때의 수단과 방법(4~7절), 바다의 기원(8~11절), 빛을 주관하시며 악인을 벌하시는 하나님의 창조주권(12~15절), 지하계의 영역에 대한 지식(16~18절)에 대하여 네가 아느냐?'고 욥에게 물으십니다.

욥에게 빛과 어둠을 향해 가는 길을 제시해 보라(19~21절)고 말씀하시는 하나님은 물질계(22~30절,34~38절)와 천체계(31~33절), 동물계(39~41절)에 관한 질문을 쏟아내시며 이 모든 것이 여호와 하나님에 의해서만이 운용되어짐을 분명하게 말씀하십니다.(인간이 헤아릴 수 없는 하나님의 절대 주권 강조)

고린도후서 8장 : 연보를 통한 마게도냐교회와 바울의 관계

- 형제들아 하나님께서 마게도냐 교회들에게 주신 은혜를 우리가 너희에게 알리노니...(1~6)
- 내가 명령으로 하는 말이 아니요 오직 다른 이들의 간절함을 가지고 너희의 사랑의 진실함을 증명하고자 함이로라...(8~11)
- 이제 너희의 넉넉한 것으로 그들의 부족한 것을 보충함은 후에 그들의 넉넉한 것으로 너희의 부족한 것을 보충하여 균등하게 하려 함이라(14), (19~21), (24)

마게도냐 교회는 극심한 경제적 어려움과 신앙적 핍박가운데 있었지만, 예루살렘 교회를 풍성한 연보로 도왔습니다.(2절) 그들의 섬김과 나눔은 자발적으로 이루어졌습니다.(3절) 바울은 고린도 교회도 마게도냐 교회와 같이 예루살렘 교회를 위하여 그리스도의 사랑을 실천하기를 권면합니다.(6절,10~15절) 바울은 고린도 교회가 예루살렘 교회를 돕는 헌금을 준비하는 일을 디도에게 맡깁니다. 상당한 무게의 금화, 은화를 모으는 일이기에 위험한 일이었고, 또 거액의 헌금으로 인하여 비방의 위험도 있었습니다.(20,21절) 바울은 디도와 함께 신뢰할 만한 두 명의 형제에게 이 일을 맡깁니다.(18절,22절)

복 있는 사람은 주의 율법을 즐거워하며 주야로 묵상하는 자입니다. 주의 율법을 기뻐하며 가까이 하는 참된 백성이 되게 하옵소서. 하나님은 놀라운 지혜로 세상을 다스리고 계시며, 그 하나님의 지혜의 절정은 바로 십자가입니다. 나를 위해 십자가 지신 예수님의 이름으로 더 많이 사랑하며 섬길 것을 결단합니다.

3/10

본문 출애굽기 21장 | 누가복음 24장 | 욥기 39장 | 고린도후서 9장

주제 **자유**(自由, 남에게 구속을 받거나 무엇에 얽매이지 않고 자기 뜻에 따라 행동하는 것)

하나님은 모든 피조물에게 질서 안에서 자유를 주셨다. 그 자유를 주 뜻인 말씀 안에서 실천하는 자는 주님의 지속적인 복을 누릴 수 있다.

출애굽기 21장 : 신분과 채무에 매였던 억압으로부터의 자유

- 네가 히브리 종을 사면 그는 여섯 해 동안 섬길 것이요 일곱째 해에는 몸값을 물지 않고 나가 자유인이 될 것이며...(2~6)
- 사람을 쳐죽인 자는 반드시 죽일 것이나...(12~17)
- 사람이 서로 싸우다가 임신한 여인을 쳐서 낙태하게 하였으나 다른 해가 없으면 그 남편의 청구대로 반드시 벌금을 내되 재판장의 판결을 따라 낼 것이니라...(22~25)
- 소가 남자나 여자를 받아서 죽이면 그 소는 반드시 돌로 쳐서 죽일 것이요 그 고기는 먹지 말 것이며 임자는 형벌을 면하려니와...(28~30)
- 소가 만일 남종이나 여종을 받으면 소 임자가 은 삼십 세겔을 그의 상전에게 줄 것이요 소는 돌로 쳐서 죽일지니라(32), (35,36)

십계명이 하나님의 백성에게 요구하는 기본적인 원리라면, 21장부터는 십계명이 구체적으로 어떻게 적용될 수 있는가에 대한 설명입니다. 구체적인 사례 중심이어서 사례법이라고 불리며, 21~23장에 걸쳐 소개됩니다. 21장에서는 종에 관한 법(1~11절), 폭행에 관한 법(사형에 해당되는 중죄 12~17절, 상해죄에 관한 법 18~27절), 가축에 관한 법(28~36절)에 대해 설명합니다.

누가복음 24장 : 죽음과 의심에 매였던 절망으로부터의 자유

- 안식 후 첫날 새벽에 이 여자들이 그 준비한 향품을 가지고 무덤에 가서...(1~6)
- 무덤에서 돌아가 이 모든 것을 열한 사도와 다른 모든 이에게 알리니(9)
- 사도들은 그들의 말이 허탄한 듯이 들려 믿지 아니하나...(11~14)
- 우리는 이 사람이 이스라엘을 속량할 자라고 바랐노라 이뿐 아니라 이 일이 일어난 지가 사흘째요...(21~32)
- 이 말을 할 때에 예수께서 친히 그들 가운데 서서 이르시되 너희에게 평강이 있을지어다 하시니...(36~39), (44~49), (53)

예수님의 무덤은 비었으며(1~3절) 여인들이 예수님의 부활을 증거하나 사도들은 믿지 않았습니다.(8~12절) 엠마오로 가는 두 제자에게 부활하신 예수님이 나타났으나 처음에 그들은 예수님을 알아보지 못했습니다.(13~24절) 만약 두 제자가 예수님의 고난과 십자가에서의 죽음이 예언의 성취인 것을 믿었다면, 부활도 믿었을 것입니다. 이에 예수님은 "미련하고 선지자들이 말한 모든 것을 마음에 더디 믿는 자들이여"(25절)라고 말씀하시며 예언의 성취를 믿지 않는 그들을 책망하십니다. 고난, 죽음, 부활 모두 예언의 성취입니다. "성경대로 그리

스도께서 우리 죄를 위하여 죽으시고 장사 지낸 바 되었다가 성경대로 그리스도께서 사흘 만에 다시 살아나사"(고전15:3,4절) 예수님은 제자들에게 나타나셔서 여인의 증언과 엠마오로 가는 두 제자의 증언, 자신의 죽음과 부활에 관한 성경의 예언이 성취되었음을 확증하십니다. 이제 제자들은 이 일을 전하는 자로 살아가야 합니다. "너희는 이 모든 일의 증인이라"(48절)

욥기 39장 : 동물과 가축에게도 허락하신 생존의 자유

- 산 염소가 새끼 치는 때를 네가 아느냐 암사슴이 새끼 낳는 것을 네가 본 적이 있느냐...(1,2)
- 누가 들나귀를 놓아 자유롭게 하였느냐 누가 빠른 나귀의 매인 것을 풀었느냐(5)
- 초장 언덕으로 두루 다니며 여러 가지 푸른 풀을 찾느니라...(8~13)
- 말의 힘을 네가 주었느냐 그 목에 흩날리는 갈기를 네가 입혔느냐(19)
- 그것이 골짜기에서 발굽질하고 힘 있음을 기뻐하며 앞으로 나아가서 군사들을 맞되...(21~27)

하나님은 38장 39절부터 동물계의 다양한 현상들과 관련된 질문을 욥에게 던지십니다. 동물의 출산과정(1~4절), 도움 없이 본능에 의해 스스로 살아가는 들나귀(5~8절), 인간의 통제에서 벗어나 자유롭게 살아가는 들소(9~12절), 빨리 달릴 수 있으나 다소 지혜가 부족한 타조(13~18절), 전쟁에서 유용하게 쓰이는 말의 놀라운 능력(19~25절), 매와 독수리의 탁월한 비행능력(26~30절)등에 대한 질문을 통해 하나님은 당신이 창조하신 세계의 기원과 운행에 관하여 설명하기에는 인간의 지혜가 한참 부족하다는 것을 드러내십니다.

고린도후서 9장 : 다른 이를 위해 정한대로 즐겨내는 연보의 자유

- 성도를 섬기는 일에 대하여는 내가 너희에게 쓸 필요가 없나니...(1~8)
- 너희가 모든 일에 넉넉하여 너그럽게 연보를 함은 그들이 우리로 말미암아 하나님께 감사하게 하는 것이라...(11~13)

바울은 헌금(연보)할 때 어떤 원칙과 마음으로 해야 하는지를 가르치고 있습니다. 고린도 교회는 책망받기도 했지만, 그럼에도 불구하고 열정적으로 주님을 섬겼던 교회입니다.(고전12장,14장 참고 : 은사가 풍성함) 헌금에 대해서도 마찬가지입니다. 바울은 고린도 교회의 연보에 대하여는 '더 말할 필요가 없다'라고 합니다.(1절) 마게도냐 사람들에게 아가야(고린도) 지역에서는 1년 전부터 준비했다고 자랑할 정도였습니다. 이렇게 자랑까지 했는데 나중에 마게도냐인과 함께 고린도 교회를 방문했을 때, 약속한 연보(약정한 헌금)가 준비되어 있지 않으면 부끄러움을 당하니 처음 품었던 마음이 해이해지지 않도록 권면하고 있습니다.(4절) 헌금을 드릴 때는 각자 마음에 정하여 미리 준비하여 드리고, 억지로가 아닌 자원하는 마음으로 드려야 합니다.(5~7절) 하나님이 풍성한 은혜를 주셔서 하게 하시는 것이 헌금입니다.(8절) 헌금은 씨앗과 같으며(10절) 헌금의 목적은 첫째, 성도들의 부족함을 채우는 것이며(12절전반부) 둘째, 하나님께 대한 넘치는 감사의 표현입니다.(12절후반부)

하나님이 창조하신 세계는 하나님의 오묘한 섭리에 의해 움직입니다. 인간의 오만과 욕심이 망쳐 놓은 이 세계를 포기하지 않으시고 여전히 붙드시는 하나님! 십자가의 죽음과 부활의 역사를 통해 하나님의 오묘한 섭리가 완성되었습니다. 그 섭리를 찬양하는 신앙공동체의 예배와 기도, 물질을 기쁘게 받아 주옵소서.

3/11

본문 출애굽기 22장 | 요한복음 1장 | 욥기 40장 | 고린도후서 10장
주제 **지불** (支佛, 돈을 내어 줌)

하나님의 통치 안에는 공의가 있다. 그러므로 자연이든 인간이든 영적이든 육적이든 바른 결과를 위해서는 반드시 대가를 지불해야 한다.

출애굽기 22장 : 피해를 입힌 자가 그 상응하는 대가를 지불

- 사람이 소나 양을 도둑질하여 잡거나 팔면 그는 소 한 마리에 소 다섯 마리로 갚고 양 한 마리에 양 네 마리로 갚을지니라(1)
- 사람이 밭에서나 포도원에서 짐승을 먹이다가 자기의 짐승을 놓아 남의 밭에서 먹게 하면 자기 밭의 가장 좋은 것과 자기 포도원의 가장 좋은 것으로 배상할지니라(5)
- 사람이 돈이나 물품을 이웃에게 맡겨 지키게 하였다가 그 이웃 집에서 도둑을 맞았는데 그 도둑이 잡히면 갑절을 배상할 것이요...(7~9), (11), (18~22), (25~27), (29,30)

계속해서 사례법이 등장합니다. 도둑질에 관한 규례(1~4절), 타인의 재산에 손해를 입혔을 경우에 관한 규례(7~15절), 사회적 약자인 여성에 대한 보호(16~17절), 이방 관습의 금지(18~20절), 가난한 자들에 대한 배려(21~27절), 하나님과 지도자에 대한 공경(28~31절)에 관한 내용입니다. 약자와 이웃에 대하여 자비와 긍휼을 베풀되, 우상숭배에 관한 죄에 대해서는 단호해야 합니다.

요한복음 1장 : 허물과 죄로 물든 죄인의 죄값을 대신 지불

- 태초에 말씀이 계시니라 이 말씀이 하나님과 함께 계셨으니 이 말씀은 곧 하나님이시니라...(1~4)
- 참 빛 곧 세상에 와서 각 사람에게 비추는 빛이 있었나니...(9~12)
- 말씀이 육신이 되어 우리 가운데 거하시매 우리가 그의 영광을 보니 아버지의 독생자의 영광이요 은혜와 진리가 충만하더라(14)
- 율법은 모세로 말미암아 주어진 것이요 은혜와 진리는 예수 그리스도로 말미암아 온 것이라(17)
- 요한이 드러내어 말하고 숨기지 아니하니 드러내어 하는 말이 나는 그리스도가 아니라 한 대(20)
- 이르되 나는 선지자 이사야의 말과 같이 주의 길을 곧게 하라고 광야에서 외치는 자의 소리로라 하니라(23), (26,27), (29), .(32~34), (40~42), (49)

1절의 '말씀'은 '로고스'를 번역한 단어입니다. '로고스'는 그리스철학에서 '자연적 창조세계를 성장시키는 신적 이성의 원리'의 의미로 쓰이는데, 요한은 로고스에 인격성을 부여해서 성자 예수 그리스가 어떤 분인지를 설명하는데 사용합니다. 예수님은 생명의 빛으로 이 땅에 오셨으며(4~11절), 그를 영접하는 자에게 자녀의 권세를 주십니다.(12~13절) 우리 가운데 거하시기 위해 말씀(로고스)이 육신이 되어 세상에 오셨습니다.(성육신) 말씀(로고스)이 육신이 되었다는 것은 예수님은 피조물이 아니라는 의미입니다. 예수님은 완전한 하나님의 형상입니다.(16~18절) 말씀이 육신이 되어 이 땅에 오신 분(성육신 하신 분)을 향해 세례 요한

은 "세상 죄를 지고 가는 하나님의 어린양"이라고 선포합니다.(29절)

욥기 40장 : 하마를 위해 모든 것을 준비하시고 양식으로 지불

- 욥이 여호와께 대답하여 이르되...(3~5)
- 네가 내 공의를 부인하려느냐 네 의를 세우려고 나를 악하다 하겠느냐(8)
- 너의 넘치는 노를 비우고 교만한 자를 발견하여 모두 낮추되...(11~15)
- 그것은 하나님이 만드신 것 중에 으뜸이라 그것을 지으신 이가 자기의 칼을 가져 오기를 바라노라...(19~23)

지금 겪고 있는 극심한 고통에 관하여 죄없는 자신을 하나님이 괴롭히는 것처럼 말했던 욥은 세상을 움직이는 하나님의 경륜과 지혜에 대한 하나님의 말씀을 듣고 나서 자신의 잘못을 겸손하게 인정합니다.(3~5절) 하나님은 자신의 의를 내세우며 하나님의 공의를 부정하려는 욥의 태도에 대해 지적하시며(8~9절) 욥은 정의로서 세상을 통치할 수 없는 연약한 자임을 강조하십니다.(10~14절) 하나님은 '베헤못'이라는 짐승을 소개하시면서 인간의 힘으로 통제할 수 없는 이 거대한 짐승을 하나님은 창조하시고, 다스리고 계심을 나타내십니다. 베헤못을 하마나 물소로 보는 사람도 있지만, 정확히 무엇인지는 알기 어렵습니다.

고린도후서 10장 : 사도 바울은 고린도교회 앞에 진실한 사역을 지불

- 우리가 육신으로 행하나 육신에 따라 싸우지 아니하노니...(3~6)
- 그들의 말이 그의 편지들은 무게가 있고 힘이 있으나 그가 몸으로 대할 때는 약하고 그 말도 시원하지 않다 하니...(10~13)
- 우리는 남의 수고를 가지고 분수 이상의 자랑을 하는 것이 아니라 오직 너희 믿음이 자랄수록 우리의 규범을 따라 너희 가운데서 더욱 풍성하여지기를 바라노라...(15~18)

바울은 자신을 향한 비방에 대하여 육신적으로 싸우지 않을 것이라고 말합니다.(3절) 바울의 대적자들은 신분, 외적 권위, 배경, 조건, 추천서등을 내세웠습니다. 바리새인들이 예수님을 향해 무슨 권위로 가르치냐고 비난했던 장면이 떠오릅니다. 바울은 외적 조건에 해당되는 육신의 자랑을 내려 놓고(7절, 사실은 바울은 로마시민권, 가말리엘의 문하생등 자랑할 것이 더 많음) 자신은 오직 사람을 세우려는데 목적이 있고(8,9절) 자신은 편지로 가르치는 것과 행하는 것이 같다고 말합니다.(11절) 그는 가르치는 것과 삶이 일치하는 사람이었으며, 진리가운데 실제로 사는 사람이었습니다. 바울은 서로 비난하며 싸우면 하나님 나라가 온전히 세워질 수 없음을 알기에 자신을 비판하는 사람을 만나도 유순하게 대했습니다.(1절) 그는 하나님의 이름을 걸고 실제론 사람들끼리 진흙탕싸움을 하는 것이 아니라 제대로 된 영적싸움을 할 줄 아는 사람이었습니다.

약자와 이웃에 대하여는 긍휼의 마음으로, 교회 공동체를 바르게 세워가기 위하여 비방하는 자들에는 유순함으로, 우상과 진리에서 벗어나는 것에 대하여 단호함으로 대처하게 하옵소서. 완전하신 하나님이 이 땅에 육신을 입고 오셔서 나의 죄를 대신하여 십자가 지셨습니다. 하나님의 어린양은 영원토록 영광을 받으시기에 합당하십니다. 신앙의 연륜이 더하여 질수록 말하는 것과 행하는 것이 일치되어 가는 복을 간구합니다.

3/12

본문 출애굽기 23장 | 요한복음 2장 | 욥기 41장 | 고린도후서 11장
주제 **지킴**

우리는 예수님을 영접함으로 구원을 얻는다. 또한 그 구원을 지키고 완성하기 위해 어떤 어려움과 괴로움 가운데서도 절기와 계명과 복음을 지켜야 한다.

출애굽기 23장 : 하나님의 백성이 공평과 절기와 계명을 지킴

- 너는 거짓된 풍설을 퍼뜨리지 말며 악인과 연합하여 위증하는 증인이 되지 말며...(1~3)
- 거짓 일을 멀리 하며 무죄한 자와 의로운 자를 죽이지 말라 나는 악인을 의롭다 하지 아니하겠노라...(7,8)
- 너는 여섯 해 동안은 너의 땅에 파종하여 그 소산을 거두고...(10~12)
- 너는 매년 세 번 내게 절기를 지킬지니라...(14~16)
- 네 토지에서 처음 거둔 열매의 가장 좋은 것을 가져다가 너의 하나님 여호와의 전에 드릴지니라 너는 염소 새끼를 그 어미의 젖으로 삶지 말지니라...(19~25)
- 내가 왕벌을 네 앞에 보내리니 그 벌이 히위 족속과 가나안 족속과 헷 족속을 네 앞에서 쫓아내리라...(28~30)
- 너는 그들과 그들의 신들과 언약하지 말라...(32,33)

사랑과 정의가 구체적으로 삶에 어떻게 적용되는지에 대한 규례(1~9절), 안식년, 안식일에 관한 법(10~13절), 세 가지 절기에 관한 법(14~17절), 희생제물에 관한 규례(18,19절), 이스라엘에 대한 하나님의 명령과 약속(20~33절)이 제시되어 있습니다.

요한복음 2장 : 예수님이 어머니의 부탁과 유월절을 지킴

- 예수와 그 제자들도 혼례에 청함을 받았더니...(2~4)
- 예수께서 그들에게 이르시되 항아리에 물을 채우라 하신즉 아귀까지 채우니...(7~9)
- 유대인의 유월절이 가까운지라 예수께서 예루살렘으로 올라가셨더니...(13~16)
- 예수께서 대답하여 이르시되 너희가 이 성전을 헐라 내가 사흘 동안에 일으키리라...(19~23)

예수님은 '가나의 혼인잔치'에서 공생애 기간 첫 번째 표적을 나타내셨습니다. '아직 자신의 때가 이르지 않았다'고 하셨지만, 어머니의 부탁으로 물이 포도주로 변하는 표적을 나타내셨습니다. 나중 것(예수님이 물로 만드신 포도주)이 처음 것(처음부터 주인이 준비해 놓은 포도주)보다 더 좋았습니다.(10절) 메시아가 오셔서 도래한 시대는 처음의 시대(율법의 시대)보다 비교할 수 없을 정도로 더 좋습니다. 새 포도주로 인한 연회장의 기쁨은 메시아 시대의 도래에 따른 구원의 기쁨을 보여 줍니다. 물로 포도주를 만든 사건은 표적(예수님이 메시아임을 증명하는 증표)입니다. 자신의 몸을 성전으로 비유하신 예수님은 성전을 더럽힌 자들에 대하여 분노하시며 성전을 정화하십니다. 지금의 성전을 허물고 사흘 만에 다시 세우신다는 선포를 통해 십자가의 죽음과 부활을 예고하십니다.(19~22절)

욥기 41장 : 여호와가 모든 것을 창조하시고 주권으로 지킴

- 네가 낚시로 리워야단을 끌어낼 수 있겠느냐 노끈으로 그 혀를 맬 수 있겠느냐...(1,2)
- 네가 능히 많은 창으로 그 가죽을 찌르거나 작살을 그 머리에 꽂을 수 있겠느냐...(7~11)
- 그것의 입에서는 횃불이 나오고 불꽃이 튀어 나오며...(19~25)
- 그것의 아래쪽에는 날카로운 토기 조각 같은 것이 달려 있고 그것이 지나갈 때는 진흙 바닥에 도리깨로 친 자국을 남기는구나(30), .(33,34)

41장 전체가 '리워야단'에 관한 언급입니다. '리워야단'의 정확한 정체에 대해서는 논란이 있습니다만 현실 세계에 실재하는 짐승(옛, 한글개역판에서는 악어로 번역)이든, 신화 속에서 볼 수 있는 짐승이든 간에 사람의 손에 쉽게 잡힐 수 없는 짐승임에는 분명합니다. 41장은 온 세계의 주인되시는 하나님이 이처럼 강한 짐승을 창조하셨는데, 어찌 연약한 피조물에 불과한 욥이 여호와께 대항할 수 있겠는가?라는 질문을 던지고 있습니다.(10,11절) 두려움을 갖게 하는 리워야단도 하나님편에서는 피조물에 불과합니다.(33,34절)

고린도후서 11장 : 바울이 다른 복음으로부터 고린도교회를 지킴

- 원하건대 너희는 나의 좀 어리석은 것을 용납하라 청하건대 나를 용납하라...(1~9)
- 나는 내가 해 온 그대로 앞으로도 하리니 기회를 찾는 자들이 그 자랑하는 일로 우리와 같이 인정 받으려는 그 기회를 끊으려 함이라...(12~15)
- 너희는 지혜로운 자로서 어리석은 자들을 기쁘게 용납하는구나...(19,20)
- 그들이 그리스도의 일꾼이냐 정신 없는 말을 하거니와 나는 더욱 그러하도다 내가 수고를 넘치도록 하고 옥에 갇히기도 더 많이 하고 매도 수없이 맞고...(23~30)

바울은 자신의 사도권에 대해 변론합니다. 바울은 성도들이 예수 그리스도와 바른 관계를 맺기를 원했습니다.(2절) 그러나 성도들은 거짓 선지자들의 현란한 말에 현옥되었습니다.(4절) 대적자들은 바울을 낮춤으로서 자신들의 우월함을 드러내려 했지만, 바울은 성도들을 높이기 위해 자신을 낮추었습니다.(7절) 바울은 자비량 선교를 원칙으로 했으며, 여러 교회로부터 후원받아 고린도 교회를 섬겼습니다.(8절에서 여러 교회에서 후원받은 것을 탈취한 것이라고 표현함) 또한 부족한 부분으로 인해 마게도냐 교회로부터도 후원받았습니다.(9절) 고린도 교회에 부담을 주지 않기 위함이었습니다. 바울은 자신을 비난하면서 고린도 교회의 지도자의 위치를 차지하려는 거짓 사도들을 고발합니다.(12~15절) 그들은 스스로를 정통 유대인이요, 그리스도의 일꾼이라 자랑했는데 사실 바울이야말로 유대인 중의 유대인이며, 그리스도의 일꾼으로서 그보다 더 많은 일을 한 사람은 없습니다. 그는 십자가 복음을 전하기 위해 수많은 고난을 감내했으며, 그의 마음에는 교회를 향한 사랑과 염려가 있었습니다. 그는 성도들 위에 서서 권세를 부리는 강함이 아니라, 교회를 향해 염려하며 애타는 마음, 즉 '약함'을 자랑합니다.(29,30절)

인간이 헤아릴 수 없는 지혜로 하나님은 세상을 통치하십니다. 2000년 전 그리스도의 십자가 죽음과 부활은 하나님의 통치의 절정입니다. 물이 변하여 포도주 되게 하신 예수님은 성경이 약속한 메시아이며, 언약 성취의 주체가 되십니다. 이 예수님을 구주로 고백함으로 생겨난 공동체인 교회를 더욱 사랑하겠노라 결단하며, 바울처럼 염려와 애타는 마음으로 교회를 위해 수고하게 하옵소서.

3/13

본문 출애굽기 24장 | 요한복음 3장 | 욥기 42장 | 고린도후서 12장
주제 만남

인생의 최고의 사건은 하나님을 만나는 것이다. 그 만남의 목적이 무엇이든 만남의 결과는 찬란하다. 그러므로 인간은 만남의 주도권이 하나님에게 있음을 알고 극히 겸손히 사모하고 또 찾고 찾아야 한다.

출애굽기 24장 : 모세가 말씀을 받기 위하여 하나님을 만남

- 또 모세에게 이르시되 너는 아론과 나답과 아비후와 이스라엘 장로 칠십 명과 함께 여호와께로 올라와 멀리서 경배하고...(1~4)
- 언약서를 가져다가 백성에게 낭독하여 듣게 하니 그들이 이르되 여호와의 모든 말씀을 우리가 준행하리이다...(7,8)
- 여호와께서 모세에게 이르시되 너는 산에 올라 내게로 와서 거기 있으라 네가 그들을 가르치도록 내가 율법과 계명을 친히 기록한 돌판을 네게 주리라...(12,13)
- 여호와의 영광이 시내 산 위에 머무르고 구름이 엿새 동안 산을 가리더니 일곱째 날에 여호와께서 구름 가운데서 모세를 부르시니라...(16~18)

시내산에서 하나님과 이스라엘 백성들은 언약을 맺습니다. 이제 이스라엘 백성들의 화와 복은 시내산 언약(여호와의 율례)에 대하여 얼마나 충실한가에 따라 결정되게 됩니다. 시내산 언약 후의 구약의 내용은 이 언약관계에서 요구하는 율례들에 대해 이스라엘 백성들이 어떻게 반응했는가에 대한 이야기입니다.

요한복음 3장 : 니고데모가 거듭남을 위하여 예수님을 만남

- 그런데 바리새인 중에 니고데모라 하는 사람이 있으니 유대인의 지도자라...(1~5)
- 예수께서 그에게 대답하여 이르시되 너는 이스라엘의 선생으로서 이러한 것들을 알지 못하느냐...(10~13)
- 하나님이 세상을 이처럼 사랑하사 독생자를 주셨으니 이는 그를 믿는 자마다 멸망하지 않고 영생을 얻게 하려 하심이라...(16~18)
- 진리를 따르는 자는 빛으로 오나니 이는 그 행위가 하나님 안에서 행한 것임을 나타내려 함이라 하시니라(21)
- 이에 요한의 제자 중에서 한 유대인과 더불어 정결예식에 대하여 변론이 되었더니...(25~31)
- 하나님이 보내신 이는 하나님의 말씀을 하나니 이는 하나님이 성령을 한량 없이 주심이니라...(34~36)

니고데모는 바리새인이면서 유대인의 지도자였는데, 예수님이 행하신 표적을 보고 예수님에 대한 믿음을 갖게 되었습니다. 예수님은 그에게 구원의 조건인 물과 성령으로 나는 것, 곧 거듭남에 대하여 말씀하십니다. 바람이 임의로 불어 어디로부터 와서 어디로 가는지 알 수 없듯이 거듭남은 자신의 의지와 상관없는 전적인 은혜로 되어지는 것입니다. 거듭남의 역사를 위해 모세가 광야에서 뱀을 든 것 같이 예수님도 들리게 됩니다.(14절) 거듭남과 예수님의 들림은 결코 분리될 수 없는 하나의 사건입니다. 십자가에 높이 달리신 예수님으로 인해 죄인을 향한 하나님의 진노와 저주, 심판이 모두 사라졌습니다. 예수 그리스도의 시대가 열리는 것을 보면서 세례 요한은 진정 기뻐했습니다.(29절) 사람들은 그를 예수님과 라이벌 관계처럼 여겼으나 그것을 단호히 거절하고 자신의 사명에 충실하여 하늘로부터 오신 이인 예수님을 선포합니다.(22~36절)

욥기 42장 : 욥이 참 회개와 축복을 위하여 여호와를 만남

- 욥이 여호와께 대답하여 이르되...(1~17)

하나님의 말씀을 들은 욥은 자신이 유한한 피조물임과 자신의 지혜와 지식의 한계를 솔직히 인정합니다. 하나님은 욥의 세 친구가 욥의 도움으로 희생제사를 드리게 함으로서, 욥의 고난이 그의 죄로 인한 것이 아님을 확증하여 주십니다.(7~9절) 욥은 개인적, 사회적, 물질적 측면의 복이 회복되었습니다. 하나님은 오랜 기간 지속된 고난을 마침내 이긴 욥에게 은혜와 자비를 베푸십니다. 그러나 그간의 극심한 재앙과 시련으로 인해 위로가 필요했습니다. 가족, 친구들은 욥과의 관계 회복을 위해 노력하며, 그를 위로하고 격려하는 잔치를 벌입니다.(11절)

고린도후서 12장 : 바울이 연약함을 극복하기 위하여 기도 중 하나님을 만남

- 내가 그리스도 안에 있는 한 사람을 아노니 그는 십사 년 전에 셋째 하늘에 이끌려 간 자라 (그가 몸 안에 있었는지 몸 밖에 있었는지 나는 모르거니와 하나님은 아시느니라)...(2~10)
- 사도의 표가 된 것은 내가 너희 가운데서 모든 참음과 표적과 기사와 능력을 행한 것이라...(12,13)
- 내가 너희 영혼을 위하여 크게 기뻐하므로 재물을 사용하고 또 내 자신까지도 내어 주리니 너희를 더욱 사랑할수록 나는 사랑을 덜 받겠느냐(15), (18,19)

대적자들은 자신들이 환상과 계시를 경험했다고 말하며 영적 권위를 높이려 했습니다. 그러나 환상과 계시에 관하여 바울을 능가할 사람이 있을까요? 바울은 오히려 자신의 약한 것들을 자랑합니다.(5절) 영적 체험은 다른 사람보다 영적으로 우위에 서라고, 자랑하라고 주시는 것이 결코 아닙니다. 바울은 육체의 가시가 있었습니다. 정확히 어떤 것인지는 알 수 없지만 그가 여러 번 낫기를 간구한 것을 보면 꽤 심각한 질병이었던 것은 분명합니다.(7~10절) 그는 이 약함으로 인해 오히려 그리스도의 능력 안에 머물 수 있었다고 고백합니다.(9절) 바울은 자신을 높이려는 의도는 없었으나 분명히 사역자로서의 자부심은 가지고 있었습니다.(11~15절) 그는 재물이나 평판이 아닌 진정 영혼(사람)을 얻고자 했습니다.(16~19절) 바울이 갖는 두려움은 자신의 인기와 명예의 추락이 아니라 고린도 성도들이 과거에 지었던 죄로 되돌아가는 것에 대한 것이었습니다.(20,21절) 그의 진실한 성도 사랑의 모습을 볼 수 있습니다.

성령님! 십자가의 비밀을 알게 하시고, 십자가 언약의 수혜자가 되게 하심을 감사드립니다. 은혜를 아는 자가 되어서 하나님을 사랑하고 경외하는 마음으로 즐거이 주의 율례와 법도를 따르게 하옵소서. 내게 연약함이 있지만 그것 때문에 더욱 주를 의지하고 주의 능력 안에 머물 수 있음에 그것도 감사드립니다.

3/14

본문 출애굽기 25장 | 요한복음 4장 | 잠언 1장 | 고린도후서 13장
주제 제시 (提示, 글이나 말로 어떤 의사나 근거를 드러내 보이거나 가리킴)

사람은 혼자의 힘으로 살 수 없다. 물론 성도도 마찬가지다. 그러므로 늘 성삼위일체 하나님의 제시하시는 말씀을 기도 중에 듣고 또 주의 종을 통해 제시하시는 길을 가는 것이 바람직한 생활이다.

출애굽기 25장 : 하나님은 모세에게 임재 장소인 성소를 제시함

- 이스라엘 자손에게 명령하여 내게 예물을 가져오라 하고 기쁜 마음으로 내는 자가 내게 바치는 모든 것을 너희는 받을지니라...(2~11)
- 내가 네게 줄 증거판을 궤 속에 둘지며...(16~25)
- 너는 대접과 숟가락과 병과 붓는 잔을 만들되 순금으로 만들며...(29~31)
- 등잔 일곱을 만들어 그 위에 두어 앞을 비추게 하며...(37~40)

하나님은 어느 한 공간에 갇힐 수 없는 분입니다. 그러나 하나님은 당신의 백성들 가운데 거하시기 위해 당신의 임재를 상징하는 처소를 만들게 하셨습니다. "내가 그들 중에 거할 성소를 그들이 나를 위하여 짓되"(8절) 성막 건축을 위한 자재들은 의무가 아닌 자원하는 마음으로 드려져야 합니다.(2절) 성막은 인간의 설계가 아닌 하나님의 설계대로 만들어야 합니다.(9절) 성막 기구 중 가장 중요한 언약궤에 관한 지침(10~22절), 진설병을 올려 놓는 떡상의 설계도(23~30절), 등잔대의 설계도(31~40절)를 볼 수 있습니다.

요한복음 4장 : 예수님은 수가성 여자에게 생명의 복음을 제시함

- 예수께서 제자를 삼고 세례를 베푸시는 것이 요한보다 많다 하는 말을 바리새인들이 들은 줄을 주께서 아신지라(1)
- 사마리아에 있는 수가라 하는 동네에 이르시니 야곱이 그 아들 요셉에게 준 땅이 가깝고...(5~10)
- 예수께서 대답하여 이르시되 이 물을 마시는 자마다 다시 목마르려니와...(13~18)
- 아버지께 참되게 예배하는 자들은 영과 진리로 예배할 때가 오나니 곧 이 때라 아버지께서는 자기에게 이렇게 예배하는 자들을 찾으시느니라...(23~26)
- 여자가 물동이를 버려 두고 동네로 들어가서 사람들에게 이르되...(28~30)
- 예수께서 이르시되 나의 양식은 나를 보내신 이의 뜻을 행하며...(34~42), (46~50), (53)

복음은 혈통과 전통을 뛰어넘어 전해져야 합니다. 예수님은 사람들의 눈을 피해 한 낮에 물을 길으러 나온 사마리아 여인을 만나러 금기의 땅에 들어서셨습니다. 그리고 여인을 만나 대화하는 가운데 당신 자신이 육신의 목마름이 아닌 영혼의 목마름을 해소하는 생수이심을 선포하십니다. 예수님은 당신을 믿는 자는 그 배에서 생수의 강이 흘러 나올 것을 약속하셨습니다. "누구든지 목마르거든 내게로 와서 마시라 나를 믿는 자는 성경에 이름과 같이 그 배에서 생수의 강이 흘러나오리라"(7:37,38절) 이는 우리 안에 임재하시는 성령님을 두고 하는 말씀입니다. 지금 우리는 영과 진리로 예배하고 있습니다.(23절) 영은 성령님을, 진리는

예수 그리스도를 의미합니다. 성령님이 내주하시는 우리는 예수 그리스도로 말미암아 하나님께 예배하고 있습니다. 아들의 병으로 인해 예수님을 찾아 온 왕의 신하는 "가라 네 아들이 살았다"(50절)는 예수님의 말씀을 그대로 믿고 갔으며, 그의 믿음대로 아들은 병이 나았습니다.

잠언 1장 : 솔로몬이 백성을 향하여 지혜와 명철을 제시함

- 다윗의 아들 이스라엘 왕 솔로몬의 잠언이라...(1~5)
- 여호와를 경외하는 것이 지식의 근본이거늘 미련한 자는 지혜와 훈계를 멸시하느니라(7)
- 내 아들아 악한 자가 너를 꾈지라도 따르지 말라(10)
- 우리가 온갖 보화를 얻으며 빼앗은 것으로 우리 집을 채우리니...(13~16)
- 이익을 탐하는 모든 자의 길은 다 이러하여 자기의 생명을 잃게 하느니라...(19~23), (27~30), (33)

잠언의 저자(1절)가 소개되고, 다섯 가지 기록 목적이 제시됩니다.(2~6절) 7절은 잠언 전체의 주제입니다. "여호와를 경외하는 것이 지식의 근본". 이어서 친구를 사귀는 지혜(8~19절)를 제시합니다. 20절부터는 '지혜'를 의인화해서 다룹니다. 지혜는 다양한 선택 상황에서 가장 합당한 선택을 할 수 있도록 돕는 원리를 의미합니다. 지혜는 크게 선포됩니다.(20~23절) 그러나 거만하고 미련하며, 듣고자 하는 마음이 없는 자에게는 들리지 않을 것입니다. 지혜를 따르지 않는 자는 재앙을 당하게 될 것이며(24~27절), 교훈과 책망을 듣고 순종하는 자는 평안에 이르게 될 것입니다.(28~33절) 1~9장은 전체적으로 아버지가 아들에게 삶의 지혜를 가르치는 형식으로 되어 있습니다.

고린도후서 13장 : 바울이 고린도교회 죄에 대해 권징치 않기를 제시함

- 내가 이제 세 번째 너희에게 가리니 두세 증인의 입으로 말마다 확정하리라...(1~5)
- 우리는 진리를 거슬러 아무 것도 할 수 없고 오직 진리를 위할 뿐이니...(8~11)
- 주 예수 그리스도의 은혜와 하나님의 사랑과 성령의 교통하심이 너희 무리와 함께 있을지어다(13)

고린도교회에서 악의적으로 거짓을 조장하며, 바울을 대적하고 교회를 어지럽히는 자들에게 대해 바울은 단호한 대처에 대한 의지를 표명합니다.(1~4절, "용서하지 아니하리라") 바울은 약하심으로 십자가를 지신 예수 그리스도를 온전히 드러내고자 합니다.(5절) 복음전파를 하다가 많은 환난을 당한 바울에 대해 대적자들은 그가 하나님 앞에 버림받은 자이기에 환난을 당한 것이라 말했습니다. 바울은 자신과 동역자들은 버림받은 자가 아니며, 오히려 고린도 성도들이 악을 행하지 않고 선을 행하도록 하나님이 지켜 주시길 구한다고 말합니다.(6,7절) 그는 성도들이 진리 안에서 거룩하길 원했기에 징계까지도 생각하고 있었던 것일 뿐, 성도들을 진리 안에서 사랑으로 대하고자 했습니다.(8~13절)

이스라엘 진영 가운데 성막을 짓게 하시고 당신의 백성을 만나 주신 하나님, 나를 성전삼아 찾아 주신 은혜가 얼마나 크고 놀라운지요. 죄로 가득한 나의 마음은 결코 하나님을 모실만한 공간이 될 수 없습니다. 그럼에도 불구하고 나를 찾아 오셨으니 기뻐하지 않을 수 없습니다. 성령님으로 말미암아 하나님을 더욱 경외하고, 지체들 간에는 진리와 사랑으로 더욱 충만하게 하옵소서.

3/15

본문 출애굽기 26장 | 요한복음 5장 | 잠언 2장 | 갈라디아서 1장
주제 **이유** (理由, 어떤 일을 일어나게 하는 까닭이나 근거)

모든 일에는 우연이란 없다. 다 이유가 있다. 왜냐하면 하나님이 하시는 모든 일은 계획적이며 완전한 목적이 있기 때문이다. 그러므로 믿는 자가 하는 모든 일은 주 뜻 안에서 타당한 이유를 갖게 된다.

출애굽기 26장 : 하나님이 모세에게 성막을 만들게 하신 이유

- 너는 성막을 만들되 가늘게 꼰 베 실과 청색 자색 홍색 실로 그룹을 정교하게 수 놓은 열 폭의 휘장을 만들지니(1)
- 그 성막을 덮는 막 곧 휘장을 염소털로 만들되 열한 폭을 만들지며(7)
- 그 막 곧 휘장의 그 나머지 반 폭은 성막 뒤에 늘어뜨리고...(12~15)
- 너는 조각목으로 띠를 만들지니 성막 이쪽 널판을 위하여 다섯 개요(26)
- 그 널판들을 금으로 싸고 그 널판들의 띠를 꿸 금 고리를 만들고 그 띠를 금으로 싸라...(29~37)

성막은 '이동 가능한 성전'이라고 할 수 있습니다. 성막과 관련 기구들의 순서를 보면 법궤(25:10)와 덮개, 속죄소(25:17, 시은좌), 떡 상(25:23), 등잔대(25:31), 휘장(26:1), 성막의 널판들(26:15), 성소와 지성소를 구별하는 휘장(26:31)순입니다. 가장 중요한 것부터 제작합니다. 지성소의 가장 깊은 곳에서부터 휘장을 지나 성소를 향합니다. 27장에는 성막 바깥 뜰에 있는 시설물에 대한 소개도 나옵니다. 내부에서 외부로, 마치 하나님이 죄인을 찾아 나오시는 모습을 보여 줍니다. 성막의 순서를 보면 죄인을 찾아 이 땅에 오신 성육신하신 예수님이 보입니다.

요한복음 5장 : 예수님이 38년된 중풍병자를 고치신 이유

- 예루살렘에 있는 양문 곁에 히브리 말로 베데스다라 하는 못이 있는데 거기 행각 다섯이 있고(2)
- 거기 서른여덟 해 된 병자가 있더라...(5~11)
- 그 후에 예수께서 성전에서 그 사람을 만나 이르시되 보라 네가 나았으니 더 심한 것이 생기지 않게 다시는 죄를 범하지 말라 하시니(14)
- 예수께서 그들에게 이르시되 내 아버지께서 이제까지 일하시니 나도 일한다 하시매...(17~24)
- 선한 일을 행한 자는 생명의 부활로, 악한 일을 행한 자는 심판의 부활로 나오리라...(29~32)
- 내게는 요한의 증거보다 더 큰 증거가 있으니 아버지께서 내게 주사 이루게 하시는...(36~39)
- 다만 하나님을 사랑하는 것이 너희 속에 없음을 알았노라(42), (46,47)

하나님이 이집트의 압제에서 당신의 백성을 구원하신 것처럼, 예수님은 38년간 질병의 올무에 사로잡혔던 병자를 구원하십니다. 당신이 장차 온 인류를 사망 권세로부터 구원할 메시아임을 드러내신 것입니다.(1~9절) 그러나 예수님이 병이 나은 환자에게 "자리를 들고 가라"고 한 부분 때문에 유대인들은 안식일 규정 위반이라며 반발합니다. 이에 예수님은 "내 아버지께서 이제까지 일하시니 나도 일한다"(17절)라고 말씀하십니다. 당시 유대인들은 하

나님이 안식일에도 일한다고 생각했습니다. 안식일에도 일어나는 출생과 죽음 등의 상황은 하나님 주관이라고 보았기 때문입니다. 하나님만이 안식일에 일할 수 있다고 생각했는데, 예수님은 이런 유대인들의 생각을 전제로 자신도 안식일에 일하신다고 말씀하신 것입니다. 유대인들이 하나님께만 적용하던 개념을 자신에게 적용하신 것입니다. 안식일에 병자를 고침으로 인해 생겨난 안식일 논쟁을 통해 예수님은 하나님과의 관계 안에서 자신과 자신의 사역을 변호하십니다. 예수님은 하나님이 하시는 심판과 구원의 사역을 전적으로 위임받으셨습니다.(19~29절) 예수님은 자신의 정체성을 입증하는 증언으로 첫째, 세례 요한의 증언(33~35절), 둘째, 아버지께서 예수님을 통해 하시는 일(36절), 셋째, 아버지 하나님의 증언(37,38절), 넷째, 성경의 증언(39,40절)을 제시하십니다.

잠언 2장 : 솔로몬이 백성에게 지혜와 지식을 강조한 이유

- 내 아들아 네가 만일 나의 말을 받으며 나의 계명을 네게 간직하며...(1~8)
- 지혜가 또 너를 음녀에게서, 말로 호리는 이방 계집에게서 구원하리니(16)
- 누구든지 그에게로 가는 자는 돌아오지 못하며 또 생명 길을 얻지 못하느니라...(19~21)

2장은 5개의 단락으로 이루어져 있습니다. '지혜를 구하라'는 권고(1~4절), 지혜가 주는 첫 번째 유익 "여호와의 보호하심"(5~8절), 지혜가 주는 두 번째 유익 "선한 길을 깨닫게 됨"(9~15절), 지혜가 주는 세 번째 유익 "절제력과 판단력"(16~19절), 결론 : 지혜는 선한 길, 곧 생명의 길을 가게 함(20~22절)

갈라디아서 1장 : 바울이 갈리디아교회 성도에게 편지를 쓴 이유

- 사람들에게서 난 것도 아니요 사람으로 말미암은 것도 아니요 오직 예수 그리스도와 그를 죽은 자 가운데서 살리신 하나님 아버지로 말미암아 사도 된 바울은(1)
- 그리스도께서 하나님 곧 우리 아버지의 뜻을 따라 이 악한 세대에서 우리를 건지시려고 우리 죄를 대속하기 위하여 자기 몸을 주셨으니(4)
- 그리스도의 은혜로 너희를 부르신 이를 이같이 속히 떠나 다른 복음을 따르는 것을 내가 이상하게 여기노라...(6~8)
- 이제 내가 사람들에게 좋게 하랴 하나님께 좋게 하랴 사람들에게 기쁨을 구하랴 내가 지금까지 사람들의 기쁨을 구하였다면 그리스도의 종이 아니니라...(10~12), (15~18), (23,24)

갈라디아 교회는 구원을 위해 예수 그리스도의 대속의 죽음과 부활을 믿는 믿음 외에 또 다른 행위가 필요하다는 변질된 복음을 받아들였습니다. 다른 복음은 없습니다. 그리스도의 복음은 완전합니다.(6~10절) 바울은 자신이 전한 복음이 사람에게 배운 것이 아니라(11,12절) 오직 예수 그리스도의 계시로부터 온 것이라고 강조합니다.(13절) 교회를 핍박했던 자신을 복음의 일꾼으로 부르셨으니 그저 은혜입니다.(15절) 핍박자가 복음의 일꾼이 되었으니 하나님은 바울을 통해 영광을 받으셨습니다.(21~24절)

이 땅에 오셔서 수치와 모욕을 당하시고 십자가를 지신 예수 그리스도만을 의지합니다. 예수 그리스도의 교훈과 행하신 일, 그리고 성경의 예언과 믿음의 선조들의 증언과 삶은 일관되게 그가 누구인지를 선포하고 있습니다. 복음의 순전함을 확실히 믿고, 아버지께서 행하신 선한 일을 이 땅에서 행하는 참된 성도로 살아가게 하옵소서.

3/16

본문 출애굽기 27장 | 요한복음 6장 | 잠언 3장 | 갈라디아서 2장
주제 사명 (使命, 맡겨진 임무)

하나님의 섭리를 따라 이 땅에 태어난 선택된 영혼은 반드시 감당해야 할 사명이 있다. 이런 사명자는 자신에게 주어진 일이 어떤 것이든, 또 어떤 고난이 따르든 감사함과 충성됨으로 감당해야 한다.

출애굽기 27장 : 밤낮 성막의 등불을 보살피는 제사장들의 사명

- 너는 조각목으로 길이가 다섯 규빗, 너비가 다섯 규빗의 제단을 만들되 네모 반듯하게 하며 높이는 삼 규빗으로 하고...(1~4)
- 제단은 널판으로 속이 비게 만들되 산에서 네게 보인 대로 그들이 만들게 하라...(8~10)
- 동쪽을 향하여 뜰 동쪽의 너비도 쉰 규빗이 될지며...(13~16)
- 성막에서 쓰는 모든 기구와 그 말뚝과 뜰의 포장 말뚝을 다 놋으로 할지니라...(19~21)

25, 26장은 성막 안에 있는 기구들에 대한 설명이며, 27장은 성막 바깥 뜰에 있는 기구들에 대한 설명입니다. 번제단에 관한 설계(1~8절), 성막 바깥 뜰에 관한 설계(9~19절), 등잔에 관한 규례(20,21절)를 다룹니다. 우리의 삶에 성령과 말씀의 불이 꺼지지 않아야 합니다.

요한복음 6장 : 생명의 떡으로 오신 구원자 예수님의 사명

- 마침 유대인의 명절인 유월절이 가까운지라...(4~11)
- 저물매 제자들이 바다에 내려가서...(16~21)
- 바다 건너편에서 만나 랍비여 언제 여기 오셨나이까 하니...(25~29)
- 예수께서 이르시되 내가 진실로 진실로 너희에게 이르노니 모세가 너희에게 하늘로부터 떡을 준 것이 아니라 내 아버지께서 너희에게 하늘로부터 참 떡을 주시나니...(32~40)
- 진실로 진실로 너희에게 이르노니 믿는 자는 영생을 가졌나니...(47~51)
- 예수께서 이르시되 내가 진실로 진실로 너희에게 이르노니 인자의 살을 먹지 아니하고 인자의 피를 마시지 아니하면 너희 속에 생명이 없느니라...(53~58)
- 살리는 것은 영이니 육은 무익하니라 내가 너희에게 이른 말은 영이요 생명이라(63)

예수님은 오병이어의 기적을 통해 그 옛날 광야에서 만나로 백성들을 먹이시던 하나님의 역사를 재현하십니다.(1~15절) 이어서 어두운 바다를 가로질러 풍랑과 사투를 벌이고 있던 제자들에게 오셔서 평안케 하심으로서 홍해를 가르시고 이집트의 군대로부터 백성들을 지켜 내신 하나님의 역사를 재현하십니다.(16~21절) 오병이어의 기적을 통해 배부른 경험을 한 군중들은 예수님을 다시 찾아 왔는데, 예수님은 당신 자신이 하늘에서 내려온 생명의 떡임을 선포하십니다.(22~59절) 예수님은 장차 승천하실 것을 말씀하시면서(62절) "살리는 것은 영이니 육은 무익하다"고 말씀하십니다.(63절) 예수님을 통해 육에 속한 것, 곧 정치적 문제, 경제적 문제를 해결하려는 자들이 있는데, 그들을 향해 "믿지 않는 자"라고 선언하십니다.(64절) 우리는 대세를 좇아 살아가는 자들이 아니라 "영생이 말씀이 주께 있음을 알기에"

예수 그리스도를 좇아 살아가는 자입니다.(68절)

잠언 3장 : 주를 신뢰하고 인정하여 복된 삶을 살 아들의 사명

- 내 아들아 나의 법을 잊어버리지 말고 네 마음으로 나의 명령을 지키라...(1~11)
- 내 아들아 완전한 지혜와 근신을 지키고 이것들이 네 눈 앞에서 떠나지 말게 하라...(21~27)
- 대저 패역한 자는 여호와께서 미워하시나 정직한 자에게는 그의 교통하심이 있으며...(32~35)

6가지 명령과 그 명령에 순종한 자들에게 주시는 약속들(1~12절), 지혜의 유익과 가치(13~20절), 지혜를 삶의 원리로 붙들라는 격려(21~26절), 5가지 부정명령(27~31절), 그 명령을 지켜야 하는 이유(32~35절)로 구성되어 있습니다.

갈라디아서 2장 : 유대인과 헬라인에게 복음을 전한 두 사도의 사명

- 십사 년 후에 내가 바나바와 함께 디도를 데리고 다시 예루살렘에 올라갔나니...(1,2)
- 도리어 그들은 내가 무할례자에게 복음 전함을 맡은 것이 베드로가 할례자에게 맡음과 같은 것을 보았고...(7~14)
- 사람이 의롭게 되는 것은 율법의 행위로 말미암음이 아니요 오직 예수 그리스도를 믿음으로 말미암는 줄 알므로 우리도 그리스도 예수를 믿나니 이는 우리가 율법의 행위로써가 아니고 그리스도를 믿음으로써 의롭다 함을 얻으려 함이라 율법의 행위로써는 의롭다 함을 얻을 육체가 없느니라(16)
- 내가 율법으로 말미암아 율법에 대하여 죽었나니 이는 하나님에 대하여 살려 함이라...(19,20)

유대주의자들은 바울에게 헬라인 디도가 할례를 받아야 한다고 주장했습니다.(1~4절) 그들은 율법준수를 구원의 조건으로 생각했습니다. 구원은 그리스도의 복음만으로 충만한데, 그들은 복음에다가 율법을 더한 것입니다. 바울은 복음을 변질시키는 어떠한 조건과도 타협하지 않았습니다. 사도들은 각자의 부르심을 존중했습니다.(9~10절) 하나님의 부르심은 다양하게 이루어지며, 사역과 섬김의 대상도 다 다릅니다. 우리는 서로를 인정해야 합니다. 베드로 사도의 실수가 등장합니다. 이방인과 식사 중에 야고보에게서 온 사람들을 보고 두려워하여 자리를 떠난 것입니다. 복음아래 모두가 하나여야 하는데, 위선적인 베드로의 행동으로 인해 다른 유대인들도 이방인과의 교제를 꺼려하기 시작했습니다. 바울은 복음의 진리가운데 행하지 못한 베드로를 책망하고(14~16절) 율법의 행위로 의롭게 되는 것이 아니라 오직 예수 그리스도를 믿음으로 의롭게 됨을 다시 한번 강조합니다.(16절) 우리는 복음의 진리가 주는 확신 가운데 살아야 합니다.

생명의 떡이신 예수님! 영생이 주께 있고, 영생의 말씀이 주께 있습니다. 복음에 대한 확신 가운데 나의 심령이 성령의 불로 타오르게 하시고, 이 불이 꺼지지 않게 하옵소서. 하나님의 다양한 부르심을 인정하며, 공동체 안에서 서로를 격려하며 지체간의 아름다운 연합을 이루어가게 하옵소서.

3/17

본문 출애굽기 28장 | 요한복음 7장 | 잠언 4장 | 갈라디아서 3장

주제 **단절** (斷絶, 어떤 대상과의 관계나 교류 등을 끊어 버리거나 피함)

하나님의 사람은 소중하게 얻은 구원과 사명을 지키기 위해 날마다 피해야 할 것들을 단절해야 한다. 만약 교만하여 속된 것을 방심하고 방치하다가 받아들이게 되면 어리석은 자가 되어 모든 것을 잃게 된다.

출애굽기 28장 : 여호와께 성결하기 위해 거룩한 옷을 입어 속된 것으로부터 단절

- 너는 이스라엘 자손 중 네 형 아론과 그의 아들들 곧 아론과 아론의 아들들 나답과 아비후와 엘르아살과 이다말을 그와 함께 네게로 나아오게 하여 나를 섬기는 제사장 직분을...(1~4)
- 그들의 나이대로 여섯 이름을 한 보석에, 나머지 여섯 이름은 다른 보석에 새기라...(10~12)
- 너는 판결 흉패를 에봇 짜는 방법으로 금 실과 청색 자색 홍색 실과 가늘게 꼰 베 실로 정교하게 짜서 만들되(15)
- 이 보석들은 이스라엘 아들들의 이름대로 열둘이라 보석마다 열두 지파의 한 이름씩 도장을 새기는 법으로 새기고(21)
- 아론이 성소에 들어갈 때에는 이스라엘 아들들의 이름을 기록한 이 판결 흉패를 가슴에 붙여 여호와 앞에 영원한 기념을 삼을 것이니라...(29,30)
- 그 옷 가장자리로 돌아가며 한 금 방울, 한 석류, 한 금 방울, 한 석류가 있게 하라...(34~38)
- 너는 아론의 아들들을 위하여 속옷을 만들며 그들을 위하여 띠를 만들며 그들을 위하여 관을 만들어 영화롭고 아름답게 하되(40)
- 또 그들을 위하여 베로 속바지를 만들어 허리에서부터 두 넓적다리까지 이르게 하여 하체를 가리게 하라(42)

하나님은 아론과 그의 아들들에게 제사장 직분을 맡기시면서(1절) 의복을 제작할 것을 모세에게 지시하십니다.(2~5절) 제사장 의복은 흉패, 에봇, 겉옷, 반포 속옷, 관, 띠, 금으로 만든 패, 세마포 속옷 등입니다. 순금으로 된 패에는 "여호와께 성결"이라는 문구를 새겨야 합니다. 제사장들은 늘 여호와의 면전에 있다는 사실을 의식해야 합니다. 우리 역시 늘 주님 앞에 있음을 기억해야 합니다.

요한복음 7장 : 사명을 감당하기 위해 때가 이를 때까지 위험으로부터 단절

- 스스로 나타나기를 구하면서 묻혀서 일하는 사람이 없나니 이 일을 행하려 하거든 자신을 세상에 나타내소서 하니...(4~7)
- 이미 명절의 중간이 되어 예수께서 성전에 올라가사 가르치시니...(14~18)
- 예수께서 성전에서 가르치시며 외쳐 이르시되 너희가 나를 알고 내가 어디서 온 것도 알거니와 내가 스스로 온 것이 아니니라 나를 보내신 이는 참되시니 너희는 그를 알지 못하나...(28~34)
- 명절 끝날 곧 큰 날에 예수께서 서서 외쳐 이르시되 누구든지 목마르거든 내게로 와서 마시라...(37~39)
- 아랫사람들이 대답하되 그 사람이 말하는 것처럼 말한 사람은 이 때까지 없었나이다 하니...(46~51)

예수님의 형제들 역시 예수님을 종교적, 정치적 메시아로 이해하고 있습니다.(3,4절) 아직 예수님의 때가 이르지 않았기에 하나님 나라의 비밀은 숨겨져 있습니다.(6,8절) 예수님은 자신의 가르침이 보내신 자의 것이며(16절) 하나님의 뜻을 행하려는 자는 당신의 가르침이 하나님으로부터 온 것인지 판단할 수 있고(17절) 하나님의 가르침을 전하는 자는 하나님의 영광을 추구하기에 그 속에 불의가 없다는 사실을 들어(18절) 당신의 가르침의 출처가 하나님이심을 선언합니다. 예수님은 '생수의 강'을 흘러 넘치게 하실 분, 곧 믿는 자에게 성령을 주실 분입니다.(37~39절) "내가 주는 물은 그 속에서 영생하도록 솟아나는 샘물이 되리라"(4:14)

잠언 4장 : 의인의 복된 삶을 살기 위해 악한 마음과 굽은 말로부터 단절

- 나도 내 아버지에게 아들이었으며 내 어머니 보기에 유약한 외아들이었노라...(3~9)
- 훈계를 굳게 잡아 놓치지 말고 지키라 이것이 네 생명이니라...(13~16)
- 의인의 길은 돋는 햇살 같아서 크게 빛나 한낮의 광명에 이르거니와(18)
- 그것을 네 눈에서 떠나게 하지 말며 네 마음 속에 지키라...(21~24)
- 좌로나 우로나 치우치지 말고 네 발을 악에서 떠나게 하라(27)

지혜는 무엇이 중요한지 분별하도록 깨달음을 주기에 우리의 삶은 물론 영혼까지도 보호하며(5,6절), 지혜는 우리를 영화로운 길로 인도합니다.(7~9절) 그러므로 우리는 지혜로운 삶을 추구해야 하며(10~13절), 악한 자의 길을 경계하고(14~19절), 무엇보다 더욱 마음을 지켜야 합니다.(20~23절)

갈라디아서 3장 : 믿음으로 얻은 구원과 성령을 지키기 위해 율법으로부터의 단절

- 어리석도다 갈라디아 사람들아 예수 그리스도께서 십자가에 못 박히신 것이 너희 눈 앞에 밝히 보이거늘 누가 너희를 꾀더냐...(1~3)
- 아브라함이 하나님을 믿으매 그것을 그에게 의로 정하셨다 함과 같으니라...(6~9)
- 그리스도께서 우리를 위하여 저주를 받은 바 되사 율법의 저주에서 우리를 속량하셨으니 기록된 바 나무에 달린 자마다 저주 아래에 있는 자라 하였음이라...(13,14)
- 이 약속들은 아브라함과 그 자손에게 말씀하신 것인데 여럿을 가리켜 그 자손들이라 하지 아니하시고 오직 한 사람을 가리켜 네 자손이라 하셨으니 곧 그리스도라(16)
- 그러나 성경이 모든 것을 죄 아래에 가두었으니 이는 예수 그리스도를 믿음으로 말미암는 약속을 믿는 자들에게 주려 함이라(22), (24~28)

구원과 성령의 역사는 행위나 율법이 아닌 그리스도의 복음을 믿음에서 비롯된 것입니다.(1~14절) 더 이상 율법에 매일 필요가 없습니다. "너희가 다 믿음으로 말미암아 그리스도 예수 안에서 하나님의 아들이 되었으니"(26절)

하나님! 내게 성령님을 보내 주셔서 예수님이 구원의 주가 되심을 아는 참된 지식과 순전한 믿음 주심을 감사드립니다. 내 안에 성령의 강물이 흘러 넘치게 하시고, 언제나 '하나님 앞에서'의 삶을 살아가게 하옵소서.

3/18

본문 출애굽기 29장 | 요한복음 8장 | 잠언 5장 | 갈라디아서 4장

주제 **위임** (委任, 어떤 일을 다른 사람에게 맡김)

인간에게는 자유의지가 있다. 그 자유의지가 불완전하고 타락한 것이라 할지라도 주님은 사는 동안 그의 의지를 인정하신다. 더나아가 예수를 영접하여 양자가 되면 그 자녀에게는 모든 것을 믿고 위임하신다.

출애굽기 29장 : 아론과 아들들이 거룩한 제사장의 직분을 위임받음

- 네가 그들에게 나를 섬길 제사장 직분을 위임하여 그들을 거룩하게 할 일은 이러하니 곧 어린 수소 하나와 흠 없는 숫양 둘을 택하고...(1~10)
- 그 수소의 고기와 가죽과 똥을 진 밖에서 불사르라 이는 속죄제니라...(14,15)
- 그 숫양 전부를 제단 위에 불사르라 이는 여호와께 드리는 번제요 이는 향기로운 냄새니 여호와께 드리는 화제니라(18)
- 제단 위의 피와 관유를 가져다가 아론과 그의 옷과 그의 아들들과 그의 아들들의 옷에 뿌리라 그와 그의 옷과 그의 아들들과 그의 아들들의 옷이 거룩하리라(21), (24~26), (29), (35~39), (42,43), (45)

하나님은 성막과 제사장 의복에 관한 지침을 주신 후(28장) 아론과 그의 아들들을 제사장으로 세우는 위임식에 관하여 말씀하십니다. 본문은 제사장 위임을 위한 희생제물(1~3절), 제사장의 정결의식(4~9절), 제사장을 위한 속죄제와 번제(10~18절), 위임식 제사 규정(19~25절), 위임식의 요제와 거제 규정(26~28절), 성의 규정(29~30절), 위임식 숫양의 처리에 관한 규정(29~34절), 위임식 기간(35~37절), 매일 드리는 상번제 규정(38~42절), 여호와의 임재 약속(43~46절)으로 구성되어 있습니다. 다소 복잡하게 느껴지지만 메시아가 오시기 전까지 거룩하신 하나님은 제사장을 세우고 제사의식을 통해 부정한 인간을 만나 주셨습니다. 제사장을 거룩하게 하시고, 제사를 통해 백성을 거룩하게 하심으로서 하나님을 만날 수 있게 하셨기에 이것 자체가 은총입니다.

요한복음 8장 : 예수님이 하나님에게 구원자의 사명을 위임받음

- 서기관들과 바리새인들이 음행중에 잡힌 여자를 끌고 와서 가운데 세우고...(3~11)
- 예수께서 대답하여 이르시되 내가 나를 위하여 증언하여도 내 증언이 참되니 나는 내가 어디서 오며 어디로 가는 것을 알거니와 너희는 내가 어디서 오며 어디로 가는 것을 알지 못하느니라(14)
- 만일 내가 판단하여도 내 판단이 참되니 이는 내가 혼자 있는 것이 아니요 나를 보내신 이가 나와 함께 계심이라(16), (18), (21), (23,24), (28~32), (34~36), (42~45), (51), (54,55)

종교가 변질되면, 자신의 기득권을 유지하고 이익을 얻는 수단으로 얼마든지 활용될 수 있습니다. 서기관들과 바리새인들이 예수님을 시험하기 위해 간음한 여인을 붙잡아 왔습니다. "죄 없는 자가 먼저 돌로 치라" 이 말씀은 간음한 여인보다 종교의 힘을 빌어 예수님을 모함하려한 그들의 죄가 더 크다는 것을 말씀하시고자 함입니다. 예수님은 자신이 어디에서 왔으며 어디로 갈지 알고 계십니다.(14절) 그분의 정체성은 하나님이십니다. 그래서 "나는 나

의 뜻대로 하려 하지 않고, 나를 보내신 이의 뜻대로 한다"(5:30)라고 말씀하셨던 것입니다. 예수님이 행하시는 일은 임의로 하시는 것이 아니라 철저히 아버지의 뜻을 행하시는 것이므로 예수님 스스로의 증언도 효력이 있습니다.(18절) 물론 예수님을 보내신 아버지 하나님 역시 예수님을 위한 증언자이십니다.(18절) 예수님은 자신의 정체성에 대하여 십자가에 못 박힌 후에야 알게 될 것이라고 말씀하십니다.(28절) 보내신 분의 뜻대로 행하는 자를 하나님은 결코 홀로 두지 않으십니다.(29절) 대적자들은 자신들이 아브라함의 후손이요, 하나님이 그들의 아버지이시기 때문에 자신들은 자유인이라고 생각합니다.(31~59절) 사람은 본질적으로 죄인이며, 죄 문제를 스스로 해결할 수 없는 죄의 노예입니다. 그러므로 참 자유는 오직 예수 그리스도 안에 있습니다.

잠언 5장 : 다음세대가 자기 자신 및 삶의 돌봄을 위임받음

- 근신을 지키며 네 입술로 지식을 지키도록 하라(2)
- 그는 생명의 평탄한 길을 찾지 못하며 자기 길이 든든하지 못하여도 그것을 깨닫지 못하느니라(6)
- 두렵건대 네 존영이 남에게 잃어버리게 되며 네 수한이 잔인한 자에게 빼앗기게 될까...(9~13)
- 너는 네 우물에서 물을 마시며 네 샘에서 흐르는 물을 마시라(15), (18,19), (21), (23)

잠언 5장은 육적인 거룩함을 강조합니다. 첫 번째 단락(1~14절)에서는 음녀의 유혹에 대한 경고입니다. '음녀'로 번역된 '차르'라는 단어는 외간 여자라는 뜻으로 비정상적인 관계 가운데 있는 여인을 뜻합니다. 음녀에게로 가는 자는 결국 모든 것을 잃게 될 것이라고 말씀합니다. 예전이나 지금이나 실제로 이 말씀대로 되는 것을 흔히 볼 수 있습니다. 음녀의 유혹을 이길 수 있는 방법은 아내와 영적, 육적 친밀함을 유지하는 것입니다.(15~23절)

갈라디아서 4장 : 성도가 아빠 아버지에게 아들의 유업을 위임받음

- 내가 또 말하노니 유업을 이을 자가 모든 것의 주인이나 어렸을 동안에는 종과...(1~9)
- 내가 처음에 육체의 약함으로 말미암아 너희에게 복음을 전한 것을 너희가 아는 바라...(13,14)
- 그들이 너희에게 대하여 열심 내는 것은 좋은 뜻이 아니요 오직 너희를 이간시켜 너희로 그들에게 대하여 열심을 내게 하려 함이라(17), .(19~20), (30)

예수님이 오시기 전, 사람들은 율법의 지배 아래 있었으나 예수님이 우리를 율법의 저주에서 속량하셨습니다.(1~5절) 또한 성령이 임하여 우리는 하나님을 아빠 아버지라 부르게 되었습니다. 그러므로 율법으로 다시 돌아가 믿음으로 받은 구원을 헛되게 해서는 안 될 것입니다.(8~11절) 십자가 복음은 물론 율법도 지켜야 구원받는다고 주장하는 율법주의자의 꾐에 빠져 바울조차 꺼리는 상태가 된(16절) 갈라디아 교회를 위해 바울은 다시 한번 해산의 수고를 합니다.(19절) 율법을 따르는 육체의 증거는 구원의 조건이 될 수 없습니다. 그리스도 안에서 우리는 약속의 자녀들이며, 상속자입니다.(21~31절)

제사제도를 통해 당신의 백성들의 죄를 용서하신 거룩하신 하나님! 예수 그리스도를 이 땅에 보내 주셔서 죄와 저주, 죽음과 심판, 율법의 저주에서 나를 건지시고 참 자유를 누리는 복을 주셨습니다. 나는 하나님 나라의 상속자가 되었습니다. 성령님의 역사로 하나님을 아빠 아버지라 부르게 되었습니다. 이러한 굳건한 신앙의 토대위에서 악의 영의 유혹을 이기고, 가정 안에서 부부 및 부모-자녀 간의 관계가 더욱 친밀하게 하옵소서.

3/19

본문 출애굽기 30장 | 요한복음 9장 | 잠언 6장 | 갈라디아서 5장

주제 구별 (區別, 어떤 것과 다른 것을 차이에 따라 나눔)

하나님은 부정한 것과 악한 것을 미워하신다. 그러므로 하나님의 은혜로 구원을 받은 선택된 백성은 성별과 구별의 의무를 갖는다. 이를 경히 여기는 자는 구원에서 멀어짐을 알아야 한다.

출애굽기 30장 : 하나님 앞에서 거룩한 것과 속된 것을 구별

- 너는 분향할 제단을 만들지니 곧 조각목으로 만들되(1)
- 그 제단을 증거궤 위 속죄소 맞은편 곧 증거궤 앞에 있는 휘장 밖에 두라 그 속죄소는 내가 너와 만날 곳이며...(6~9)
- 네가 이스라엘 자손의 수효를 조사할 때에 조사 받은 각 사람은 그들을 계수할 때에 자기의 생명의 속전을 여호와께 드릴지니 이는 그들을 계수할 때에 그들 중에 질병이 없게 하려 함이라...(12~16)
- 너는 물두멍을 놋으로 만들고 그 받침도 놋으로 만들어 씻게 하되 그것을 회막과 제단 사이에 두고 그 속에 물을 담으라...(18~20), (25~30), (34~36)

향단과 분향 예물에 관한 지침(1~10절)과 속전에 관한 지침(11~16절), 놋 물두멍에 관한 지침(17~21절), 거룩한 관유에 관한 지침(22~33절), 거룩한 향에 관한 지침(34~38절)입니다. 제사장은 매일 향단 위에 향의 연기를 피워야 합니다.(7,8절) 성소의 향은 하나님께 드려지는 기도의 상징이기도 합니다. "나의 기도가 주의 앞에 분향함과 같이 되며 나의 손 드는 것이 저녁 제사같이 되게 하소서"(시141:2) 부자나 가난한 자나 동일하게 드리는 속전은 과거 노예에서 구원하여 주신 은혜를 기억하며 드리는 것으로서, "내 생명이 하나님께 속한 것"이라는 고백이 담겨 있습니다.(14,15절)

요한복음 9장 : 예수를 믿는 자와 믿지 않는 자를 구별

- 예수께서 길을 가실 때에 날 때부터 맹인 된 사람을 보신지라...(1~7)
- 바리새인 중에 어떤 사람은 말하되 이 사람이 안식일을 지키지 아니하니 하나님께로부터 온 자가 아니라 하며 어떤 사람은 말하되 죄인으로서 어떻게 이러한 표적을 행하겠느냐 하여 그들 중에 분쟁이 있었더니...(16,17)
- 그러나 지금 어떻게 해서 보는지 또는 누가 그 눈을 뜨게 하였는지 우리는 알지 못하나이다 그에게 물어 보소서 그가 장성하였으니 자기 일을 말하리이다...(21,22)
- 이에 그들이 맹인이었던 사람을 두 번째 불러 이르되 너는 하나님께 영광을 돌리라 우리는 이 사람이 죄인인 줄 아노라...(24,25)
- 그들이 욕하여 이르되 너는 그의 제자이나 우리는 모세의 제자라(28), (31~33), (37~39)

'병이나 불행은 전적으로 하나님의 징계다'라는 인식에 대하여 예수님은 반대하십니다. 반대로 모든 형통이 하나님의 복이라고 할 수도 없습니다. 불행이나 질병이 때론 하나님의 일을 나타내는 수단이 되기도 합니다.(1~12절) 맹인의 눈을 뜨게 한 것으로 인해 논쟁이 벌어짐

니다. 맹인이었던 자는 예수님을 죄인으로 규정하려는 바리새인들에게 "하나님이 죄인의 말을 듣지 아니하시고 경건하여 그의 뜻대로 행하는 자의 말은 들으신다"(31절)고 말하며 예수님을 변호합니다. 눈앞에서 일어나는 기적을 보고도 애써 예수님을 죄인으로 몰아세우는 바리새인들이야 말로 어두운 눈을 가진 자들입니다. 예수님은 출교당한 맹인이었던 자를 다시 찾아와 그의 믿음을 굳게 하십니다.(35~41절)

잠언 6장 : 법을 지키는 자와 거역하는 자를 구별

- 내 아들아 네가 만일 이웃을 위하여 담보하며 타인을 위하여 보증하였으면...(1~8)
- 불량하고 악한 자는 구부러진 말을 하고 다니며...(12~14)
- 여호와께서 미워하시는 것 곧 그의 마음에 싫어하시는 것이 예닐곱 가지이니...(16~19)
- 대저 명령은 등불이요 법은 빛이요 훈계의 책망은 곧 생명의 길이라(23)
- 사람이 불을 품에 품고서야 어찌 그의 옷이 타지 아니하겠으며...(27,28)
- 도둑이 만일 주릴 때에 배를 채우려고 도둑질하면 사람이 그를 멸시하지는 아니하려니와...(30,31)

지혜로운 자가 실제로 어떻게 살아야 하는지에 대한 가르침입니다. 본문은 보증(1~5절), 게으름(6~11절), 여호와께서 미워하시는 삶의 방식 7가지(12~19절), 지혜로운 삶에 대한 권면(20~24절), 음행에 대한 경계(25~29절), 음행으로 인한 비극적 결말(30~35절)로 이루어져 있습니다.

갈라디아서 5장 : 율법을 따르는 자와 성령을 따르는 자를 구별

- 그리스도께서 우리를 자유롭게 하려고 자유를 주셨으니 그러므로 굳건하게 서서 다시는 종의 멍에를 메지 말라...(1,2)
- 율법 안에서 의롭다 함을 얻으려 하는 너희는 그리스도에게서 끊어지고 은혜에서 떨어진 자로다...(4~6)
- 형제들아 내가 지금까지 할례를 전한다면 어찌하여 지금까지 박해를 받으리요 그리하였으면 십자가의 걸림돌이 제거되었으리니...(11~13)
- 내가 이르노니 너희는 성령을 따라 행하라 그리하면 육체의 욕심을 이루지 아니하리라...(16~18)
- 투기와 술 취함과 방탕함과 또 그와 같은 것들이라 전에 너희에게 경계한 것 같이 경계하노니 이런 일을 하는 자들은 하나님의 나라를 유업으로 받지 못할 것이요...(21~24)

바울은 다시는 종의 멍에를 메지 말라고 합니다.(1절) '종의 멍에'는 할례로 대표되는 율법을 의미합니다. 율법의 행위로 의를 얻으려 하는 것은 거짓 복음입니다. 하나님은 율법 대신 성령을 주셨습니다. 율법은 종의 삶을 요구하지만, 성령님은 자유케 하시면서 율법의 완성을 이루어 가게 하십니다. 율법의 멍에에서 벗어난 자는 성령 안에서 더욱 아름다운 열매를 맺습니다.(성령의 9가지 열매, 22,23절)

예수 그리스도는 나를 위해 '생명의 속전'을 지불하셨습니다. 그러므로 나는 그리스도께 속해 있습니다. 매일 드리는 나의 기도가 아름다운 향기가 되어 하나님께 상달되게 하시고, 십자가 복음이 주는 자유함 가운데 성령의 열매를 맺는 성도가 되게 하옵소서.

3/20

본문 출애굽기 31장 | 요한복음 10장 | 잠언 7장 | 갈라디아서 6장
주제 **판단** (判斷, 일정한 논리나 기준에 따라 사물의 가치와 관계를 결정함)

인간은 하나님의 형상을 따라 지음 받았으므로 지성적인 존재이다. 특히 주님을 영접한 자는 하나님의 형상을 회복함으로 지혜와 명철과 총명을 얻는다. 죄악에서 자신을 지키고 세상에서 사명을 감당하기 위해 끊임없이 상황을 판단하여 자신을 보호할 영적 의무를 갖는다.

출애굽기 31장 : 성구를 잘 만들기 위해 명령하신 바를 정확히 판단함

- 내가 유다 지파 훌의 손자요 우리의 아들인 브살렐을 지명하여 부르고…(2~6)
- 너는 이스라엘 자손에게 말하여 이르기를 너희는 나의 안식일을 지키라 이는 나와 너희 사이에 너희 대대의 표징이니 나는 너희를 거룩하게 하는 여호와인 줄 너희가 알게 함이라…(13,14)
- 이는 나와 이스라엘 자손 사이에 영원한 표징이며 나 여호와가 엿새 동안에 천지를 창조하고 일곱째 날에 일을 마치고 쉬었음이니라 하라…(17,18)

성막과 성막에서 쓰일 기구, 옷들과 부속물들을 만드는 일을 브살렐과 오홀리압이 맡게 됩니다.(1~11절) 안식일은 이스라엘이 다른 민족과 구별되는 하나님의 백성이라는 표징입니다.(13절) 모세는 '안식일 준수'가 포함되어 있는 십계명 돌판을 받습니다.(18절)

요한복음 10장 : 예수의 아들 됨을 믿기 위해 그의 한 일을 옳게 판단함

- 내가 진실로 진실로 너희에게 이르노니 문을 통하여 양의 우리에 들어가지 아니하고 다른 데로 넘어가는 자는 절도며 강도요…(1~5)
- 그러므로 예수께서 다시 이르시되 내가 진실로 진실로 너희에게 말하노니 나는 양의 문이라…(7~16)
- 예수께서 대답하시되 내가 너희에게 말하였으되 믿지 아니하는도다 내가 내 아버지의 이름으로 행하는 일들이 나를 증거하는 것이거늘…(25~30)
- 유대인들이 대답하되 선한 일로 말미암아 우리가 너를 돌로 치려는 것이 아니라 신성모독으로 인함이니 네가 사람이 되어 자칭 하나님이라 함이로라(33)
- 하물며 아버지께서 거룩하게 하사 세상에 보내신 자가 나는 하나님의 아들이라 하는 것으로 너희가 어찌 신성모독이라 하느냐…(36~38)
- 많은 사람이 왔다가 말하되 요한은 아무 표적도 행하지 아니하였으나 요한이 이 사람을 가리켜 말한 것은 다 참이라 하더라…(41,42)

예수님은 양의 문입니다.(7절) 생명에 이르는 유일한 문이신 예수님을 우리는 삶의 모든 영역의 문으로 삼아야 합니다.(9,10절) 예수님은 양을 위하여 목숨을 버리는 선한 목자이십니다.(11,15,17절) 예수님은 당신의 음성을 듣고 나아오는 자에게 영생을 주시며, 또한 결코 누구에게도 빼앗기지 않으십니다.(28,29절)

잠언 7장: 젊은이가 미래를 위해 단호하게 성적 유혹을 판단함

- 이것을 네 손가락에 매며 이것을 네 마음판에 새기라...(3,4)
- 어리석은 자 중에, 젊은이 가운데에 한 지혜 없는 자를 보았노라...(7~17)
- 여러 가지 고운 말로 유혹하며 입술의 호리는 말로 꾀므로...(21~23)
- 대저 그가 많은 사람을 상하여 엎드러지게 하였나니 그에게 죽은 자가 허다하니라...(26~27)

본문은 지혜를 찾으라는 권면(1~5절), 음녀가 청년을 유혹하는 상황에 대한 묘사(6~23절), 음녀의 유혹에 빠진 자의 운명, 곧 어둠과 죽음(24~27절)으로 구성되어 있습니다. 잠언 1~9장에서 가장 큰 비중을 차지하는 주제는 간음입니다. 4번에 걸쳐 등장합니다. 음녀에 대한 경계(2:16~19절), 음녀에 대한 구체화된 경계 및 유혹에서 이기는 법, 곧 아내와의 친밀함(5장), 음녀와의 간음과 남의 아내와의 간통죄를 구별한 교훈(6장), 성적인 죄에 대한 포괄적인 설명(7장). 그만큼 우리는 음행과 음란의 파괴적인 결과에 대해 결코 간과하지 말아야 합니다.

갈라디아서 6장 : 형제의 범죄를 보고 자신을 향한 시험과 유혹을 판단함

- 형제들아 사람이 만일 무슨 범죄한 일이 드러나거든 신령한 너희는 온유한 심령으로 그러한 자를 바로잡고 너 자신을 살펴보아 너도 시험을 받을까 두려워하라...(1~10)
- 그러나 내게는 우리 주 예수 그리스도의 십자가 외에 결코 자랑할 것이 없으니 그리스도로 말미암아 세상이 나를 대하여 십자가에 못 박히고 내가 또한 세상을 대하여 그러하니라...(14,15)
- 이 후로는 누구든지 나를 괴롭게 하지 말라 내가 내 몸에 예수의 흔적을 지니고 있노라(17)

성령으로 사는 사람은 공동체를 세웁니다. 범죄한 형제를 정죄하기 보다 그의 회복을 돕고(1절), 짐을 나누어 집니다.(2절) 여기서 짐이란 인간의 연약함으로 인해 생기는 어려움을 뜻합니다. 또한 자기 일을 살핍니다.(3~5절) 자기 일이란 자신의 내면을 관리하는 것을 의미합니다. 성령의 사람은 복음의 일꾼을 기쁨으로 섬기고(6절), 헛된 욕망이 아닌 믿음의 선한 열매를 위해 심습니다.(7~10절) 복음의 진리를 수호하기 위해 무엇과도 타협하지 않으며(11~13절), 오직 십자가의 은혜만을 자랑합니다.(14~18절)

선한 목자 되시며, 양의 문이 되시는 예수님은 나의 기쁨이요, 나의 소망이 되십니다. 예수님 지신 십자가를 평생 자랑하게 하시고, 성령으로 심어 믿음의 선한 열매를 많이 맺게 하옵소서. 구원의 기쁨, 복음의 감격을 빼앗아가는 유혹이 너무 많습니다. 영육이 강건하게 하시고, 정결케 하시며, 온전히 예수님만 바라보게 하옵소서.

3/21

본문 출애굽기 32장 | 요한복음 11장 | 잠언 8장 | 에베소서 1장
주제 축복 (祝福, 하나님이 복을 내림)

하나님이 믿는 자에게 주시는 축복은 다양하다. 일반적으로 예정과 선택의 축복, 용서와 속죄의 축복, 성숙과 풍요의 축복, 치유와 부활의 축복, 양자와 후사의 축복이다. 이런 축복은 놀라운 은혜의 열매이다.

출애굽기 32장 : 우상 숭배한 백성을 진멸치 않고 용서하신 축복

- 백성이 모세가 산에서 내려옴이 더딤을 보고 모여 백성이 아론에게 이르러 말하되 일어나라 우리를 위하여 우리를 인도할 신을 만들라 이 모세 곧 우리를 애굽 땅에서 인도하여 낸 사람은 어찌 되었는지 알지 못함이니라...(1~6)
- 그들이 내가 그들에게 명령한 길을 속히 떠나 자기를 위하여 송아지를 부어 만들고 그것을 예배하며 그것에게 제물을 드리며 말하기를 이스라엘아 이는 너희를 애굽 땅에서 인도하여 낸 너희 신이라 하였도다...(8~12)
- 모세가 돌이켜 산에서 내려오는데 두 증거판이 그의 손에 있고 그 판의 양면 이쪽 저쪽에 글자가 있으니(15), (19,20), (24~28), (30~33)

모세가 부재중인 상황에서 불안해진 이스라엘 백성들이 금송아지 우상을 만들어 섬기는 큰 죄를 범하게 됩니다. 이는 하나님과의 언약을 파기하는 행위입니다. 모세가 십계명 돌판을 던져 깨뜨린 것은 '언약의 파기'를 의미합니다.(19절) 레위 지파가 나서서 배교자들을 처단하고(25~29절), 모세의 목숨을 건 중보기도(11~14절, 30~33절)로 하나님은 심판의 뜻을 돌이키십니다.

요한복음 11장 : 병으로 죽은 나사로를 다시 살리신 재생의 축복

- 어떤 병자가 있으니 이는 마리아와 그 자매 마르다의 마을 베다니에 사는 나사로라...(1~4)
- 그 후에 제자들에게 이르시되 유대로 다시 가자 하시니(7)
- 이 말씀을 하신 후에 또 이르시되 우리 친구 나사로가 잠들었도다 그러나 내가 깨우러 가노라(11)
- 내가 거기 있지 아니한 것을 너희를 위하여 기뻐하노니 이는 너희로 믿게 하려 함이라 그러나 그에게로 가자 하시니(15)
- 예수께서 와서 보시니 나사로가 무덤에 있은 지 이미 나흘이라(17)
- 마르다는 예수께서 오신다는 말을 듣고 곧 나가 맞이하되 마리아는 집에 앉았더라...(20~27)
- 마리아가 예수 계신 곳에 가서 뵈옵고 그 발 앞에 엎드리어 이르되 주께서 여기 계셨더라면 내 오라버니가 죽지 아니하였겠나이다 하더라...(32~35), (38~45), (48), (53,54)

예수님은 "나는 부활이요 생명"이라고 선언하십니다.(25절) 예수님이 일으키실 마지막 날의 부활은 육체(부활체)의 부활을 의미합니다. 나사로의 부활은 그것을 보여주는 표적입니다. 예수님은 부활의 첫 열매이십니다. "이 말씀을 하시고 손과 옆구리를 보이시니 제자들이 주를 보고 기뻐하더라"(요20:20) 죄로 인해 사망권세에 매여 있는 인간에 대하여 비통해 하며, 눈물을 흘리신 예수님이지만(33,35절), 예수님은 그저 동정만 하시는 분이 아니라 실제로 이

문제를 극복하셨으며, 우리로 하여금 넉넉히 이기게 하시는 분입니다. 대제사장과 바리새인들은 나사로를 살린 예수님을 죽이려고 모의합니다. 그러나 "한 사람이 백성을 위하여 죽어서 온 민족이 망하지 않게 되는 것이 유익하다"는(50절) 대제사장의 말은 복음의 진리를 그대로 드러냅니다. 예수님을 처형하는데 성공한 그들이지만, 하나님 역시 이 일을 통해 인류 구원의 길을 여시는데 성공하셨습니다. 악인들의 악한 의도가 결코 하나님의 선의를 꺾을 수 없습니다.

잠언 8장 : 지혜와 명철을 얻고 행할 때 얻는 놀라운 축복

- 지혜가 부르지 아니하느냐 명철이 소리를 높이지 아니하느냐...(1~3)
- 너희는 들을지어다 내가 가장 선한 것을 말하리라 내 입술을 열어 정직을 내리라...(6~10)
- 여호와를 경외하는 것은 악을 미워하는 것이라 나는 교만과 거만과 악한 행실과 패역한 입을 미워하느니라...(13,14)
- 나를 사랑하는 자들이 나의 사랑을 입으며 나를 간절히 찾는 자가 나를 만날 것이니라(17)
- 나는 정의로운 길로 행하며 공의로운 길 가운데로 다니나니...(20~22)
- 그가 하늘을 지으시며 궁창을 해면에 두르실 때에 내가 거기 있었고...(27~30), (32), (34~36)

8장에서는 지혜 여인이 등장합니다. 지혜의 의인화입니다. 7장의 음녀와 달리 8장의 지혜 여인은 정직하게 말하며, 진리를 말합니다. 지혜 여인에 대한 소개와 지혜 여인의 권고(1~11절), 지혜의 역할과 유익(12~21절), 창세전 탄생한 지혜(22~26절), 창조 시 및 창조 후 지혜의 역할(27~31절), 아들에 대한 아버지의 권고(32~36절)로 구성되어 있습니다.

에베소서 1장 : 예정하사 그리스도 안에서 아들이 되게 하신 축복

- 찬송하리로다 하나님 곧 우리 주 예수 그리스도의 아버지께서 그리스도 안에서 하늘에 속한 모든 신령한 복을 우리에게 주시되...(3~7)
- 모든 일을 그의 뜻의 결정대로 일하시는 이의 계획을 따라 우리가 예정을 입어 그 안에서 기업이 되었으니...(11~14)
- 우리 주 예수 그리스도의 하나님, 영광의 아버지께서 지혜와 계시의 영을 너희에게 주사 하나님을 알게 하시고...(17~19), (21,22)

1장은 우리의 구원을 위한 하나님의 놀라운 계획과 역사를 찬송합니다. 성부 하나님의 선택과 예정(3~6절), 성자 예수님의 구속 사역(7~12절), 성령 하나님의 인치심과 보증(13,14절)으로 우리의 구원을 완성하셨습니다. 에베소 성도들을 위한 바울의 기도가 나오고(15~19절), 마지막으로 그리스도가 행하신 모든 일은 교회(성도)를 위한 일임을 밝히고(20~22절) 그리스도와 성도의 관계를 언급하며 그리스도인의 정체성을 확인시킵니다.(23절)

말씀을 읽으며 내가 만들어 놓은 우상은 없는지 살펴 봅니다. 언약의 돌판에 새겨진 '나 외에 다른 신을 섬기지 말라'는 말씀을 마음에 새깁니다. 하나님의 말씀이 곧 지혜이니 지혜의 말씀에 귀를 기울이게 하옵소서. 나는 '부활이요 생명'이신 예수 그리스도를 믿습니다. 나는 마지막 날에 영광스런 부활의 몸을 입고 주를 뵐 것입니다. 나의 구원을 위한 삼위일체 하나님의 온전하신 역사를 찬양합니다. 구원의 기쁨으로 오늘 하루가 충만하게 하옵소서.

3/22

본문 출애굽기 33장 | 요한복음 12장 | 잠언 9장 | 에베소서 2장
주제 **자세** (姿勢, 사물이나 현상에 대해 가지는 마음가짐이나 태도)

인간에게 습관은 매우 중요하다. 옛 습관은 구원을 얻은 자에게 버려야 할 자세다. 그러므로 예수를 믿고 따르는 모든 자는 악한 자세를 버리고 선한 자세, 즉 헌신과 지혜와 순종의 자세로 살아가야 한다.

출애굽기 33장 : 하나님과 동행하기 위해 옛 생활을 버리는 자세

- 여호와께서 모세에게 이르시되 너는 네가 애굽 땅에서 인도하여 낸 백성과 함께 여기를 떠나서 내가 아브라함과 이삭과 야곱에게 맹세하여 네 자손에게 주기로 한 그 땅으로...(1~6)
- 모세가 회막으로 나아갈 때에는 백성이 다 일어나 자기 장막 문에 서서 모세가 회막에 들어가기까지 바라보며...(8~11)
- 여호와께서 이르시되 내가 친히 가리라 내가 너를 쉬게 하리라(14)
- 여호와께서 모세에게 이르시되 네가 말하는 이 일도 내가 하리니 너는 내 목전에 은총을 입었고 내가 이름으로도 너를 앎이니라(17)
- 여호와께서 이르시되 내가 내 모든 선한 것을 네 앞으로 지나가게 하고 여호와의 이름을 네 앞에 선포하리라 나는 은혜 베풀 자에게 은혜를 베풀고 긍휼히 여길 자에게 긍휼을 베푸느니라...(19,20)
- 손을 거두리니 네가 내 등을 볼 것이요 얼굴은 보지 못하리라(23)

금송아지 사건 이후 하나님은 모세에게 약속의 땅으로 백성들을 이끌고 가라고 하십니다. 그런데 약속의 땅에 대한 입성은 약속하시지만, 함께 가지 않으시겠다고 하십니다.(3절) 하나님이 함께 하시지 않으면 약속의 땅은 축복의 땅이 될 수 없습니다. 성막도 지을 필요가 없습니다. 하나님이 이스라엘 중에 거하시기 위해 성막을 지으라고 했던 것인데, 이 모든 것이 물거품이 될 위기입니다. '이 백성을 주의 백성으로 여겨 달라'(13절) 모세의 강력한 중보로 인해 하나님은 '내가 친히 가리라'(14절) 약속해 주십니다.

요한복음 12장 : 예수를 믿은 자들이 모든 것으로 헌신하는 자세

- 유월절 엿새 전에 예수께서 베다니에 이르시니 이 곳은 예수께서 죽은 자 가운데서 살리신 나사로가 있는 곳이라...(1~8)
- 그 이튿날에는 명절에 온 큰 무리가 예수께서 예루살렘으로 오신다는 것을 듣고...(12~14)
- 나사로를 무덤에서 불러내어 죽은 자 가운데서 살리실 때에 함께 있던 무리가 증언한지라(17)
- 예수께서 대답하여 이르시되 인자가 영광을 얻을 때가 왔도다...(23~28)
- 내가 땅에서 들리면 모든 사람을 내게로 이끌겠노라 하시니...(32,33)
- 너희에게 아직 빛이 있을 동안에 빛을 믿으라 그리하면 빛의 아들이 되리라(36)
- 그러나 관리 중에도 그를 믿는 자가 많되 바리새인들 때문에 드러나게 말하지 못하니 이는 출교를 당할까 두려워함이라...(42~50)

마리아는 값비싼 나드 향유를 아낌없이 예수님께 붓습니다.(1~11절) 마리아가 낭비한 것인

가요? 죽은 오라버니를 살려주신 은혜를 무엇으로 갚을 수 있으리요. 그리고 마리아는 부지중에 예수님의 장래를 예비하였습니다. 메시아를 세상의 왕으로 착각한 무리들의 환영을 받으며 예루살렘에 들어가신 예수님은(12~19절) 한 알의 썩는 밀알이 되어 많은 열매를 맺게 될 것을 말씀하시면서 십자가의 죽음을 내다보고 계십니다.(24,33절) 그러나 하나님이 보내신 예수님이(44,45절) 많은 표적을 보이심에도 사람들은 믿지 않았습니다.(37절)

잠언 9장 : 지혜를 얻기 위해 거만과 어리석음을 버리는 자세

- 지혜가 그의 집을 짓고 일곱 기둥을 다듬고...(1~6)
- 지혜 있는 자에게 교훈을 더하라 그가 더욱 지혜로워질 것이요 의로운 사람을 가르치라 그의 학식이 더하리라...(9,10)
- 네가 만일 지혜로우면 그 지혜가 네게 유익할 것이나 네가 만일 거만하면 너 홀로 해를 당하리라(12)
- 오직 그 어리석은 자는 죽은 자들이 거기 있는 것과 그의 객들이 스올 깊은 곳에 있는 것을 알지 못하느니라(18)

지혜는 하나님을 경외하는 것으로부터 나옵니다.(10절) 지혜는 우리를 복된 길로 초청합니다. 그러나 악한 여인도 우리를 초청(유혹)합니다.(13~18절) 지혜의 초청에 대해 의인과 악인은 상반된 반응을 보입니다.(7~12절) 우리는 악한 여인(악한 영, 악한 사람)이 올바른 길을 걷고자 하는 우리를 늘 유혹한다는 사실을 기억해야 합니다. 의인은 말씀을 통한 책망과 훈계를 즐거워 하지만, 악인은 이를 거부합니다. 하나님을 경외하는 길에서 벗어나 육신의 만족과 쾌락을 좇아 가면 결국 영적 죽음의 길로 갈 뿐입니다.(18절)

에베소서 2장 : 은혜로 구원을 받은 자들이 성전 되어가는 자세

- 그는 허물과 죄로 죽었던 너희를 살리셨도다...(1~5)
- 너희는 그 은혜에 의하여 믿음으로 말미암아 구원을 받았으니 이것은 너희에게서 난 것이 아니요 하나님의 선물이라...(8~10)
- 이제는 전에 멀리 있던 너희가 그리스도 예수 안에서 그리스도의 피로 가까워졌느니라...(13~19)
- 그의 안에서 건물마다 서로 연결하여 주 안에서 성전이 되어 가고...(21,22)

아담 이후 인간은 하나님과 단절되어 있었으나(1~3절), 하나님의 은혜로 구원을 선물로 받았습니다.(4~10절) 예수님의 십자가는 하나님과 우리 사이를 화해 시켰습니다. 또한 유대인과 이방인 사이의 장벽을 무너뜨리고 연합하게 했으며(11~15절), 유대인과 이방인은 십자가로 인하여 성령 안에서 자유롭게 아버지께로 나아감을 얻었습니다.(18절) 그리고 하나님의 처소(공동체)로 함께 지어져 갑니다.(19~22절)

유대인들이 그토록 증오하던 이방인들을 어떻게 인정하고 받아들일 수 있겠습니까? 그러나 십자가 복음은 이방인과 유대인의 높은 장벽을 무너뜨렸고, 그들은 함께 공동체로 지어져 갔습니다. 십자가를 가까이 하면 모든 장벽들을 넘어서게 됩니다. 우리 교회에 그런 은혜를 주시옵소서. 하나님을 경외하는 것이 지혜의 근본입니다. 지혜가 제시하는 길을 따르게 하옵소서.

3/23

본문 출애굽기 34장 | 요한복음 13장 | 잠언 10장 | 에베소서 3장
주제 **부탁** (付託, 어떤 일을 해 달라고 당부하거나 맡김)

인간은 원죄와 자범죄의 존재다. 늘 타락한 자신과 사단의 유혹 앞에 놓여 있다. 따라서 주님과 영적 지도자의 부탁을 듣고 지켜야 한다.

출애굽기 34장 : 철저한 우상숭배의 금지와 절기 지킴을 부탁

- 여호와께서 모세에게 이르시되 너는 돌판 둘을 처음 것과 같이 다듬어 만들라 네가 깨뜨린 처음 판에 있던 말을 내가 그 판에 쓰리니...(1~3)
- 여호와께서 그의 앞으로 지나시며 선포하시되 여호와라 여호와라 자비롭고 은혜롭고 노하기를 더디하고 인자와 진실이 많은 하나님이라...(6,7)
- 여호와께서 이르시되 보라 내가 언약을 세우나니 곧 내가 아직 온 땅 아무 국민에게도 행하지 아니한 이적을 너희 전체 백성 앞에 행할 것이라 네가 머무는 나라 백성이 다 여호와의 행하심을 보리니 내가 너를 위하여 행할 일이 두려운 것임이니라...(10~14)
- 너는 신상들을 부어 만들지 말지니라...(17~19), (22), (24), (29,30), (33~35)

이스라엘 백성들의 금송아지 우상숭배로 인해 시내산 언약이 파기될 위기였으나 하나님은 십계명 돌판을 다시 주시면서 언약을 지켜 가십니다.(1,27,28절) 우리 하나님은 "자비롭고 은혜롭고 노하기를 더디하고 인자와 진실이 많은 하나님이십니다."(6절) 이스라엘 백성들은 우상 숭배 죄로 이어질 수 있는 가나안 족속과의 언약을 금하고(10~17절), 3대 절기와 안식일 규례(18~26절)를 지킴으로서 하나님의 은혜에 응답해야 합니다. 모세 얼굴의 빛나는 광채는 하나님이 여전히 이스라엘 백성들을 붙드시고, 존귀케 하시겠다는 하나의 증표입니다.(35절)

요한복음 13장 : 섬김을 통해 서로 사랑하라는 새 계명 지킴을 부탁

- 유월절 전에 예수께서 자기가 세상을 떠나 아버지께로 돌아가실 때가 이른 줄 아시고 세상에 있는 자기 사람들을 사랑하시되 끝까지 사랑하시니라...(1~5)
- 베드로가 이르되 내 발을 절대로 씻지 못하시리이다 예수께서 대답하시되 내가 너를 씻어 주지 아니하면 네가 나와 상관이 없느니라(8)
- 그들의 발을 씻으신 후에 옷을 입으시고 다시 앉아 그들에게 이르시되 내가 너희에게 행한 것을 너희가 아느냐...(12~14)
- 내가 너희 모두를 가리켜 말하는 것이 아니니라 나는 내가 택한 자들이 누구인지 앎이라 그러나 내 떡을 먹는 자가 내게 발꿈치를 들었다 한 성경을 응하게 하려는 것이니라...(18~21)
- 그가 예수의 가슴에 그대로 의지하여 말하되 주여 누구니이까...(25~27), (30), (34~38)

예수님은 자기 사람을 끝까지 사랑하십니다.(1절) 예수님은 사랑의 권세로 세상을 통치하시는 분임을 제자들의 발을 씻김을 통해서 보여주십니다.(3~11절) 섬김의 본을 보이신 예수님은 제자들도 서로의 발을 씻어 주어야 한다고 말씀하십니다.(15절) 제자들은 '예수님의 권세

를 위임받은 보냄 받은 자'입니다. 이를 알 때 겸손한 종이 될 수 있습니다.(16절) 예수님은 제자 중 배신자가 나올 것을 예고하십니다. 미리 알게 하심은 제자들이 시험에 들지 않게 하려는 것입니다.(19절) 가룟 유다는 결국 만찬장을 먼저 나가게 되는데, 이때 예수님은 '인자가 영광을 받았고, 하나님도 인자로 인하여 영광을 받으셨다'고 하십니다.(31절) 예수님은 배신당하고, 또 죄 없이 죽임을 당함으로서 영광을 얻으십니다. 제자들이 힘써 지켜야 할 계명이 있습니다. "서로 사랑하는 것"입니다. "서로 사랑하라 내가 너희를 사랑하는 것 같이 너희도 서로 사랑하라"(34절) 예수님은 끝까지 사랑하셨습니다.(1절) 새 계명을 지킬 때, 우리는 비로소 그리스도의 제자로서 인정받게 될 것입니다.

잠언 10장 : 재물과 장수의 복을 받도록 의인의 언행을 부탁

- 솔로몬의 잠언이라 지혜로운 아들은 아비를 기쁘게 하거니와 미련한 아들은 어미의 근심이니라(1)
- 여호와께서 의인의 영혼은 주리지 않게 하시나 악인의 소욕은 물리치시느니라...(3,4)
- 의인의 머리에는 복이 임하나 악인의 입은 독을 머금었느니라(6)
- 바른 길로 행하는 자는 걸음이 평안하려니와 굽은 길로 행하는 자는 드러나리라(9)
- 의인의 입은 생명의 샘이라도 악인의 입은 독을 머금었느니라...(11~13)
- 부자의 재물은 그의 견고한 성이요 가난한 자의 궁핍은 그의 멸망이니라...(15,16)
- 말이 많으면 허물을 면하기 어려우나 그 입술을 제어하는 자는 지혜가 있느니라(19)
- 의인의 입술은 여러 사람을 교육하나 미련한 자는 지식이 없어 죽느니라...(21~24), (27), (32)

잠언 10장은 '재물' 및 '말'에 관하여 지혜로운 아들과 미련한 아들을 대조하고 있습니다. 불의와 의, 게으름과 부지런함의 대조(1~5절), 지혜로운 자와 미련한 자의 삶(6~11절), 지혜로운 자의 풍성한 삶(12~16절), 지혜로운 자의 입술(말)(17~21절), 지혜로운 자에게 주시는 축복(22~26절), 의인과 악인의 대조적인 운명(27~32절)으로 구성되어 있습니다.

에베소서 3장 : 예수 사랑의 너비 길이 높이 깊이를 깨닫기를 부탁

- 이러므로 그리스도 예수의 일로 너희 이방인을 위하여 갇힌 자 된 나 바울이 말하거니와...(1,2)
- 이제 그의 거룩한 사도들과 선지자들에게 성령으로 나타내신 것 같이 다른 세대에서는 사람의 아들들에게 알리지 아니하셨으니...(5~8), (12), (14~19)

바울은 복음전파의 사명을 감당하다 옥에 갇힌 자가 되었습니다.(1절) 그러나 그는 하나님의 선한 계획을 신뢰합니다. 그는 그것을 '그리스도의 비밀'이라고 표현합니다.(4절) 그리스도의 비밀은 예수 그리스도로 말미암아 하나님과 인간이 화해하고, 유대인과 이방인이 하나 되어 교회공동체를 이루게 하신 하나님의 계획을 말합니다. 그에게는 이방인에게 복음을 전할 사명이 있으며(7~9절), 교회를 강건하게 할 사명이 있습니다.(10~12절) 바울은 에베소 성도들을 위해 기도합니다.(14~21절) 그는 성도들의 속사람이 강건해지고 그리스도께서 그들 안에 거하시기를(16,17절), 성도들이 그리스도의 사랑을 깊이 알아 하나님의 풍성함에 참예하기를 기도합니다.(18,19절)

금송아지 우상을 섬긴 치명적인 죄에도 불구하고 언약을 이어가시는 하나님은 신실하십니다. 신실하신 하나님을 경외하는 것이 곧 지혜입니다. 하나님의 지혜인 십자가의 비밀을 알게 되었으니 십자가를 더욱 사랑하게 하옵소서.

3/24

본문 출애굽기 35장 | 요한복음 14장 | 잠언 11장 | 에베소서 4장
주제 **성령** (聖靈, 성부, 성자와 함께 성삼위의 한 분)

신앙생활은 믿어주는 것이 아니다. 은혜로 믿게 된 것이며 더 큰 믿음으로 나아가게 되는 것이다. 그러므로 연약한 의지보다 성령의 도우심과 역사하심으로 성서적인 신앙생활이 가능한 것이다. 우리는 우리 자신의 자유의지가 성령의 감동으로 말미암아 자원하여 헌물을 드리고 봉사를 하며 구제하고 결합하는 그리스도인의 삶을 살아가게 되는 것이다.

출애굽기 35장 : 하나님의 영에 감동된 자가 자원하여 드리고 정교하게 만듬

- 엿새 동안은 일하고 일곱째 날은 너희를 위한 거룩한 날이니 여호와께 엄숙한 안식일이라 누구든지 이 날에 일하는 자는 죽일지니...(2~3)
- 너희의 소유 중에서 너희는 여호와께 드릴 것을 택하되 마음에 원하는 자는 누구든지 그것을 가져다가 여호와께 드릴지니 곧 금과 은과 놋과...(5~10)
- 성소에서 섬기기 위하여 정교하게 만든 옷 곧 제사 직분을 행할 때에 입는 제사장 아론의 거룩한 옷과 그의 아들들의 옷이니라...(19~22)
- 마음이 슬기로운 모든 여인은 손수 실을 빼고 그 뺀 청색 자색 홍색 실과 가는 베 실을 가져왔으며...(25~26), (29-31), (34)

안식일 준수 명령(1~3절), 성막건축을 위한 재료를 자원하여 드리라는 명령(4~9절), 성막과 그 부속기구 제작 명령(10~19절)등 3가지 명령과 이에 대한 백성들의 자원하여 드린 재료들이 열거됩니다.(20~29절) 성막건축을 위해 브살렐과 오홀리압이 부름을 받습니다.(30~35절)

요한복음 14장 : 보혜사 성령을 받은 자가 주의 일도 하고 보다 더 큰 일도 함

- 너희는 마음에 근심하지 말라 하나님을 믿으니 또 나를 믿으라...(1~3)
- 예수께서 이르시되 내가 곧 길이요 진리요 생명이니 나로 말미암지 않고는 아버지께로 올 자가 없느니라...(6~7)
- 내가 아버지 안에 거하고 아버지는 내 안에 계신 것을 네가 믿지 아니하느냐 내가 너희에게 이르는 말은 스스로 하는 것이 아니라 아버지께서 내 안에 계셔서 그의 일을 하시는 것이라...(10~17)
- 나의 계명을 지키는 자라야 나를 사랑하는 자니 나를 사랑하는 자는 내 아버지께 사랑을 받을 것이요 나도 그를 사랑하여 그에게 나를 나타내리라...(21~24)
- 보혜사 곧 아버지께서 내 이름으로 보내실 성령 그가 너희에게 모든 것을 가르치고 내가 너희에게 말한 모든 것을 생각나게 하리라...(26~27)
- 오직 내가 아버지를 사랑하는 것과 아버지께서 명하신 대로 행하는 것을 세상이 알게 하려 함이로라 일어나라 여기를 떠나자 하시니라(31)

예수님은 근심하는 제자들을 위로하십니다.(1~3절) 잠시 제자들을 떠나시지만 다시 오실 것입니다. 예수님의 다시 오심은 세 가지 의미입니다. 부활(18~20절), 성령강림(15~17절), 재림(3절)입니다. 부활과 성령강림은 성취되었고, 마지막 '재림'만 남았습니다. 예수님은 십자가의 죽음과 부활을 통하여 우리의 길, 진리, 생명이 되셨습니다.(6절) 예수님의 승천 후 오실 보혜사 성령님은 이 땅에서 예수님이 하셨던 역할을 대신 하십니다. 특히 예수님이 하신 말

씀을 생각나게 하십니다.(26절)

잠언 11장 : 여호와의 영을 경외하는 자가 정직 성실 공의롭게 행동함

- 속이는 저울은 여호와께서 미워하시나 공평한 추는 그가 기뻐하시느니라(1)
- 정직한 자의 성실은 자기를 인도하거니와 사악한 자의 패역은 자기를 망하게 하느니라(3)
- 완전한 자의 공의는 자기의 길을 곧게 하려니와 악한 자는 자기의 악으로 말미암아 넘어지리라...(5~6)
- 의인은 환난에서 구원을 얻으나 악인은 자기의 길로 가느니라...(8~9)
- 성읍은 정직한 자의 축복으로 인하여 진흥하고 악한 자의 입으로 말미암아 무너지느니라(11)
- 두루 다니며 한담하는 자는 남의 비밀을 누설하나 마음이 신실한 자는 그런 것을 숨기느니라...(13~14)
- 유덕한 여자는 존영을 얻고 근면한 남자는 재물을 얻느니라(16)
- 공의를 굳게 지키는 자는 생명에 이르고 악을 따르는 자는 사망에 이르느니라...(19~22)
- 흩어 구제하여도 더욱 부하게 되는 일이 있나니 과도히 아껴도 가난하게 될 뿐이니라...(24~25)
- 자기의 재물을 의지하는 자는 패망하려니와 의인은 푸른 잎사귀 같아서 번성하리라(28), (30)

11장은 정직과 의로운 삶이 주는 유익(1~8절), 이웃과의 관계에 관한 윤리적 가르침(9~15절), 성품과 그 성품으로 인한 삶의 결과(16~22절), 구제에 대한 가르침(23~31절)으로 구성되어 있습니다. 26절은 흉년, 기근과 같은 상황에서 곡식을 가지고 있으면서도 나중에 더 비싸게 팔려고 내놓지 않는 경우를 상정한 교훈입니다. 공동체는 위기에 내몰렸는데, 그 상황을 이용하여 자신의 유익을 극대화하려는 자들에 대한 경고입니다.

에베소서 4장 : 성령으로 하나되어 한 몸으로 세워져가는 새사람을 입음

- 그러므로 주 안에서 갇힌 내가 너희를 권하노니 너희가 부르심을 받은 일에 합당하게...(1~6)
- 내리셨던 그가 곧 모든 하늘 위에 오르신 자니 이는 만물을 충만하게 하려 하심이라...(10~16)
- 오직 너희는 그리스도를 그같이 배우지 아니하였느니라...(20~27)
- 무릇 더러운 말은 너희 입 밖에도 내지 말고 오직 덕을 세우는 데 소용되는 대로 선한 말을 하여 듣는 자들에게 은혜를 끼치게 하라...(29~32)

우리는 성령 안에서 '부르심에 합당한 성품'(겸손,온유,오래참음,용납)의 삶을 살아야 하며(1,2절) 성령의 하나 되게 하심을 지켜 나가야 합니다.(3~6절) 또한 승천하신 그리스도의 선물인 직분을 잘 감당하며, 그리스도의 장성한 분량에 이르도록 자라가야 합니다.(7~16절) 이방인처럼 살지 말며(17~19절), 의와 진리의 거룩함으로 지음 받은 새로운 신분에 합당한 삶을 살아야 합니다.(20~24절) 마지막으로 새로운 신분을 얻은 자의 구체적인 윤리적 지침이 나옵니다.(25~32절)

부활, 성령강림, 재림 모두 주님의 약속입니다. 길이요, 진리요, 생명 되신 주께서 마지막 남은 재림의 약속까지 성취하실 줄 믿습니다. 주안에서 새로운 신분을 얻었으니 성령 안에서 행하게 하시고, 하나님께 드릴 때는 기쁨으로 드리게 하옵소서. 사랑과 긍휼의 마음으로 말하며 행하게 하셔서 복을 받게 하옵소서.

3/25

본문 출애굽기 36장 | 요한복음 15장 | 잠언 12장 | 에베소서 5장
주제 풍성 (豊盛, 넉넉하고 많음)

하나님은 풍성하신 분이시다. 그러므로 하나님을 믿는 자는 그 풍성하심에 거할 수 있다. 그 풍성하심에 거하기를 원하는 자마다 하나님을 향해 자원하는 마음과 주 예수 안에 거하는 생활 그리고 성령충만을 유지하는 구별된 삶을 살아야 한다.

출애굽기 36장 : 회막과 성소를 위해 자원하여 드린 예물의 풍성함

- 모세가 브살렐과 오홀리압과 및 마음이 지혜로운 사람 곧 그 마음에 여호와께로부터 지혜를 얻고 와서 그 일을 하려고 마음에 원하는 모든 자를 부르매...(2~8)
- 그 성막을 덮는 막 곧 휘장을 염소 털로 만들되 열한 폭을 만들었으니(14)
- 붉은 물 들인 숫양의 가죽으로 막의 덮개를 만들고 해달의 가죽으로 그 윗덮개를 만들었더라...(19~20)
- 그가 또 청색 자색 홍색 실과 가늘게 꼰 베 실로 휘장을 짜고 그 위에 그룹들을 정교하게 수 놓고...(35~36)

성막 재료를 위해 이스라엘 백성들이 드린 헌물이 차고 넘칩니다.(2~7절) 지금까지는 성막 설계에 관한 내용이었고, 36장부터는 성막 건립에 관한 내용입니다. 성막 위와 옆을 덮는 휘장(8~13절), 성막을 덮는 막과 덮개들(14~19절), 성막의 널판들과 띠(20~34절), 지성소와 성소 사이의 휘장(커튼)과 성소 입구의 문장(휘장문)(35~38절)이 만들어집니다. 성소는 아무나 들어갈 수 없습니다. 그러나 예수님이 십자가에서 운명하실 때 성소와 지성소를 가르는 휘장이 찢어집니다. 예수 그리스도의 보혈의 공로로 누구나 하나님의 존전에 담대히 나아갈 수 있게 되었습니다.

요한복음 15장 : 포도나무이신 예수에 붙어 맺는 열매의 풍성함

- 나는 참포도나무요 내 아버지는 농부라...(1~8)
- 내가 이것을 너희에게 이름은 내 기쁨이 너희 안에 있어 너희 기쁨을 충만하게 하려 함이라...(11~14)
- 너희가 나를 택한 것이 아니요 내가 너희를 택하여 세웠나니 이는 너희로 가서 열매를 맺게 하고 또 너희 열매가 항상 있게 하여 내 이름으로 아버지께 무엇을 구하든지 다 받게 하려 함이라(16)
- 너희가 세상에 속하였으면 세상이 자기의 것을 사랑할 것이나 너희는 세상에 속한 자가 아니요 도리어 내가 너희를 세상에서 택하였기 때문에 세상이 너희를 미워하느니라(19)
- 내가 아버지께로부터 너희에게 보낼 보혜사 곧 아버지께로부터 나오시는 진리의 성령이 오실 때에 그가 나를 증언하실 것이요...(26~27)

길, 진리, 생명이신 예수님은(14:6) 포도나무이십니다.(1절) 가지는 포도나무에 붙어 있어야 살 수 있습니다. 포도나무에 붙어 있는 것을 다르게 표현하면 '우리가 예수님 안에, 예수님의 말씀이 내 안에 거하는 것'입니다.(7절) 예수님은 친구를 위하여 목숨을 버리는 가장 큰 사랑을 말씀하십니다. 그리고 우리를 친구라 하십니다.(13,14절) 세상은 진리(복음)를 미워합니다. 예수님이 미움을 받은 것처럼 제자들도 미움을 받게 될 것입니다.(18~25절) 그러나 진리와 거짓의 싸움, 빛과 어둠의 싸움에 성령님이 함께 하실 것입니다. 성령님은 진리요, 생명되시는 예수님을 담대하게 전하게 하시며 승리케 하십니다.(26,27절)

잠언 12장 : 훈계, 지혜, 성실, 참음, 진실로 맺는 열매의 풍성함

- 훈계를 좋아하는 자는 지식을 좋아하거니와 징계를 싫어하는 자는 짐승과 같으니라...(1~2)
- 어진 여인은 그 지아비의 면류관이나 욕을 끼치는 여인은 그 지아비의 뼈가 썩음 같게 하느니라(4)
- 사람은 그 지혜대로 칭찬을 받으려니와 마음이 굽은 자는 멸시를 받으리라(8)
- 자기의 토지를 경작하는 자는 먹을 것이 많거니와 방탕한 것을 따르는 자는 지혜가 없느니라...(11~12)
- 사람은 입의 열매로 말미암아 복록에 족하며 그 손이 행하는 대로 자기가 받느니라...(14~16)
- 칼로 찌름 같이 함부로 말하는 자가 있거니와 지혜로운 자의 혀는 양약과 같으니라...(18~19)
- 의인에게는 어떤 재앙도 임하지 아니하려니와 악인에게는 앙화가 가득하리라...(21~22)
- 부지런한 자의 손은 사람을 다스리게 되어도 게으른 자는 부림을 받느니라(24)
- 게으른 자는 그 잡을 것도 사냥하지 아니하나니 사람의 부귀는 부지런한 것이니라(27)

의인과 악인의 대조적인 삶(1~12절), 바른 언어 사용(13~23절), 부지런한 자와 게으른 자의 대조 및 선한 말(24~28절)에 관한 교훈입니다. 의인은 진리 가운데 삽니다. 특히 의인은 진리를 말하며, 입술의 열매를 먹으며 삽니다.(13,14절)

에베소서 5장 : 주의 사랑과 성령의 충만함으로 맺는 열매의 풍성함

- 그러므로 사랑을 받는 자녀 같이 너희는 하나님을 본받는 자가 되고...(1~5)
- 그러므로 그들과 함께 하는 자가 되지 말라...(7~10)
- 그런즉 너희가 어떻게 행할지를 자세히 주의하여 지혜 없는 자 같이 하지 말고 오직 지혜 있는 자 같이 하여...(15~19)
- 아내들이여 자기 남편에게 복종하기를 주께 하듯 하라...(22~23)
- 남편들아 아내 사랑하기를 그리스도께서 교회를 사랑하시고 그 교회를 위하여 자신을 주심 같이 하라...(25~27)
- 그러나 너희도 각각 자기의 아내 사랑하기를 자신 같이 하고 아내도 자기 남편을 존경하라(33)

바울은 에베소 성도들에게 하나님을 본받는 자, 그리스도와 같이 행하는 자가 되라고 권면하면서(1,2절) 실천적인 부분을 말합니다. 성적 부도덕함과 탐욕에 대한 경고와 바른 언어생활(3~7절), 빛의 자녀로서의 정체성과 이에 합당한 삶에 대한 권면(8~14절), 지혜있는 자의 삶(15~18절), 성령 충만한 자의 모습(19~21절), 그리스도인 부부의 바른 관계(22~33절)로 구성되어 있습니다.

친구를 위해 목숨을 버리는 사랑을 보여주신 예수님을 힘입어 오늘을 살아갑니다. 골고다 언덕에서 나를 위하여 목숨을 버리실 때 성소의 휘장이 찢어짐으로 인해, 하나님 앞에 담대히 나아갈 수 있게 되었습니다. 참 포도나무 되시는 예수님 안에 거하는 삶으로 많은 열매를 얻게 하옵소서.

3/26

본문 출애굽기 37장 | 요한복음 16장 | 잠언 13장 | 에베소서 6장

주제 **연결** (連結, 어떤 대상을 다른 대상과 서로 이어서 맺음)

세상의 모든 것은 조화를 이루며 함께 존재한다. 이것은 천지만물을 창조하신 하나님의 뜻이다. 악한 영은 인간을 끊임없이 분열시키려고 하지만 삼위일체 하나님은 성도를 늘 하나로 연결하고 연합하신다.

출애굽기 37장 : 성소 등잔대의 꽃받침과 가지들과 줄기가 연결

- 브살렐이 조각목으로 궤를 만들었으니 길이가 두 규빗 반, 너비가 한 규빗 반, 높이가 한 규빗 반이며...(1~2)
- 순금으로 속죄소를 만들었으니 길이가 두 규빗 반, 너비가 한 규빗 반이며...(6~7)
- 그가 또 조각목으로 상을 만들었으니 길이가 두 규빗, 너비가 한 규빗, 높이가 한 규빗 반이며(10)
- 상 위의 기구 곧 대접과 숟가락과 잔과 따르는 병을 순금으로 만들었더라...(16~17)
- 등잔대에서 나온 가지 여섯을 위하여는 꽃받침이 있게 하였으되 두 가지 아래에 한 꽃받침이 있어 줄기와 연결하였고 또 두 가지 아래에 한 꽃받침이 있어 줄기와 연결하였고 또 다시 두 가지 아래에 한 꽃받침이 있어 줄기와 연결되게 하였으니...(21~25)
- 거룩한 관유와 향품으로 정결한 향을 만들었으되 향을 만드는 법대로 하였더라(29)

브살렐의 헌신으로 언약궤(1~9절), 떡 상과 그 위의 기구(10~16절), 등잔대와 그 기구들(17~24절), 분향단(25~29절)이 만들어 집니다.

요한복음 16장 : 승천하신 예수와 강림하신 성령이 사역으로 연결

- 내가 이것을 너희에게 이름은 너희로 실족하지 않게 하려 함이니...(1~2)
- 오직 너희에게 이 말을 한 것은 너희로 그 때를 당하면 내가 너희에게 말한 이것을 기억나게 하려 함이요 처음부터 이 말을 하지 아니한 것은 내가 너희와 함께 있었음이라(4)
- 그러나 내가 너희에게 실상을 말하노니 내가 떠나가는 것이 너희에게 유익이라 내가 떠나가지 아니하면 보혜사가 너희에게로 오시지 아니할 것이요 가면 내가 그를 너희에게로 보내리니...(7~11)
- 그러나 진리의 성령이 오시면 그가 너희를 모든 진리 가운데로 인도하시리니 그가 스스로 말하지 않고 오직 들은 것을 말하며 장래 일을 너희에게 알리시리라...(13~15)
- 내가 진실로 진실로 너희에게 이르노니 너희는 곡하고 애통하겠으나 세상은 기뻐하리라 너희는 근심하겠으나 너희 근심이 도리어 기쁨이 되리라...(20~24)
- 이는 너희가 나를 사랑하고 또 내가 하나님께로부터 온 줄 믿었으므로 아버지께서 친히 너희를 사랑하심이라...(27~28)
- 보라 너희가 다 각각 제 곳으로 흩어지고 나를 혼자 둘 때가 오나니 벌써 왔도다 그러나 내가 혼자 있는 것이 아니라 아버지께서 나와 함께 계시느니라...(32~33)

예수님이 그러했듯이 제자들도 박해를 받게 될 것입니다.(1,2절) 이에 제자들의 마음에 근심

이 가득합니다.(6절) 예수님은 박해와 맞서야 하는 제자들에게 성령을 보내시겠다고 약속하십니다.(7절) 박해로 인해 예수님에 대한 믿음이 흔들릴 수 있습니다. 성령님은 오셔서 세상을 책망하실 것입니다. 누가 죄인이며, 누가 결국 최후에 심판을 받게 될 것인지를 깨닫게 하실 것입니다. 성령님은 제자들을 진리 가운데로 인도하실 것입니다.(13절) 제자들의 근심은 오래가지 않을 것입니다. 예수님이 보내실 성령님은 또 다른 보혜사이기 때문입니다. 지금 제자들 곁에 계시는 예수님의 역할을 성령님이 오셔서 대신하실 것입니다. 성령님을 통해 예수님을 다시 보게 될 것입니다.(16절) 그리스도인은 환난과 박해를 두려워하지 않습니다. 왜냐하면 성령님이 함께 계시며, 또한 예수님이 이미 세상을 이기셨기 때문입니다. "너희가 환난을 당하나 담대하라 내가 세상을 이기었노라"(33절)

잠언 13장 : 의인의 삶이 형통과, 죄인의 삶이 패망과 연결

- 지혜로운 아들은 아비의 훈계를 들으나 거만한 자는 꾸지람을 즐겨 듣지 아니하느니라...(1~3)
- 스스로 부한 체하여도 아무 것도 없는 자가 있고 스스로 가난한 체하여도 재물이 많은 자가 있느니라(7)
- 의인의 빛은 환하게 빛나고 악인의 등불은 꺼지느니라...(9~12)
- 악한 사자는 재앙에 빠져도 충성된 사신은 양약이 되느니라...(17~19)
- 선인은 그 산업을 자자 손손에게 끼쳐도 죄인의 재물은 의인을 위하여 쌓이느니라(22)
- 매를 아끼는 자는 그의 자식을 미워함이라 자식을 사랑하는 자는 근실히 징계하느니라(24)

지혜로운 사람은 생명을 부르는 말과 행동을 합니다.(1~6절) 자신의 소유를 자랑하지 않고 그것을 주신 하나님을 의지하는 자가 진정으로 부요한 자입니다.(7~11절) 이어서 의인과 악인의 재물(12~17절), 지혜로운 자와 동행하는 유익(18~21절), 지혜로운 자와 미련한 자의 영향력(22~25절)에 관해 소개합니다.

에베소서 6장 : 부모와 자녀, 상전과 종, 예수와 성도가 도리로 연결

- 자녀들아 주 안에서 너희 부모에게 순종하라 이것이 옳으니라...(1~4)
- 끝으로 너희가 주 안에서와 그 힘의 능력으로 강건하여지고(10)
- 모든 기도와 간구를 하되 항상 성령 안에서 기도하고 이를 위하여 깨어 구하기를 항상 힘쓰며
- 여러 성도를 위하여 구하라(18)
- 나의 사정 곧 내가 무엇을 하는지 너희에게도 알리려 하노니 사랑을 받은 형제요 주 안에서 진실한 일꾼인 두기고가 모든 일을 너희에게 알리리라(21)

그리스도인의 구체적인 삶의 지침이 계속 이어집니다. 부모-자녀와의 관계(1~4절), 종과 상전의 관계(5~9절), 영적 전쟁과 이를 위한 기도의 권면(10~19절), 두기고 파송건(21~22절), 성도를 위한 축도(23,24절)순입니다.

진리의 성령님이 내게 오셔서 복음의 비밀을 알게 하셨습니다. 예수님이 이미 승리하셨음을 깨닫게 하셨습니다. 성령님! 복음에 대한 확신 가운데 흔들리지 않게 하시고, 나의 말과 행동을 다스려 주옵소서. 나의 삶의 현장이 복음의 정신으로 다시 충만하게 하옵소서.

3/27

본문 출애굽기 38장 | 요한복음 17장 | 잠언 14장 | 빌립보서 1장

주제 감당 (堪當, 어떤 일이나 사실을 견디어 내거나 받아들임)

예수를 영접한 성도에게는 특권과 책임이 있다. 자녀의 특권을 누리는 성도는 주께서 맡기신 사명을 감당할 책임도 있는 것이다. 성전에 관한 것, 관계에 관한 것, 축복에 관한 것, 복음에 관한 것 등이다.

출애굽기 38장 : 성막 성소에 제반 기구와 비용을 온전히 자원함으로 감당

- 그가 또 조각목으로 번제단을 만들었으니 길이는 다섯 규빗이요 너비도 다섯 규빗이라 네모가 반듯하고 높이는 세 규빗이며...(1~4)
- 그가 놋으로 물두멍을 만들고 그 받침도 놋으로 하였으니 곧 회막 문에서 수종드는 여인들의 거울로 만들었더라...(8~9)
- 기둥 받침은 놋이요 기둥의 갈고리와 가름대는 은이요 기둥 머리 싸개는 은이며 뜰의 모든 기둥에 은 가름대를 꿰었으며...(17~26)
- 드린 놋은 칠십 달란트와 이천사백 세겔이라(29)

번제단(1~7절)과 물두멍(8절)과 성막 뜰(9~20절)이 제작됩니다. 번제단은 제물을 불태워 하나님께 드리는 제단이고, 물두멍은 제사장들이 성막에 들어가기 전 손과 발을 씻는 기구입니다. 이 당시 제사장들이나 오늘날의 성도들에게 하나님이 요구하시는 것의 첫 번째는 바로 정결함(거룩함)입니다. 성막 뜰은 사방으로 울타리를 침으로서 바깥 공간과 구별하였습니다. 우리는 하나님의 말씀이라는 울타리를 통해 우리 삶의 영역을 거룩한 영역으로 구별해야 합니다.

요한복음 17장 : 맡은 일을 이루신 예수의 소망인 하나됨을 제자들이 감당

- 예수께서 이 말씀을 하시고 눈을 들어 하늘을 우러러 이르시되 아버지여 때가 이르렀사오니 아들을 영화롭게 하사 아들로 아버지를 영화롭게 하게 하옵소서...(1~5)
- 나는 아버지께서 내게 주신 말씀들을 그들에게 주었사오며 그들은 이것을 받고 내가 아버지께로부터 나온 줄을 참으로 아오며 아버지께서 나를 보내신 줄도 믿었사옵나이다(8)
- 나는 세상에 더 있지 아니하오나 그들은 세상에 있사옵고 나는 아버지께로 가옵나니 거룩하신 아버지여 내게 주신 아버지의 이름으로 그들을 보전하사 우리와 같이 그들도 하나가 되게 하옵소서...(11~12), (14-15), (17-21), (24)

17장은 일명 '예수님의 대제사장적 기도'라고 부릅니다. 예수님은 십자가를 져야 할 때가 온 것을 아시고 하나님의 뜻에 온전히 순종함으로 자신을 보내신 하나님의 뜻을 이루게 해 달라고 기도하십니다. 이 내용이 집약된 기도 문구가 바로 "아들을 영화롭게 하사 아들로 아버지를 영화롭게 하게 하옵소서"(1절)입니다. 영생은 "유일하신 참 하나님과 그가 보내신 자 예수 그리스도를 아는 것"입니다.(3절) 여기서 아는 것은 단순한 지식이 아니라 전인격적으로 그리스도를 사랑하고, 그분과 연합하는 체험적 지식을 의미합니다. 대제사장으로서 예수님이 드린 기도는 첫째, '하나 되게 하소서'(9~13절) 둘째, '악한 자에게서 구하소서'(14~16절)

셋째, '거룩하게 하소서'(17~19절) 넷째, '내가 저들도 사랑하였음을 알게 하시고, 믿게 하시고, 하나 되게 하옵소서'(믿음의 다음세대들을 위한 중보, 20~23절) 다섯째, '아버지의 영광을 보게 하소서'(모두를 위한 중보기도, 24~26절)로 이루어져 있습니다.

잠언 14장 : 여호와를 경외하고 복을 받기 위하여 감정과 수고를 감당

- 지혜로운 여인은 자기 집을 세우되 미련한 여인은 자기 손으로 그것을 허느니라...(1~4)
- 너는 미련한 자의 앞을 떠나라 그 입술에 지식 있음을 보지 못함이니라(7)
- 악한 자의 집은 망하겠고 정직한 자의 장막은 흥하리라...(11~13)
- 어리석은 자는 온갖 말을 믿으나 슬기로운 자는 자기의 행동을 삼가느니라...(15~17)
- 가난한 자는 이웃에게도 미움을 받게 되나 부요한 자는 친구가 많으니라...(20~21)
- 모든 수고에는 이익이 있어도 입술의 말은 궁핍을 이룰 뿐이니라(23)
- 여호와를 경외하는 자에게는 견고한 의뢰가 있나니 그 자녀들에게 피난처가 있으리라...(26~31)
- 공의는 나라를 영화롭게 하고 죄는 백성을 욕되게 하느니라(34)

세우는 자와 스스로 파괴하는 자의 대조(1~4절), 지혜로운 말(5~7절), 지혜로운 자와 미련한 자의 대조(지혜자=분별력이 있음, 8~16절), 의인과 악인의 삶과 그에 따른 결과(17~25절), 여호와 경외의 의미와 유익(26,27절), 하나님을 경외하는 왕은 하나님의 공의로 다스림(28~35절)에 관한 내용입니다.

빌립보서 1장 : 바울과 빌립보교회가 복음을 위하여 협력과 고난을 감당

- 그리스도 예수의 종 바울과 디모데는 그리스도 예수 안에서 빌립보에 사는 모든 성도와 또한 감독들과 집사들에게 편지하노니(1)
- 간구할 때마다 너희 무리를 위하여 기쁨으로 항상 간구함은...(4~11)
- 형제 중 다수가 나의 매임으로 말미암아 주 안에서 신뢰함으로 겁 없이 하나님의 말씀을 더욱 담대히 전하게 되었느니라(14), (18), (20-21), (25-29)

빌립보는 바울이 귀신을 내쫓은 일 때문에 실라와 함께 옥에 갇히고 매를 맞다가 극적으로 풀려난 도시입니다. 많은 핍박과 고난이 있었던 곳에 세워진 교회라 바울과 빌립보 성도들 간에는 좀 더 특별한 관계가 형성되어 있습니다. 바울은 빌립보 성도들이 처음부터 지금까지 변치 않고 복음사역에 동역한 것으로 인해 감사하고 있습니다.(5,7절) 바울이 투옥되었음에도 복음은 더욱 힘 있게 전파되었습니다.(12~14절) 비록 바울에 대한 경쟁심을 가진 자들의 순수하지 못한 동기로 인한 것이지만 결과적으로 복음만 전파된다면 기뻐할 수 있는 바울입니다. 바울은 자신의 궁극적인 목적은 그리스도가 존귀하게 되는 것이라며 기뻐합니다.(18~20절) 감옥에서 힘겨운 시간을 보내는 바울은 차라리 주님나라에 가는 것이 더 좋을 상황이지만(23절) 자신에게 맡겨진 영혼들을 위해 고난의 삶을 더 연장하고 싶어 합니다.(24절)

거룩을 향한 하나님의 마음을 읽을 수 있는 성도가 되길 원합니다. 십자가를 앞두고 드리는 예수님의 기도가 가정과 교회 안에서 이루어지게 하옵소서. 하나님! 제게 공동체를 세워가는 지혜가 있게 하시고, 그리스도가 존귀하게 될 수 있다면 그 과정에서 찾아오는 고난과 어려움을 감내하며 기뻐할 수 있는 신앙을 갖게 하옵소서.

3/28

본문 출애굽기 39장 | 요한복음 18장 | 잠언 15장 | 빌립보서 2장
주제 **성결** (聖潔, 천박하고 속된 것이 없이 거룩하고 깨끗함)

하나님은 죄로 인하여 죽게 된 영혼들에게 예수 그리스도를 보내주심으로 구원하셨다. 구원받고 거듭난 성도들은 늘 성결한 삶을 살아야 한다. 성결한 언행일치의 삶과 빛된 직분감당의 삶을 살아야 한다.

출애굽기 39장 : 아론과 아들들 제사장의 거룩한 직분과 성결

- 그들은 여호와께서 모세에게 명령하신 대로 청색 자색 홍색 실로 성소에서 섬길 때 입을 정교한 옷을 만들고 또 아론을 위해 거룩한 옷을 만들었더라...(1~3)
- 그들은 또 호마노를 깎아 금 테에 물려 도장을 새김 같이 이스라엘의 아들들의 이름을 그것에 새겨...(6~8)
- 이 보석들은 이스라엘의 아들들의 이름 곧 그들의 이름대로 열둘이라 도장을 새김 같이 그 열두 지파의 각 이름을 새겼으며...(14~15)
- 청색 끈으로 흉패 고리와 에봇 고리에 꿰어 흉패로 정교하게 짠 에봇 띠 위에 붙여서 에봇에서 벗어지지 않게 하였으니...(21~22), (25), (27-28), (30), (32), (41), (43)

제사장의 예복이 제작됩니다. 특별히 제사장의 예복에는 12보석을 단 흉패가 붙게 됩니다.(1~31절) 각각의 보석에는 이스라엘 12지파의 이름이 새겨져 있습니다. 이스라엘은 하나님의 소유된 백성이며, 각 지파의 이름을 보석에 새기게 한 것은 하나님이 그들을 보석같이 귀하게 여기시겠다는 의미입니다. 마침내 하나님이 말씀하신 설계대로 성막이 완성되었습니다.(42,43절)

요한복음 18장 : 빌라도의 심문 후 무죄선언과 예수의 성결

- 유다가 군대와 대제사장들과 바리새인들에게서 얻은 아랫사람들을 데리고 등과 횃불과 무기를 가지고 그리로 오는지라...(3~5)
- 예수께서 대답하시되 너희에게 내가 그니라 하였으니 나를 찾거든 이 사람들이 가는 것은 용납하라 하시니...(8~14)
- 문 지키는 여종이 베드로에게 말하되 너도 이 사람의 제자 중 하나가 아니냐 하니 그가 말하되 나는 아니라 하고(17)
- 예수께서 대답하시되 내가 드러내 놓고 세상에 말하였노라 모든 유대인들이 모이는 회당과 성전에서 항상 가르쳤고 은밀하게는 아무 것도 말하지 아니하였거늘...(20~21)
- 시몬 베드로가 서서 불을 쬐더니 사람들이 묻되 너도 그 제자 중 하나가 아니냐 베드로가 부인하여 이르되 나는 아니라 하니...(25~27), (30~38)

예수님이 체포되십니다. 본격적으로 십자가를 향해 가십니다. 이는 아버지께서 주신 잔입니다.(11절) 예수님이 이 땅에 오신 이유입니다. 베드로는 예수님의 제자임을 부인하고(25~27절), 예수님은 대제사장과 빌라도에게서 심문받는 것을 부인(거절)합니다.(19~24절,28~38절) 즉, 자기변호를 하지 않으십니다. 빌라도는 예수님의 무죄를 확인했지만 무죄로 그냥 풀어

주는 것에 대한 부담도 상당해서 유월절에 죄인 하나를 풀어주는 관례를 이용해서 예수님을 놓아주려 합니다. 그러나 이마저도 여론의 강력한 반대에 부딪힙니다.(38~40절)

잠언 15장 : 대답 말 혀 입술을 다스리는 의인의 성결

- 유순한 대답은 분노를 쉬게 하여도 과격한 말은 노를 격동하느니라...(1~4)
- 의인의 집에는 많은 보물이 있어도 악인의 소득은 고통이 되느니라(6)
- 악인의 제사는 여호와께서 미워하셔도 정직한 자의 기도는 그가 기뻐하시느니라...(8~9)
- 거만한 자는 견책 받기를 좋아하지 아니하며 지혜 있는 자에게로 가지도 아니하느니라...(12~13)
- 고난 받는 자는 그 날이 다 험악하나 마음이 즐거운 자는 항상 잔치하느니라...(15~19)
- 의논이 없으면 경영이 무너지고 지략이 많으면 경영이 성립하느니라...(22~24)
- 의인의 마음은 대답할 말을 깊이 생각하여도 악인의 입은 악을 쏟느니라...(28~29)
- 훈계 받기를 싫어하는 자는 자기의 영혼을 경히 여김이라 견책을 달게 받는 자는 지식을 얻느니라...(32~33)

잠언에는 말(언어)과 관련된 교훈, 의인과 악인을 대조하는 내용이 많이 등장합니다. 15장 역시 말에 관한 잠언(1~4절), 악인과 의인의 대조(5~9절), 개별 잠언(각각 독립적인 교훈, 10~15절), 지혜로운 자와 미련한 자의 대조되는 삶(16~24절), 여호와를 경외하는 자의 모습(25~29절), 훈계에 대한 올바른 반응(30~33절)으로 이루어져 있습니다.

빌립보서 2장 : 예수의 마음을 닮은 빌립보 성도의 흠없는 삶의 성결

- 그러므로 그리스도 안에 무슨 권면이나 사랑의 무슨 위로나 성령의 무슨 교제나 긍휼이나 자비가 있거든...(1~15)
- 이는 뜻을 같이하여 너희 사정을 진실히 생각할 자가 이밖에 내게 없음이라...(20~22)
- 그러나 에바브로디도를 너희에게 보내는 것이 필요한 줄로 생각하노니 그는 나의 형제요 함께 수고하고 함께 군사 된 자요 너희 사자로 내가 쓸 것을 돕는 자라...(25~27)
- 그가 그리스도의 일을 위하여 죽기에 이르러도 자기 목숨을 돌보지 아니한 것은 나를 섬기는 너희의 일에 부족함을 채우려 함이니라(30)

겸손의 최고의 모델은 예수님입니다. 예수님은 하나님과 본체시나 자신을 비워 사람같이 되셨고, 자신을 낮추시되 십자가에서 죽기까지 낮추셨습니다.(1~11절) 바울은 성도들이 하나님의 흠 없는 자녀로서 영적으로 어그러진 세대 가운데 빛의 역할을 감당해 주기를 권면합니다.(15절) 바울의 필요를 채워주었던 신실한 일꾼 디모데와(19~21절) 자신을 돌보지 않고 바울의 사역에 동역했다가 병들어 죽을 뻔한 에바브로디도가(25~30절) 소개되고 있습니다. 바울은 그 두 사람을 차례로 빌립보 교회로 보내려 합니다.

근본 하나님과 본체시나 사람의 모양으로 오셔서 십자가에서 죽기까지 복종하신 예수님! 고난과 죽음의 잔을 마심으로서 나에게는 영원히 사는 길을 열어 주셨습니다. 그 옛날 제사장 의복에 붙어 있는 보석에 이스라엘 지파의 이름이 새겨졌듯이, 내 이름은 하나님 나라의 생명책에 기록되었습니다. 내 이름이 생명책에 기록되었으니 악한 자, 어리석은 자의 길을 가지 않게 하시고 하나님을 경외하는 의로운 자, 지혜로운 자의 길로 가게 하옵소서.

3/29

본문 출애굽기 40장 | 요한복음 19장 | 잠언 16장 | 빌립보서 3장
주제 **달성** (達成, 뜻한 바를 이루어 목적에 다다름)

하나님은 인생에게 목적을 두고 행하신다. 그러므로 성도는 경건생활을 통해 그 목적을 발견하고 선한 목표를 정한 후 달성하기 위하여 날마다 주 안에서 경주해야 한다.

출애굽기 40장 : 하나님이 명령하신 성막제작의 모든 작업을 달성

- 여호와께서 모세에게 말씀하여 이르시되...(1~15)
- 둘째 해 첫째 달 곧 그 달 초하루에 성막을 세우니라(17)
- 그는 또 성막과 제단 주위 뜰에 포장을 치고 뜰 문에 휘장을 다니라 모세가 이같이 역사를 마치니...(33~38)

40장은 앞선 성막관련 내용이 다시 반복됩니다. 하나님은 모세에게 성막을 세우고(1~11절), 아론과 그의 아들들을 제사장으로 세우라고 명령하십니다.(12~16절) 모세는 성막을 세우고(17~19절), 성막 안의 기구들을 놓고(20~28절), 성막 밖에 필요한 기구들도 배치함으로서 성막은 완성됩니다.(29~33절) 여호와의 영광이 성막위에 충만했으며(34,35절), 이스라엘 백성들은 구름을 따라 행진합니다.(36~38절)

요한복음 19장 : 하나님이 주신 대속의 사명을 십자가 위에서 달성

- 이에 빌라도가 예수를 데려다가 채찍질하더라...(1~3)
- 대제사장들과 아랫사람들이 예수를 보고 소리 질러 이르되 십자가에 못 박으소서 십자가에 못 박으소서 하는지라 빌라도가 이르되 너희가 친히 데려다가 십자가에 못 박으라 나는 그에게서 죄를 찾지 못하였노라...(6~7)
- 빌라도가 이르되 내게 말하지 아니하느냐 내가 너를 놓을 권한도 있고 십자가에 못 박을 권한도 있는 줄 알지 못하느냐...(10~12)
- 이에 예수를 십자가에 못 박도록 그들에게 넘겨 주니라...(16~17)
- 예수께서 못 박히신 곳이 성에서 가까운 고로 많은 유대인이 이 패를 읽는데 히브리와 로마와 헬라 말로 기록되었더라(20)
- 군인들이 예수를 십자가에 못 박고 그의 옷을 취하여 네 깃에 나눠 각각 한 깃씩 얻고 속옷도 취하니 이 속옷은 호지 아니하고 위에서부터 통으로 짠 것이라(23)
- 예수께서 자기의 어머니와 사랑하시는 제자가 곁에 서 있는 것을 보시고 자기 어머니께 말씀하시되 여자여 보소서 아들이니이다 하시고...(26~28)
- 예수께서 신 포도주를 받으신 후에 이르시되 다 이루었다 하시고 머리를 숙이니 영혼이 떠나가시니라(30)
- 예수께 이르러서는 이미 죽으신 것을 보고 다리를 꺾지 아니하고...(33~39)

죄 없는 예수님을 처형하는 것에 대해 부담을 갖게 된 빌라도는 예수님을 채찍질한 후 풀어

주려고 했습니다. 그러나 자신의 정치적 입지가 흔들리게 될 것을 고려하여 결국 사형판결을 내리게 됩니다.(16절) 예수님은 예정된 길을 가고 있습니다. 유일하게 남아 있던 제자 요한에게 어머니를 부탁한 예수님은 인류 구원의 대업을 이루면서도 완전한 사람으로서의 최고의 도리("네 부모를 공경하라")를 다하셨습니다. 예수님은 결국 십자가에서 죽으셨습니다. 당신의 죽음으로 마침내 죽음을 정복하셨습니다.

잠언 16장 : 응답, 감찰, 인도, 작정하시는 하나님의 뜻과 기준을 달성

- 마음의 경영은 사람에게 있어도 말의 응답은 여호와께로부터 나오느니라...(1~4)
- 사람의 행위가 여호와를 기쁘시게 하면 그 사람의 원수라도 그와 더불어 화목하게 하시느니라...(7~9)
- 공평한 저울과 접시 저울은 여호와의 것이요 주머니 속의 저울추도 다 그가 지으신 것이니라(11)
- 왕의 진노는 죽음의 사자들과 같아도 지혜로운 사람은 그것을 쉬게 하리라(14)
- 악을 떠나는 것은 정직한 사람의 대로이니 자기의 길을 지키는 자는 자기의 영혼을 보전하느니라...(17~19)
- 지혜로운 자의 마음은 그의 입을 슬기롭게 하고 또 그의 입술에 지식을 더하느니라...(23~25)
- 패역한 자는 다툼을 일으키고 말쟁이는 친한 벗을 이간하느니라(28)
- 백발은 영화의 면류관이라 공의로운 길에서 얻으리라...(31~33)

16장은 여호와 하나님의 주권(1~9절), 하나님 기준으로 살아감(10~15절), 지혜로운 자의 삶의 태도(16~19절), 지혜로운 자가 누릴 복(20~24절), 지혜 없는 자의 삶의 결과(25~30절), 개별 잠언(31~33절)으로 이루어져 있습니다.

빌립보서 3장 : 가장 고상한 예수 그리스도의 사명을 달려감으로 달성

- 개들을 삼가고 행악하는 자들을 삼가고 몸을 상해하는 일을 삼가라...(2~3)
- 나는 팔일 만에 할례를 받고 이스라엘 족속이요 베냐민 지파요 히브리인 중의 히브리인이요 율법으로는 바리새인이요...(5~14)
- 형제들아 너희는 함께 나를 본받으라 그리고 너희가 우리를 본받은 것처럼 그와 같이 행하는 자들을 눈여겨 보라...(17~20)

빌립보교회 역시 율법주의자 문제로 인한 혼란이 있었습니다. 몸을 상해하는 일은 할례를 의미합니다.(2절) 예수님에 대한 믿음과 더불어 율법의 행위를 해야 의롭게 된다고 주장하는 자는 복음을 왜곡하는 자입니다. 3장 전체는 율법주의자에 대한 경고의 내용입니다. 오직 믿음으로 말미암아 의롭게 됩니다.(9절) 그리스도인은 하늘 시민권자로서(20절) 이 땅에서 사는 동안 온전함을 이루기 위해 부름의 상을 위하여 살아가야 합니다.(12~15절)

십자가에서 죽으심으로 역설적으로 죽음을 이기는 길을 열어 주신 예수님! 나는 영원히 당신을 찬양할 것입니다. 이 땅에 사는 동안 하늘 시민권자로서 온전함을 향하여 나아가게 하시고, 하나님의 영광이 충만한 삶을 살아가게 하옵소서.

3/30

본문 레위기 1장 | 요한복음 20장 | 잠언 17장 | 빌립보서 4장
주제 **오름** (미숙한 곳에서 성숙한 곳으로, 땅에서 하늘로 올라감)

성경은 일반적으로 하늘을 선하고 온전한 것으로 말하고 땅을 악하고 거짓된 것으로 말한다. 그러기에 예수님과 참된 성도는 죄악된 땅에 살면서 끊임없이 연단받고 사역하여 영원한 하늘나라를 소유한다.

레위기 1장 : 가축의 번제가 여호와께 향기로운 냄새로 오름

- 이스라엘 자손에게 말하여 이르라 너희 중에 누구든지 여호와께 예물을 드리려거든 가축 중에서 소나 양으로 예물을 드릴지니라...(2~11)
- 만일 여호와께 드리는 예물이 새의 번제이면 산비둘기나 집비둘기 새끼로 예물을 드릴 것이요...(14~15)

세례 요한은 예수님을 '세상 죄를 지고 가는 하나님의 어린 양'이라고 선언했습니다. 이 선언에는 예수님이 대속의 제물이라는 의미가 담겨 있는데, 이때 가장 많이 연상되는 제사가 바로 번제입니다. 번제에 쓰이는 제물은 소, 양, 염소, 비둘기등 제사하는 사람의 재력이나 사회적 지위에 따라 다양합니다. 그러나 제물의 종류와 상관없이 흠이 없어야 합니다. 예수 그리스도는 흠 없는 정결한 제물입니다. "오직 흠 없고 점 없는 어린 양 같은 그리스도의 보배로운 피로 된 것이니라"(벧전1:19) 제사자는 제물의 머리에 안수했습니다.(4절) 이로서 제사자의 죄가 제물에게 전가가 됩니다. 제물이 대신 죄를 덮어쓰고 죽임을 당하게 됩니다. 예수님은 우리 죄를 대신 지신 어린양입니다.

요한복음 20장 : 부활의 주님이 성령을 주시고 하나님께로 오름

- 안식 후 첫날 일찍이 아직 어두울 때에 막달라 마리아가 무덤에 와서 돌이 무덤에서 옮겨진 것을 보고...(1~2)
- 구부려 세마포 놓인 것을 보았으나 들어가지는 아니하였더니...(5~8)
- 마리아는 무덤 밖에 서서 울고 있더니 울면서 구부려 무덤 안을 들여다보니...(11~23)
- 여드레를 지나서 제자들이 다시 집 안에 있을 때에 도마도 함께 있고 문들이 닫혔는데 예수께서 오사 가운데 서서 이르시되 너희에게 평강이 있을지어다 하시고...(26~29)

막달라 마리아, 그리고 베드로와 요한이 차례로 예수님의 빈 무덤을 발견하게 됩니다.(1~10절) 그러나 아직까지 부활에 대해 완전히 깨닫지는 못합니다.(9절) 드디어 무덤 밖에서 울던 막달라 마리아에게 부활하신 예수님이 나타나셨고, 이어서 제자들에게도 나타나십니다. 그들은 역사적인 부활의 증인이 되었습니다. 부활을 의심했던 도마는 누구보다도 확실한 신앙고백을 드립니다. "나의 주님이시요 나의 하나님이시니이다"(28절) 요한은 예수님이 하나님의 아들 그리스도이심을 믿게 하고, 그의 이름을 힘입어 생명을 얻게 하기 위해 이 글을 썼습니다.(31절)

잠언 17장 : 주를 향한 자가 연단과 참음을 통해 지혜에 오름

- 마른 떡 한 조각만 있고도 화목하는 것이 제육이 집에 가득하고도 다투는 것보다 나으니라(1)
- 도가니는 은을, 풀무는 금을 연단하거니와 여호와는 마음을 연단하시느니라(3)
- 가난한 자를 조롱하는 자는 그를 지으신 주를 멸시하는 자요 사람의 재앙을 기뻐하는 자는 형벌을 면하지 못할 자니라(5)
- 허물을 덮어 주는 자는 사랑을 구하는 자요 그것을 거듭 말하는 자는 친한 벗을 이간하는 자니라...(9~10)
- 차라리 새끼 빼앗긴 암곰을 만날지언정 미련한 일을 행하는 미련한 자를 만나지 말 것이니라(12)
- 다투는 시작은 둑에서 물이 새는 것 같은즉 싸움이 일어나기 전에 시비를 그칠 것이니라...(14~15)
- 친구는 사랑이 끊어지지 아니하고 형제는 위급한 때를 위하여 났느니라(17), (19), (21-22), (26-28)

사람이 누리는 행복은 외부의 조건에 달려 있지 않습니다. 지혜로운 마음이 중요합니다.(1~12절) 하나님은 우리 마음을 연단하십니다.(3절) 다양한 주제로 의인(지혜자)과 악인(미련한 자)의 삶의 모습과 그 결과를 대조하여 설명합니다.(13~28절) 다툼, 창조질서, 이웃과의 관계, 부모 자녀의 관계, 뇌물, 말 등 다양한 소주제가 등장합니다.

빌립보서 4장 : 주 안에서 자족함을 배움으로 모든 것을 행할 능력에 오름

- 내가 유오디아를 권하고 순두게를 권하노니 주 안에서 같은 마음을 품으라(2)
- 주 안에서 항상 기뻐하라 내가 다시 말하노니 기뻐하라...(4~8)
- 내가 궁핍하므로 말하는 것이 아니니라 어떠한 형편에든지 나는 자족하기를 배웠노니...(11~13)
- 빌립보 사람들아 너희도 알거니와 복음의 시초에 내가 마게도냐를 떠날 때에 주고 받는 내 일에 참여한 교회가 너희 외에 아무도 없었느니라...(15~16)
- 내게는 모든 것이 있고 또 풍부한지라 에바브로디도 편에 너희가 준 것을 받으므로 내가 풍족하니 이는 받으실 만한 향기로운 제물이요 하나님을 기쁘시게 한 것이라...(18~19)

현재 서로 반목하고 있는 유오디아와 순두게는 복음을 위해 애쓰는 충성스런 일꾼입니다. 바울은 동역자로서 그들에 대한 신뢰를 표현하면서, 동시에 '같은 마음을 품으라'고 권면합니다.(1~3절) 교회는 이해와 관용이 필요합니다.(4,5절) 현재 교회는 내적 갈등과 외적 박해 놓여있으며, 지도자는 감옥에 갇혀 있습니다. 이러한 염려와 근심 가운데에서 할 수 있는 것은 단연 기도입니다.(6,7절) 우리는 그리스도를 닮아 가는 가운데(8,9절) 어떤 상황에 놓여 있든지 주님을 의지하는 법(자족하는 법)을 배워야 합니다.(10~13절) 빌립보 교회는 어려운 형편에도 불구하고 선교에 열정적으로 동참했습니다.(14~23절) 바울은 공급하시는 하나님을 신뢰합니다.(19절)

흠 없고 점 없는 어린 양 예수 그리스도께서 나를 대신하여 제물이 되어 주시고, 죽음에서 부활하심으로 영원한 저주와 죽음은 끊어주셔서, 나는 영생을 얻게 되었습니다. 이제 나는 예수 그리스도로 인하여 어떤 상황 속에서도 자족할 수 있습니다. 나에게 지혜로운 마음을 주시고, 삶에 감사와 기쁨이 충만하게 하옵소서.

3/31

본문 레위기 2-3장 | 요한복음 21장 | 잠언 18장 | 골로새서 1장

주제 화목 (和睦, 서로 뜻이 맞아 바른 관계로 정다움)

사람은 하나님의 조화 속에 창조되었다. 하나님과 조화를 이루고, 사람과 조화를 이루는 화목의 존재였다. 하지만 죄로 인하여 부조화를 이룬 인생은 제사와 예배, 예수 그리스도의 속량으로 하나님과 화목케 되었다.

레위기 2,3장 : 소제와 화목제를 드림으로 하나님과 화목

- 누구든지 소제의 예물을 여호와께 드리려거든 고운 가루로 예물을 삼아 그 위에 기름을 붓고 또 그 위에 유향을 놓아...(2:1~2)
- 네가 화덕에 구운 것으로 소제의 예물을 드리려거든 고운 가루에 기름을 섞어 만든 무교병이나 기름을 바른 무교전병을 드릴 것이요...(2:4~7)
- 너희가 여호와께 드리는 모든 소제물에는 누룩을 넣지 말지니 너희가 누룩이나 꿀을 여호와께 화제로 드려 사르지 못할지니라(2:11)
- 네 모든 소제물에 소금을 치라 네 하나님의 언약의 소금을 네 소제에 빼지 못할지니 네 모든 예물에 소금을 드릴지니라(2:13)
- 사람이 만일 화목제의 제물을 예물로 드리되 소로 드리려면 수컷이나 암컷이나 흠 없는 것으로 여호와 앞에 드릴지니...(3:1~2)
- 아론의 자손은 그것을 제단 위의 불 위에 있는 나무 위의 번제물 위에서 사를지니 이는 화제라 여호와께 향기로운 냄새니라...(3:5~7)
- 만일 그의 예물이 염소면 그것을 여호와 앞으로 끌어다가(3:12), (3:16~17)

유일한 곡식제사인 소제는 비둘기 번제마저 드리기 어려운 가난한 자들이 드렸던 제사입니다. 소제에서 중요한 것은 넣을 것과 넣지 말아야 할 것의 구별입니다. 언약의 불변성과 하나님의 신실하심을 상징하는 소금은 반드시 넣어야 하며, 부패와 변질을 상징하는 누룩과 꿀은 넣지 말아야 합니다. (2장) : 화목제는 하나님과 화목하고, 공동체의 화목이 있을 때 감사함으로 드리는 제사입니다. 화목제는 하나님께 일부만 드리고, 남은 고기는 사람들과 나누어 먹습니다. 우리는 예수 그리스도의 보혈의 공로로 인하여 하나님과 화평하게 되었습니다. 그러므로 우리는 공동체의 화목을 위해 힘써야 합니다.(3장)

요한복음 21장 : 예수님의 찾아오심과 질문으로 제자와 화목

- 시몬 베드로와 디두모라 하는 도마와 갈릴리 가나 사람 나다나엘과 세베대의 아들들과 또 다른 제자 둘이 함께 있더니...(2~6)
- 예수께서 이르시되 지금 잡은 생선을 좀 가져오라 하시니...(10~13)
- 그들이 조반 먹은 후에 예수께서 시몬 베드로에게 이르시되 요한의 아들 시몬아 네가 이 사람들보다 나를 더 사랑하느냐 하시니 이르되 주님 그러하나이다 내가 주님을 사랑하는 줄 주님께서 아시나이다 이르시되 내 어린 양을 먹이라 하시고...(15~18)
- 이에 베드로가 그를 보고 예수께 여짜오되 주님 이 사람은 어떻게 되겠사옵나이까...(21~23)

부활하신 예수님은 제자들을 불러 모으시고, 그들을 회복하시는 사역을 하십니다. 직접 조반을 차려 밤새 고기잡이로 피곤한 제자들을 먹이십니다. 변함없는 사랑을 보여 주십니다. 예수님은 한때 자신을 부인했던 베드로, 실패했던 베드로에게 양을 부탁합니다.(15~17절) 그리고 다시 한 번 제자로 부르십니다. "너는 나를 따르라"(22절)

잠언 18장 : 관계의 소중함을 알고 바른 말을 함으로 화목

- 무리에게서 스스로 갈라지는 자는 자기 소욕을 따르는 자라 온갖 참 지혜를 배척하느니라...(1~2)
- 명철한 사람의 입의 말은 깊은 물과 같고 지혜의 샘은 솟구쳐 흐르는 내와 같으니라(4)
- 남의 말하기를 좋아하는 자의 말은 별식과 같아서 뱃속 깊은 데로 내려가느니라(8)
- 여호와의 이름은 견고한 망대라 의인은 그리로 달려가서 안전함을 얻느니라(10)
- 사람의 마음의 교만은 멸망의 선봉이요 겸손은 존귀의 길잡이니라...(12~14)
- 사람의 선물은 그의 길을 넓게 하며 또 존귀한 자 앞으로 그를 인도하느니라...(16~17)
- 노엽게 한 형제와 화목하기가 견고한 성을 취하기보다 어려운즉 이러한 다툼은 산성 문빗장 같으니라(19)
- 죽고 사는 것이 혀의 힘에 달렸나니 혀를 쓰기 좋아하는 자는 혀의 열매를 먹으리라...(21~23)

18장의 주요 주제는 '말'이며 악인과 지혜자의 행동을 대조하는 개별 잠언도 등장합니다. 지혜와 미련함은 말에서 드러납니다.(1~8절) 우리는 견고한 망대가 되시는 여호와의 이름을 의뢰해야 합니다.(10절)

골로새서 1장 : 예수와 바울의 고난으로 골로새성도가 하나님과 화목

- 골로새에 있는 성도들 곧 그리스도 안에서 신실한 형제들에게 편지하노니 우리 아버지 하나님으로부터 은혜와 평강이 너희에게 있을지어다...(2~8)
- 그가 우리를 흑암의 권세에서 건져내사 그의 사랑의 아들의 나라로 옮기셨으니...(13~18)
- 전에 악한 행실로 멀리 떠나 마음으로 원수가 되었던 너희를...(21~24)
- 하나님이 그들로 하여금 이 비밀의 영광이 이방인 가운데 얼마나 풍성한지를 알게 하려 하심이라 이 비밀은 너희 안에 계신 그리스도시니 곧 영광의 소망이니라...(27~29)

바울은 골로새 교회의 믿음과 사랑이 자라나서 열매 맺는 것에 대하여 감사하고 있습니다.(4절) 그는 골로새 교회가 하나님의 뜻을 알고, 주께 합당히 행하기를 기도하고 있습니다.(9,10절) 바울은 하나님의 형상이며 세상을 창조하신 구세주 되시는 그리스도의 영광을 찬송하며(15~20절) 성도들을 그리스도 안에서 완전한 자로 세우기 위해 힘쓰고 있습니다.(28절)

화목제물 되신 예수님! 내가 하나님과 화평하고 사람들과 화평한 삶을 살아가게 하옵소서. 나는 실패한 베드로를 찾아 오셔서 다시 일으키시고 사명을 주신 변치 않는 사랑에 힘입어 살아갑니다. 그리스도 안에서 완전한 자로 세워져 가게 하시고, 열매 맺는 인생을 살게 하옵소서.

맥체인성경 쉬운해설 1 [1-3월]

2022년 3월 1일 초판 1쇄 발행

펴 낸 이 김수곤
지 은 이 김홍양, 김재학
디 자 인 디자인이츠
발 행 처 선교횃불
등 록 일 1999년 9월 21일 제 54호
등록주소 서울 송파구 백제고분로 27길 12(삼전동)
전 화 (02)2203-2739
팩 스 (02)2203-2738
이 메 일 ccm2you@gmail.com
홈페이지 www.ccm2u.com